Milan et ses environs 2023/2024

Cofondateurs : Philippe GLOAGUEN et Michel DUVAL

Directeur de collection et auteur
Philippe GLOAGUEN

Secrétaire général
Gavin's CLEMENTE-RUIZ

Rédacteurs en chef
Amanda KERAVEL (France)
et Benoît LUCCHINI (Étranger)

Directrice administrative
Bénédicte GLOAGUEN

Conseiller à la rédaction
Pierre JOSSE

Responsable voyages
Carole BORDES

Direction éditoriale
Élise ERNEST

Rédaction
Isabelle AL SUBAIHI
Emmanuelle BAUQUIS
Mathilde de BOISGROLLIER
Marie BURIN des ROZIERS
Camille CAMPET
Véronique de CHARDON
Laura CHARLIER
Florence CHARMETANT
Fiona DEBRABANDER
Anaëlle HASCOËT
Géraldine LEMAUF-BEAUVOIS
Alain PALLIER
Anne POINSOT
Alexia POULAIN

hachette

TABLE DES MATIÈRES

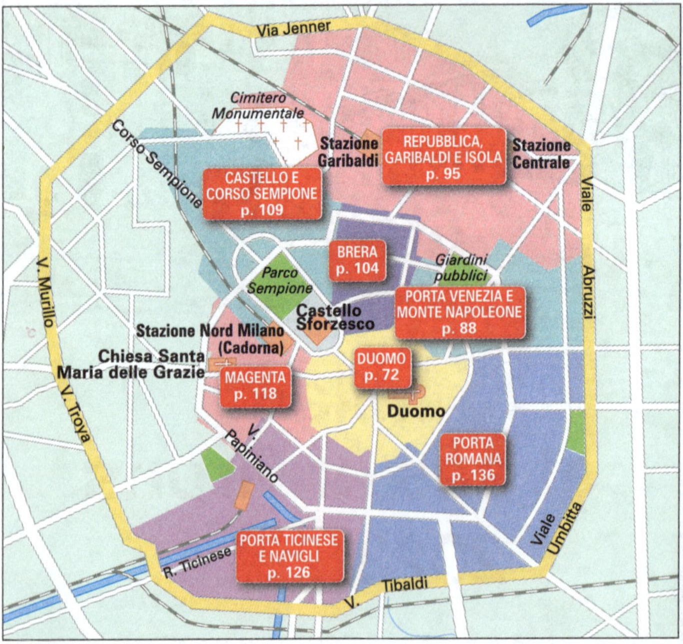

PRÉAMBULE

☎ **112 :** c'est le numéro d'urgence commun à la France et à tous les pays de l'UE, à composer en cas d'accident, d'agression ou de détresse. Il permet de se faire localiser et aider en français, tout en améliorant les délais d'intervention des services de secours.

Important : dernière minute

Entre 2 parutions du *Routard*, des événements fortuits (conditions sanitaires, catastrophes naturelles, mais aussi formalités, taux de change, conditions d'accès aux sites, fermetures inopinées, etc.) peuvent modifier vos projets de voyage. Pour éviter les déconvenues, nous vous recommandons de consulter la rubrique « Guide » par pays de notre site • *routard.com* • et plus particulièrement les dernières ***Actus voyageurs.***

sites inscrits au Patrimoine mondial de l'Unesco
Pas de côté
ZTL : zone de trafic limité
NORD
Cimitero monumentale, ADI Design Museum
Arco della Pace
PIAZZA SEMPIONE
Arena
Acquario Civico
Parco Sempione
Triennale Milano
Castello Sforzesco
Fondazione Achille Castiglioni
Pagano
Conciliazione
Cadorna
Chiesa Santa Maria delle Grazie
Chiesa San Maurizio
Porta Magenta
Casa degli Atellani – La Vigna di Leonardo
Museo Civico Archeologico
MAGENTA
Museo della Scienza e della Tecnologia Leonardo da Vinci
S. Ambrogio
Sant' Ambrogio
PIAZZALE AQUILEJA
S. Agostino
Porta Genova
Sant' Eustorgio
Porta Ticinese
Porta Genova F. S.
Navigli
PIAZZALE XXIV MAGGIO
Laboratori Scala Ansaldo
MUDEC – Museo delle Culture
Armani/ Silos
Via Canova
V. Massena
V. Legnano
Via Vincenzo Monti
Via Tasso
V. Ariosto
Mascheroni
V. Boccaccio
Foro Buonoparte
V. San Giovanni sul Muro
Corso Vercelli
Corso Magenta
V. di Porta Vercellina
Viale Papiniano
V. G. Carducci
V. S. Vittore
V. M. Bandello
V. E. De Amicis
Via C. Correnti
V. Olona
C. Genova
Viale G. d'Annunzio
C. C. Colombo
V. Vigevano
V. Casale
Alzaia Naviglio Grande
Ripa di Porta Ticinese
Via Tortona
Via Savona
Via Stendhal
V. Bergognone
V. Voghera
Via Montevideo
Solari
V. Valparaiso
Via California
V. Vincenzo Foppa
Via Cola di Rienzo
V. Caprera
V. Sant' Eusebio
Viale Coni Zugna
Via Cimarosa
V. Salutati
Via Andrea Verga
Giovio
Panizza
V. G. Cantoni
V. Mario Pagano
Via G. Pallavicino
Rossetti
V. Cavalleria
V. Reggimento Savoia
V. Leone XIII
Via Ippolito Nievo
V. Tiziano
Ticinese
C. di Porta

BRERA
PORTA VENEZIA E MONTE NAPOLEONE
DUOMO
PORTA ROMANA
Moscova
Lanza
Cairoli
Cordusio
Duomo
Missori
Crocetta
Porta Romana
Montenapoleone
Turati
Palestro
Porta Venezia
San Babila
S. Simpliciano
San Marco
Pinacoteca di Brera
Museo d'Arte e Scienza
Teatro et Museo teatrale alla Scala
Museo Poldi Pezzoli
Casa Manzoni
Museo Bagatti Valsecchi
Palazzo Morando
Villa Necchi-Campiglio
Casa-museo Boschi di Stefano
Giardini pubblici
Museo di Storia naturale
Galleria d'Arte Moderna
Gall. Vittorio Emanuele II
Pinacoteca Ambrosiana
Duomo
Museo del Duomo
Palazzo Reale
S. Satiro
Museo del Novecento
Università Statale
Torre Velasca
S. Lorenzo Maggiore
Cappella Portinari
Fondazione Prada
Porta Lodovica
Porta Vigentina
Viale Vittorio Veneto
V. Lecco
Via Moscova
Corso Garibaldi
V. Solera Mant.
Via Palermo
Via Solferino
V. Solferino
Via San Marco
Corso di Porta Nuova
P. Mirabello
V. Bertoni
Via Montebello
Via F. Turati
Via Manin
V. Fatebenefratelli
V. Pontaccio
Via Brera
V. Borgonuovo
Via Manzoni
V. Monte Napoleone
V. Gesù
V. Sant'Andrea
V. Cappuccini
Corso Venezia
Viale Majno
Via Dante
Meravigli
C. Matteotti
C. Monforte
C. V. Em. II
V. U. Visconti
Via G. Mazzini
Via Torino
C. di Porta Vittoria
Via Guastalla
V. San Barnaba
V. Francesco Sforza
Via della Commenda
Corso di Porta Romana
Corso Italia
V. M. delle Armi
V. S. Sofia
Via B. de Savoia
C. di Porta Vigentina
V. A. Lamarmora
V. Orti
Viale Caldara
Via Monte Nero
Via Botta
Corso
G. Galeazzo
Viale Beatrice d'Este
Viale Filippetti
Viale Bligny
0
250
500 m

MILAN

LA RÉDACTION DU ROUTARD

La saga du *Routard* : en 1971, deux étudiants, Philippe et Michel, avaient une furieuse envie de découvrir le monde. De retour du Népal germe l'idée d'un guide différent qui regrouperait tuyaux malins et itinéraires sympas, destiné aux jeunes fauchés en quête de liberté. 1973. Après 19 refus d'éditeurs et la faillite de leur première maison d'édition, l'aventure commence vraiment avec Hachette. Aujourd'hui, le *Routard*, c'est plus d'une cinquantaine d'enquêteurs impliqués et sincères. Ils parcourent le monde toute l'année dans l'anonymat et s'acharnent à restituer leurs coups de cœur avec passion.

Merci à tous les routards qui partagent nos convictions : liberté et indépendance d'esprit ; découverte et partage ; sincérité, tolérance et respect des autres.

NOS SPÉCIALISTES MILAN

Géraldine Lemauf-Beauvois : ch'ti et fière de sa région natale vers laquelle elle revient toujours, elle est dotée d'une curiosité qui l'a poussée à voyager aux quatre coins du monde. Géraldine est passionnée d'histoire et d'art, auxquels elle a consacré ses études. Son œil aiguisé, son appétit pour les belles et bonnes choses font d'elle une routarde qui aime partager ses découvertes culinaires et culturelles.

Jean Tiffon : passionné par les cartes depuis l'enfance, il a commencé à voyager dans les livres. Longtemps éditeur de guides de voyage, il aime parcourir le monde avec ses obsessions pour bagages : manger local et penser global. Ce qui lui donne envie de repartir ? Une grande ville méconnue, un jardin qu'il n'a pas arpenté ou la promesse d'une nuit de fête.

UN GRAND MERCI À NOS AMI(E)S SUR PLACE ET EN FRANCE

Pour cette nouvelle édition, nous remercions particulièrement :

- **Federica Galbesi,** responsable de l'ENIT à Paris ;
- **Anne Lefèvre,** chargée des relations avec la presse à l'ENIT ;
- **Antonella Botta,** service marketing à l'ENIT ;
- **Samantha Maggi** et **Margherita Pignatel,** guides touristiques, pour leur disponibilité et leurs bons conseils sur place ;
- **Giacomo Chieffi** et **Luca Martinazzoli,** qui s'occupent de la promotion touristique de Milan.

NOS ENQUÊTEURS-FURETEURS

Nous tenons à remercier tout particulièrement Loup-Maëlle Besançon, Thierry Bessou, François Chauvin, Grégory Dalex, Fabrice Doumergue, Cédric Fischer, Carole Fouque, Guillaume Garnier, Nicolas George, Michelle Georget, David Giason, Claude Hervé-Bazin, Emmanuel Juste, Fabrice de Lestang, Éric Milet, Pierre Mitrano, Olivier Page, Jean-Sébastien Petitdemange, André Poncelet, Thomas Rivallain, Dominique Rolland et Jean Tiffon pour leur collaboration régulière.

Jean-Jacques Bordier-Chêne, Jean-Paul Collet, Julie Coupet, Philippe Coupy, Jeanne Debats, Agnès Debiage, Jérôme Denoix, Tovi et Ahmet Diler, Clélie Dudon, Alain Fisch, Adrien et Clément Gloaguen, Stéphane William Gondoin, Carla Le Nouÿ, Martine Partrat, Odile Paugam et Didier Jehanno, Orianne Pouchard, Prakit Saiporn, Lucas Truffier-Blanc.

DU CÔTÉ D'HACHETTE LIVRE

Direction : Sidonie Chollet
Direction éditoriale : Élise Ernest
Édition : Margaux Lefebvre et Gia Quy Tran
Cartographie : Frédéric Clémençon et Aurélie Huot
Fabrication : Nathalie Lautout, Liza Sacco et Aude Cauchet
Relations presse : COM'PROD, **Fred Papet** et **Laëtitia de Cerval.** ☎ 01-70-69-04-69. • info@comprod.fr • **Martine Levens** (Belgique) ☎ +32-47-568-35-76.
Contact Partenariats : Jérôme Denoix • jeromedenoix@gmail.com •
Contact Partenariats et régie pub : Florence Brunel-Jars • fbrunel@hachette-livre.fr •
Silhouette du Routard : Clément Gloaguen (d'après Solé) ; **couverture :** le-bureau-des-affaires-graphiques.com ; **logo des « 50 ans » (couverture) :** So BAM ; **maquette intérieure :** le-bureau-des-affaires-graphiques.com, Thibault Reumaux et npeg.fr

Pictogrammes du Routard

Établissements
- Hôtel, auberge, chambre d'hôtes
- Camping
- Restaurant
- Terrasse
- Pizzeria
- Boulangerie, sandwicherie
- Pâtisserie
- Glacier
- Café, salon de thé
- Café, bar
- Bar musical
- Club, boîte de nuit
- Salle de spectacle
- Boutique, magasin, marché

Infos pratiques
- Office de tourisme
- Poste
- Accès Internet
- Hôpital, urgences
- Adapté aux personnes handicapées

Sites
- Présente un intérêt touristique
- Point de vue
- Plage
- Spot de surf
- Site de plongée
- Recommandé pour les enfants
- Inscrit au Patrimoine mondial de l'Unesco
- Pas de côté

Transports
- Aéroport
- Gare ferroviaire
- Gare routière, arrêt de bus
- Station de métro
- Station de tramway
- Parking
- Taxi
- Taxi collectif
- Bateau
- Bateau fluvial
- Piste cyclable, parcours à vélo

« OSONS LE PAS DE CÔTÉ »

Le surtourisme ? Tous concernés. Et pourtant, à l'écart des grands flux touristiques, il existe plein de pépites méconnues, souvent oubliées des circuits trop encombrés. Ici un site ignoré ; là un quartier secret ; plus loin un village caché au charme discret, avec un troquet d'une autre époque. Il existe une infinité de lieux peinards que l'on a envie de mettre en avant avec ce pictogramme. Un vagabondage enfin calme favorisé aussi par les **visites aux heures creuses**. Vive le *slow trip* !

#osonslepasdecote

Château des Sforza

« Plus que pour ses lumières, c'est pour ses zones d'ombre que l'on tombe amoureux de Milan. »
Simonetta Greggio

De prime abord, la capitale lombarde ne semble pas avoir l'attrait de ses célèbres voisines, la gourmande Bologne, l'historique Turin ou la maritime Gênes. Détrompez-vous ! Si ses monuments et musées fascinent toujours les amateurs d'art et d'architecture, la ville étonne surtout par son dynamisme et sa créativité, confortant son surnom de *città delle occasioni,* la « ville des possibles ». Milan s'enorgueillit ainsi de sa prestigieuse vie culturelle, dont le célébrissime théâtre de la Scala demeure l'emblème.

Épicentre de la mode et du design italiens, elle décèle une élégance qui n'appartient qu'à elle mais affiche aussi un spectaculaire renouveau urbain qui fait écho à ceux de Londres, de Brooklyn ou de Berlin. La capitale économique de l'Italie est aussi une ville où il fait bon vivre : en grande partie fermée aux véhicules, elle est parcourue de grandes artères et agrémentée de beaux parcs où il fait bon flâner. C'est dans ses quartiers populaires qu'on la découvre plus vraie, plus intime et plus chaleureuse.

Fière d'avoir obtenu l'organisation des J.O. d'hiver de 2026 en partenariat avec la station de ski de Cortina d'Ampezzo, la ville multiplie les projets et aménagements avec l'ambition de se hisser parmi les métropoles mondiales les plus dynamiques, sans perdre de vue les exigences environnementales et sociales. Pas de doute, Milan mérite plus que jamais d'être découverte !

Corso Venezia

NOS COUPS DE CŒUR

1 **Visiter le Duomo, merveille de l'architecture gothique et concentré d'histoire milanaise, avant de grimper sur son toit-terrasse pour approcher les 1 800 statues et 135 flèches coiffant l'édifice.**

C'est la plus grande église du monde catholique après Saint-Pierre de Rome et la cathédrale de Séville ! Son intérieur impressionne par son ampleur. Le chemin d'accès aux toits dévoile déjà des vues féeriques sur l'architecture élancée du Duomo, tandis que la vaste terrasse située au sommet offre un tête-à-tête avec l'iconique *Madonnina*, statue dorée perchée à 117 m de haut. *p. 77*

***Bon à savoir :** la visite du Duomo et de son toit-terrasse est payante. Mieux vaut réserver à l'avance afin d'éviter de faire la queue à la billetterie.* • ticket.duomomilano.it •

© Jacques Pierre/hemis.fr

2 Tomber en pâmoison devant *La Cène,* fresque réalisée par Léonard de Vinci pour l'église Santa Maria delle Grazie et classée au Patrimoine mondial de l'Unesco.

Peinte à la fin du XVe s dans le réfectoire de l'ancien couvent dominicain qui jouxte l'église, cette œuvre de 9 m x 5 m est d'une modernité déconcertante. Un formidable chef-d'œuvre qui a traversé les siècles, désormais assez décati ! *p. 120*

***Bon à savoir :** attention, pour avoir une chance d'admirer cette merveille, il faut réserver son billet plusieurs mois à l'avance ! • cenacolovinciano.org •*

3 Découvrir le fabuleux Novecento, passionnant musée concentrant le meilleur de l'art moderne italien.

D'architecture massive, cet imposant immeuble de style fasciste a été construit en 1939 pour accueillir les harangues déglinguées de Mussolini. Transformé depuis en musée d'art moderne, il renferme une riche collection d'art italien du XXe s, du futurisme à l'Arte Povera. À l'intérieur du bâtiment, baies vitrées et fenêtres dévoilent de superbes vues panoramiques sur le Duomo. *p. 79*

© Sime/Photononstop

4 **Flâner un petit après-midi à la pinacoteca di Brera, qui renferme l'une des plus belles collections de peinture d'Italie.**

Logées dans un ancien couvent du XIVe s, les 38 salles se dévoilent tout au long d'un passionnant parcours. Vous ne saurez plus où donner de la tête à la vue de cette orgie de chefs-d'œuvre : Mantegna, Bellini, Raphaël, le Tintoret, le Caravage et le célèbre *Baiser* de Francesco Hayez, un des symboles du romantisme à l'italienne ! *p. 106*

5 **Se mettre sur son 31 et assister à un opéra à la Scala, en réservant... très longtemps à l'avance. Magique !**

C'est l'une des gloires de Milan, certainement le meilleur théâtre lyrique au monde. La salle, construite en fer à cheval, imposa une acoustique incomparable et s'attira très tôt la faveur des grands *maestri* : Verdi, Rossini, Puccini, Toscanini… Réserver à partir de 2 mois à l'avance sur Internet ; 1 mois à l'avance par téléphone. *p. 83*

***Bon à savoir :** 2h30 avant le spectacle, 140 places dans les galeries (vue limitée) sont mises en vente à la billetterie située au bout des arcades, via Filodrammatici.*

• teatroallascala.org •

© Maisant Ludovic/hemis.fr

6 **Aller admirer les toiles et l'architecture de la pinacoteca Ambrosiana et s'arrêter un instant devant *L'École d'Athènes,* célèbre fresque de Raphaël.**

C'est l'une des plus belles pinacothèques d'Europe et le plus vieux musée milanais (1618), grâce à la donation du cardinal Federico Borromeo. En tout, 3 étages de galeries couvertes de fresques, donnant sur un jardin orné de statues, de superbes vitraux, des mosaïques au sol... Noter que la *biblioteca de la pinacoteca Ambrosiana* conserve les 402 volumes du célèbre *Codex Atlantico,* précieux manuscrits de Léonard de Vinci. *p. 85*

7 Mesurer la passion qu'entretient la ville pour le design en visitant la Triennale Milano, dans le parco Sempione.

Lieu conçu en 1933 par l'architecte Giovanni Muzio, cette institution de renommée mondiale propose un riche programme d'expositions consacrées à l'histoire du design italien et à son actualité. Les amateurs seront comblés ! Dans le parc, ne manquez pas les *Bains mystérieux* de Giorgio De Chirico qui se rafraîchissent dans la fontaine. *p. 115*

© Fontaine des bains mystérieux, Giorgio de Chirico @ ADAGP, Paris, 2023

© Mattes René/hemis.fr

8 Se réfugier dans la chiesa di San Maurizio al Monastero Maggiore, un îlot de calme, et y perdre la notion du temps en contemplant les formidables fresques qui décorent murs et plafonds.

Érigé sur un ancien site roman, ce lieu encore méconnu des touristes recèle bien des trésors ! Des fresques à couper le souffle, aussi superbes qu'émouvantes, dans les drapés, les gestes, la pose des personnages… *p. 122*

© SIME/Massimo Ripani/Photononstop

9 **S'offrir une visite de la villa Necchi-Campiglio, sublime joyau de l'Art déco.** Elle fut construite dans les années 1930 par l'architecte Piero Portaluppi pour la famille d'industriels Necchi. Par la suite, les 2 sœurs héritières ont donné carte blanche à l'architecte d'intérieur Luppi pour aménager les 2 000 m² de la villa (jardin compris). *p. 92*

Bon à savoir : *en 2001, la famille Necchi a légué la villa à une fondation privée (Fondazione Ambiante Italiano) afin que son atmosphère d'origine soit conservée.*

• fondoambiente.it/luoghi/villa-necchi • casemuseomilano.it •

10 **Se perdre dans le castello Sforzesco, imposante bâtisse ducale qui rassemble aujourd'hui plusieurs beaux musées, tous plus riches les uns que les autres – avec une petite préférence pour le musée Pietà Rondanini, où est exposée une magnifique sculpture de Michel-Ange, sa dernière œuvre restée inachevée.** *p. 113*

Bon à savoir : *avec l'association* Ad Artem, *possibilité d'arpenter les* merlate *(créneaux) et toits du* Castello *tout en profitant d'une superbe vue sur la ville. Celle de la* ghirlanda *(guirlande) explore les passages souterrains.* • *adartem.it* •

(11) **Aller jeter un œil à *L.O.V.E.*, une sculpture vraiment pas comme les autres !**
L'œuvre de Maurizio Cattelan – baptisée *L.O.V.E.* – est une sculpture d'une main géante en marbre de Carrare de 6 t et 11 m de haut. Elle trône sur la piazza degli Affari, face au palais de la Bourse. Petit détail : les doigts sont coupés, à l'exception du majeur, qui une fois dressé témoigne d'un certain sens de l'honneur bien à lui ! *p. 85*

(12) **Se balader le long des canaux dans le quartier populaire et festif des Navigli.**
Avec sa ribambelle de bars et restos plantés au bord d'antiques canaux, c'est l'un des quartiers les plus agréables de Milan. Épicentre de la « *movida* » milanaise, il accueille aussi des boutiques branchées, d'anciennes usines reconverties en musées innovants, une brocante mensuelle *(mercato dell'Antiquariato)* ainsi que des ateliers d'artistes ou galeries d'antiquaires… Incontournable ! *p. 133*

13 Sacrifier au rite de l'*aperitivo,* une formule magique pour marier tous les plaisirs à moindres frais !

En soirée, il faut absolument s'adonner aux délices de l'*aperitivo,* une tradition locale des plus sympa. À l'heure fatidique (de 18h à 21h), dans la plupart des bars, les boissons sont accompagnées d'amuse-gueules aussi variés que copieux (*crostini,* charcuterie, fromages, olives, etc.), souvent servis à volonté… On peut presque en faire son dîner ! *p. 152*

14 **Au moment des fêtes de Noël (ou pas), dévorer une part de *panettone*.** Originaire de Milan, c'est la spécialité que l'on trouve sur toutes les tables d'Italie à Noël. Il s'agit d'une brioche garnie de raisins secs, fruits confits et zestes d'orange ou de citron. Les Milanais sont prêts à traverser toute la ville pour acheter un *panettone* dans leur pâtisserie préférée. Moelleux et déclinés en plusieurs versions, ils peuvent aussi se déguster accoudé au comptoir accompagnés d'un *espresso*. *p. 75, 89, 98, 156*

***Bon à savoir :** foncez chez* Vergani, *le grand spécialiste du genre.* • *panettonevergani.com* • *Également de très bons* panettoni *à la très chic* Pasticceria Cova. • *pasticceriacova.it* •

15 **S'octroyer un après-midi de shopping ou de lèche-vitrine dans le « quadrilatère de la mode » et sur la luxueuse via Monte Napoleone, où toutes les grandes marques ont pignon sur rue.**

Milan demeure la capitale incontestable de la mode en Italie et la Mecque des *fashionistas* du monde entier. En se promenant dans le quartier de Monte Napoleone, derrière la piazza del Duomo, on comprend aisément pourquoi : c'est ici que tous les grands noms de la mode italienne ont installé leur QG. D'Armani à Gucci, en passant par Dolce & Gabbana ou Prada… *p. 90*

16 **Se glisser parmi les étals d'épices, de fruits et de fleurs du mercato Papiniano, dans la longue rue du même nom, le marché le plus important de la ville.**

Un marché alimentaire et textile haut en couleur, où on croise aussi bien des mammas aux cabas déformés que de jeunes Milanais branchés. Prenez donc le temps de déambuler entre les étalages ! En fouillant bien, on peut faire de belles affaires !

p. 71

***Bon à savoir :** dans le quartier des Navigli, mar 7h30-14h et sam jusqu'à 18h.*

17 **Pour les amateurs de sensations fortes et de grosses cylindrées, assister à l'entraînement de la scuderia Ferrari au circuit de Monza, près de Milan, un pur moment de bonheur !**

Les passionnés peuvent même vivre une expérience unique en testant le circuit à bord d'une voiture… conduite par un pilote professionnel. *p. 146*

18 Explorer l'atelier cosy d'Achille Castiglioni, l'une des grandes pointures du design italien du XXᵉ s.

Réputé pour sa drôlerie et son bon sens, l'attachant Achille donna ici naissance à des objets qui lui ressemblent, comme sa célèbre lampe *Arco,* ou encore sa chaise *Mezzadro,* inspirée d'un siège... de tracteur agricole ! *p. 115*

Bon à savoir : *visite guidée (1h, parfois en français) sur rdv uniquement, mar-ven à 10h, 11h et 12h.* • *fondazioneachillecastiglioni.it* •

© Jérôme Plon

19 Parcourir le passionnant *Laboratori Scala Ansaldo,* immense halle industrielle où sont confectionnés les décors et costumes de l'illustre théâtre de la Scala.

Sur des passerelles suspendues, on s'introduit au cœur de ce bâtiment, divisé en spécialités : dessin, peinture, sculpture, menuiserie, ferronnerie et costumes. Les « œuvres » qui naissent sous vos yeux sont dédiées aux spectacles de la saison en cours ! *p. 134*

Bon à savoir : *visite guidée (1h15) parfois en français, sur rdv.* • *teatroallascala.org* •

ITINÉRAIRES CONSEILLÉS

En 2 jours

Le centre historique de Milan étant à taille humaine, il est facile d'en voir l'essentiel en se baladant à pied. 1re étape : le **Duomo (1),** un joyau de l'art gothique. Sur la même piazza, le **museo del Novecento (2)** vous tend les bras : ce musée d'art moderne fait partie des incontournables ! Après un déjeuner rapide dans le quartier, flânez dans la superbe **pinacoteca di Brera (3)** en admirant sa formidable collection de peintures. Le soir, si vous êtes toujours dans le quartier, attablez-vous dans une *trattoria* typique, bordée par l'une des jolies rues piétonnes. Le lendemain, poussez jusqu'au **quartier des Navigli (4)** au sud de la ville, un coin animé le long de vieux canaux, où pullulent restos, cafés et boutiques en tout genre. Sur le chemin du retour, il faut vous arrêter à la **basilica Sant'Eustorgio (5),** bel ensemble du XIIe s. Un peu plus loin, la **basilica San Lorenzo Maggiore (6)** est d'autant plus majestueuse qu'elle a conservé un dôme impressionnant, le plus grand de Milan ! De retour dans le centre-ville, rien ne vous empêche d'aller faire quelques emplettes du côté du **corso Vittorio Emanuele II (7),** derrière le Duomo.

En 4 jours

Prendre son temps pour la visite du **Duomo** et surtout **monter jusqu'aux toits-terrasses (1)** pour voir de tout près les 1 800 statues en profitant de la vue panoramique sur la ville. Pour approfondir votre visite, franchissez donc les portes du **museo del Duomo (2),** tout à côté. L'après-midi, balade dans le **quartier de Brera (3),** très typique avec ses rues piétonnes et ses boutiques. Le 2e jour, direction le **parco Sempione (4).** Là, au milieu des arbres, optez pour le **castello Sforzesco (5)** et ses musées, ou pour une institution plus moderne, la **Triennale Milano (6)** et ses expos de design. Vous pourrez facilement y passer la journée ! Pour les *happy few* qui ont une réservation – obligatoire et très longtemps à l'avance –, rendez-vous le lendemain à la **chiesa Santa Maria delle Grazie (7)** pour y admirer *La Cène,* célèbre fresque peinte par Léonard de Vinci. À quelques centaines de mètres de là, ne passez pas devant la **chiesa San Maurizio al Monastero Maggiore (8)** sans y entrer : coup de cœur pour ses sublimes fresques recouvrant murs et plafonds ! Poursuivez vers le sud en jetant un œil à la **basilica San Lorenzo Maggiore (9),** qui possède la plus grande coupole de Milan. Vous arrivez tranquillement vers le quartier des Navigli, où une belle balade le long des canaux vous attend. Si vous avez un peu de temps, visitez l'**Armani / Silos (10),** écrin consacré aux créations du plus célèbre styliste italien, ou le **MUDEC (11),** un musée proposant d'intéressantes expos temporaires. Si vous êtes fan d'art lyrique, tentez d'assister à un **opéra à la Scala (12) :** toujours un grand moment ! Le dernier jour, optez pour la superbe **pinacoteca di Brera (13)** ou le **museo Bagatti Valsecchi (14),** avant de vous diriger vers la très chic **via Monte Napoleone (15)** pour un peu de lèche-vitrine. Pour ceux qui en veulent encore plus, prévoyez aussi un petit détour par la **villa Necchi-Campiglio (16),** une merveille Art déco.

Parc Sempione

En une semaine

En une semaine, on s'attarde dans les musées, on flâne dans les rues, on s'attable aux terrasses de cafés, bref, on prend son temps ! On peut aussi organiser ses journées par thèmes : parcours art moderne et contemporain entre le passionnant **museo del Novecento (1),** la clinquante **Fondation Prada (2)** et le **MUDEC (3),** musée des cultures présentant d'ambitieuses expositions temporaires ; mais aussi journée 100 % design, avec visite de la mythique **Triennale Milano (4),** découverte de l'**atelier d'Achille Castiglioni (5),** génial designer italien du XXe s, et exploration du très pointu **ADI Design Museum (6).** Autre possibilité, consacrer une journée aux maisons-musées de la ville qui regroupent, entre autres, la magnifique **villa Necchi-Campiglio (7),** le **museo Poldi Pezzoli (8)** ou le **museo Bagatti Valsecchi (9).** Passer une semaine à Milan, c'est aussi l'occasion d'explorer de nouveaux quartiers, comme celui d'Isola au nord de la ville, un coin étonnant où l'éclosion des gratte-ciel les plus modernes fait bon ménage avec l'écologie, à l'image du **Bosco verticale (10).** La **piazza Gae Aulenti (11)** vaut aussi le détour avec son auditorium en forme de nuage. Non loin, on visitera le

Cimitero monumentale (12), l'un des plus fous d'Europe ! Et pourquoi ne pas consacrer une journée au shopping, du côté de la **via Monte Napoleone (13)** pour les poches les plus remplies, ou du côté du **corso Vittorio Emanuele II (14),** plus accessible ? Et pour ceux à qui ça ne fait pas peur, prendre un train vers Monza, où se trouve le mythique **circuit automobile de F1 (15),** ou le métro pour rejoindre le **musée Alfa Romeo (16),** à 20 km de la ville.

SI VOUS ÊTES PLUTÔT

Avec votre tribu : le museo d'Arte e Scienza pour amuser et éduquer vos enfants, le parco Sempione pour se défouler, l'Acquario civico, l'un des plus anciens aquariums d'Europe, le museo di Storia naturale, le museo nazionale Scienza e Tecnologia, sans oublier la traditionnelle pause glace (attention à l'indigestion quand même !).

Accro à la peinture : le museo del Novecento, la pinacoteca Ambrosiana, la pinacoteca di Brera, le castello Sforzesco...

Gothique : le monumental Duomo et son musée superbement rénové.

Nostalgique de la Renaissance : la chiesa San Satiro, le museo Poldi Pezzoli, le museo Bagatti Valsecchi, la pinacoteca Ambrosiana.

Passionné d'histoire : le Duomo, le castello Sforzesco, le palazzo Morando ou, pour une approche plus originale, le Cimitero monumentale.

Amateur d'architecture contemporaine : le quartier d'Isola et ses gratte-ciel, la fondation Prada, le musée Armani / Silos, le complexe City Life.

Épris de votre moitié : un opéra à la Scala, après un bon repas et avant une nuit dans un superbe hôtel design.

Mode et... cigale : un tour sur la très chic via Monte Napoleone et dans les environs, à *La Rinascente* et dans la galleria Vittorio Emanuele II, mais aussi la visite du musée Armani / Silos...

Fêtard : un *aperitivo* dans le quartier des Navigli suivi d'une soirée dans l'une des boîtes branchées de la ville.

Pour des poumons plus verts : le parco Sempione, les *giardini pubblici* ou le parco Biblioteca degli Alberi, aux pieds des tours d'Isola.

Pour une envie de changer d'air : une escapade dans le village de Crespi d'Adda ou à la chartreuse de Pavie.

Vitrine du corso Vittorio Emanuele II

Interview #experienceroutard

Par la rédaction du *Routard*

En quoi cette destination est-elle unique ?

Créative, branchée, dynamique et de plus en plus cosmopolite, Milan occupe une place à part en Italie. Surprenante par la multitude et la richesse de ses sites et musées, la « ville des possibles » est aussi une cité où il fait bon vivre, parcourue de grandes artères ou de beaux parcs et nourrie d'une vie culturelle prestigieuse, dont le célébrissime théâtre de la Scala demeure l'emblème. Capitale de la mode et du design, elle fait montre d'une élégance qui n'appartient qu'à elle mais s'enorgueillit aussi de son spectaculaire renouveau urbain. Pas de doute, Milan mérite à plus d'un titre d'être découverte !

Un quartier à visiter absolument ?

Brera est peut-être le quartier qui résume le mieux l'art de vivre à la milanaise. Qu'il fait bon flâner dans ses ruelles piétonnes où règne une ambiance à la fois pittoresque et chic, emprunte d'une vraie douceur de vivre. Repaire d'étudiants, d'artistes, de chineurs et de brocanteurs, Brera est aussi la destination idéale pour dîner dans une trattoria typique ou prendre l'*aperitivo* dans un bar branché. Côté musées, il ne faut pas rater l'extraordinaire *pinacoteca di Brera,* qui a donné son nom au quartier.

Une balade incontournable ?

Direction les Navigli, 2 adorables canaux situés du côté de la Porta Ticinese, au sud-ouest du centre-ville. Si l'atmosphère demeure très tranquille en journée, il en va tout autrement le soir, quand la foule prend d'assaut les innombrables terrasses calées sur les quais, au bord de l'eau. De l'autre côté des voies ferrées de la porta Genova, d'anciennes usines accueillent de passionnantes institutions culturelles comme le musée Armani / Silos, consacré aux créations du célébrissime couturier italien, et le MUDEC, où dialoguent les cultures.

La spécialité locale à goûter absolument ?

Le *panettone* pardi ! Originaire de Milan, on le trouve sur toutes les tables d'Italie au moment des fêtes de Noël. Il s'agit d'une généreuse brioche, garnie de raisins secs, de fruits confits ainsi que de zestes d'orange et de citron. Les pâtissiers milanais sont nombreux à le préparer dans les règles de l'art. Notre préférence va toutefois aux créations de Vergani, enseigne gourmande ouverte depuis 1944 : leurs *panettoni* moelleux se déclinent en plusieurs versions.

Une expérience à vivre ?

À l'heure de l'*aperitivo*, boire un verre au Camparino, café au charme rétro campé à l'entrée de la Galleria Vittorio Emanuele II, face à la façade gothique immaculée du Duomo. Inauguré en 1915 par la famille Campari, c'est le lieu idéal pour s'initier aux cocktails italiens tels que l'*Americano*, le Negroni ou le Milano Torino. Le mieux est de s'installer au comptoir, pour apprécier toute la maestria des barmen tirés à 4 épingles.

LES QUESTIONS QU'ON SE POSE AVANT LE DÉPART

• Infos détaillées dans le chapitre « Milan utile » *p. 44*

➢ Quels sont les papiers nécessaires pour aller en Italie ?

– Pour les ressortissants de l'Union européenne et de la Suisse, la carte nationale d'identité ou le passeport en cours de validité suffisent pour entrer sur le territoire italien.
– Les mineurs voyageant seuls (sans leurs parents) doivent être munis de leur propre pièce d'identité (carte d'identité ou passeport) ainsi que d'une autorisation de sortie du territoire ***signée par l'un des parents.*** Plus d'infos sur • *service-public.fr* •
– ***Covid-19 :*** l'Europe avait mis en place un certificat de vaccination pour voyager librement dans les pays de l'Union européenne. Depuis, la plupart des contraintes liées au voyage ont été levées, mais sont évidemment très évolutives. Bien se renseigner avant de partir. Plus d'infos sur • *diplomatie.gouv.fr* •

➢ Quelle est la meilleure saison pour y aller ?

Les intersaisons (mai-juin et septembre-octobre) sont agréables mais bien plus fréquentées que l'été ! Attention, Milan est quelque peu assoupie au mois d'août. De nombreuses adresses ferment pour congés annuels, notamment autour du 15 août.

➢ Quel est le meilleur moyen pour y aller ?

L'avion est sans aucun doute la solution la plus rapide. Les compagnies aériennes pratiquent des prix très compétitifs. Préférez l'aéroport de Milan Linate, le plus proche du centre-ville. Pour ceux qui ont plus de temps, le train est aussi un bon moyen de rejoindre Milan (train direct de Paris-Gare de Lyon, compter de 6h40 à 7h de trajet).

➢ Y a-t-il un décalage horaire ?

Non, été comme hiver, la France et l'Italie affichent la même heure, car les passages heure d'été/heure d'hiver se font aux mêmes dates.

➢ Côté santé, quelles précautions particulières ?

Aucune, à part les vaccins traditionnels. En été, prévoir aussi un répulsif antimoustiques.

➢ La vie est-elle chère ?

L'hébergement et les visites constituent les principales dépenses (prévoir dans votre budget un poste conséquent). Hors saison, on peut obtenir des chambres à moitié prix. En revanche, on mange facilement sur le pouce pour 3 fois rien (*panini,* parts de pizza, assiette de pâtes...).

➢ Peut-on emmener ses enfants ?

Bien sûr ! Mais attention, le riche patrimoine milanais risque bien de les épuiser. Pensez à alterner balades dans les parcs *(parco Sempione, giardini pubblici),* attractions touristiques (toit du Duomo, *Acquario Civico*) et visites de musées adaptés. Repérez les meilleurs sites grâce au symbole 🚸. Et question nourriture, c'est le top ! Pizza, pâtes, glaces...

➢ Faut-il parler l'italien pour se faire comprendre ?

Quelques notions d'italien facilitent les échanges. Mais les Milanais comprennent assez souvent le français. Les jeunes communiquent surtout en anglais avec les étrangers.

➢ Quel est le meilleur moyen pour se déplacer ?

Entre le métro, le tram, le bus, le vélo et vos pieds, vous n'aurez que l'embarras du choix ! La voiture n'est pas autorisée à pénétrer dans le centre-ville (ZTL, zone à trafic limité), sauf autorisation spéciale. Braver l'interdit risque de vous coûter cher : les portes de la ville sont toutes équipées de caméras de surveillance qui relèvent votre numéro de plaque d'immatriculation.

➢ Doit-on prévoir un gros budget pour les visites culturelles ?

Oui, si l'on souhaite tout voir. Les visites au coup par coup finissent par revenir cher mais il existe quelques moyens de réduire les frais, notamment les billets combinés.

➢ Dans les restaurants, est-on condamné à manger souvent des pâtes ?

La gastronomie italienne et de surcroît milanaise ne s'arrête pas aux pâtes ! Milan possède de délicieuses recettes traditionnelles (le risotto au safran, les *cotolette alla milanese,* l'osso-buco, etc.). Reste que les *primi piatti* (pâtes) sont les plats les plus abordables...

➢ Que peut-on rapporter de Milan ?

Milan n'est pas la capitale de la mode italienne par hasard ! Les costumes, cravates et chaussures sont légion (mais pas donnés...). On peut aussi acheter des vêtements de marque dans les *outlets,* à des prix intéressants, surtout au moment des soldes. Sinon, côté gastronomie, on trouve de tout et partout : *panettone,* grappas locales, vins, charcuterie, fromages...

COMMENT Y ALLER ?

EN TRAIN

Nous recommandons le TGV, moyen de transport plus simple et moins polluant. Une manière de voyager et d'agir pour l'environnement en limitant son empreinte carbone.
Au départ de Paris, Lyon ou Chambéry, ***SNCF Voyageurs*** (● *sncf-connect.com* ●) propose plusieurs TGV INOUI quotidiens pour Milan (arrivée *stazione Milano Porta Garibaldi*). En parallèle et depuis les mêmes gares françaises, la société italienne ***Trenitalia*** (● *trenitalia.com* ●) propose elle aussi plusieurs trains quotidiens pour Milan (arrivée *stazione Milano Centrale*). Depuis Milan, nombreuses fréquences quotidiennes pour les villes de Brescia, Bergame ou Varese.

Les *pass* internationaux

Avec les ***Pass Interrail,*** les résidents européens peuvent voyager dans 33 pays d'Europe, dont l'Italie. Plusieurs formules et autant de tarifs, en fonction de la destination et de l'âge. À noter que le *Pass Interrail* n'est pas valable dans votre pays de résidence. Cependant, l'*Interrail Global Pass* offre la réservation de votre point de départ jusqu'au point frontière en France. ● *interrail.eu* ●
– Pour les grands voyageurs, le ***Pass Interrail Global*** est valable dans l'ensemble des 33 pays européens concernés, intéressant si vous comptez parcourir plusieurs pays au cours du même périple. Il se présente sous 7 formes au choix :
5 formules flexibles utilisables 4, 5 ou 7 j. sur une période de validité de 1 mois (185-251 € selon formule en version jeune 12-27 ans), ou utilisables 10 ou 15 j. sur une période de validité de 2 mois (301-370 € selon formule en version jeune 12-27 ans) ;
5 formules « continues » : *pass* 15 j., 22 j., 1 mois, 2 mois ou 3 mois (332-677 € selon formule en version jeune 12-27 ans).
Ces formules existent aussi en version 1re classe ! Les voyageurs de plus de 60 ans bénéficient d'une réduc sur le tarif de l'*Interrail Global Pass* en 1re et 2de classes (tarif senior). Des tarifs sont également disponibles pour les adultes de 27 à 59 ans. Bon à savoir, un adulte détenteur de *pass* peut faire voyager jusqu'à 2 enfants accompagnants de 4 à 11 ans gratuitement.
– Si vous ne parcourez que l'Italie, le ***Pass Interrail Un Pays*** vous suffira. D'une période de validité de 1 mois et utilisable, selon les formules, 3, 4, 5, 6 ou 8 j. en discontinu : tarif selon pays et formule. Là encore, ces formules se déclinent en version 1re classe (mais ce n'est pas le même prix, bien sûr). Pour voyager dans 2 pays, vous pouvez combiner 2 ***Pass Interrail Un Pays***. Au-delà, il est préférable de prendre le *Pass Interrail Global*.
Interrail offre également la possibilité d'obtenir des réductions ou des avantages à travers toute l'Europe avec ses partenaires (musées, chemins de fer privés, hôtels, etc.).
Tous ces prix ne sont qu'indicatifs.

EN AVION

Les compagnies régulières

▲ **AIR FRANCE**
Rens et résas au ☎ 09-69-39-36-54 (appel non surtaxé 7j./7) ou sur ● air france.fr ●
– De Paris-Roissy-Charles-de-Gaulle :
➢ ***Milan Linate*** *(à 7 km du centre-ville)* **:** vols directs quotidiens.
➢ ***Milan Malpensa*** *(à 45 km du centre-ville)* **:** vols directs quotidiens.
– De Paris-Orly :
➢ ***Milan Linate :*** 2 vols directs/j.

POUR LA PLANÈTE, ON EN FERA TOUJOURS MOINS
VOYAGEZ PLUS VITE EN POLLUANT MOINS*
inOui
IL Y AURA TOUJOURS UN TGV inOui SUR LEQUEL COMPTER
SNCF VOYAGEURS
TGV inOui
RENDEZ VOUS SUR LE SITE ET L'APPLICATION sncfconnect, EN GARES, BOUTIQUES, AGENCES DE VOYAGES AGRÉÉES SNCF ET PAR TÉLÉPHONE.
DÉCOUVREZ L'ENGAGEMENT ENVIRONNEMENTAL SNCF SUR : SNCF.COM/FR/ENGAGEMENTS/DÉVELOPPEMENT-DURABLE
* Sur la base des données GES (Gaz à Effet de Serre) SNCF calculées conformément au guide méthodologique de l'information GES des prestations de transport publié par l'État français et certifiées par les commissaires aux comptes et des données GES du transport de personnes, routier et aérien, publiées en mai 2020 dans la V19.0 de la base de données Base Carbone® (source ADEME : bilans-ges.ademe.fr). Lors d'un voyage à bord d'un train à grande vitesse, sur un trajet longue distance en France, vous émettez 12 fois moins de CO2 qu'en voiture électrique, 26 fois moins qu'en voiture thermique, et 65 fois moins qu'en avion.
TGV INOUI est une marque enregistrée de SNCF Voyageurs. Tous droits de reproduction réservés. SNCF Voyageurs, SA au capital social de 157 789 960 euros, inscrite au RCS de Bobigny sous le numéro 519 037 584 - 4, rue André Campra - CS 20012 - 93212 Saint Denis Cedex. ROSA PARIS

▲ **ITA AIRWAYS**

• itaspa.com •

➢ Plusieurs vols quotidiens vers Milan (Linate) au départ de Paris et Bruxelles.

▲ **BRUSSELS AIRLINES**

Rens au ☎ 0892-64-00-30 (0,33 €/mn ; tlj 24h/24) ou sur • brusselsairlines.com •

➢ De Bruxelles, vols directs tlj pour Milan (Malpensa et Linate).

Les compagnies *low cost*

▲ **EASYJET**

• easyjet.com •

➢ De Paris-Roissy-Charles-de-Gaulle, vols quotidiens vers **Milan Linate, Milan Malpensa** et **Milan Orio al Serio** (Bergame) ; et de Paris-Orly, vol quotidien vers **Milan Linate.** Également des vols directs hebdomadaires de Bordeaux et Nantes vers **Milan Malpensa.**

▲ **RYANAIR**

• ryanair.com •

➢ De Paris (Beauvais), vol pour Milan Orio al Serio (Bergame).

➢ De Bruxelles (Charleroi), vols hebdomadaires pour Milan Orio al Serio (Bergame).

▲ **VUELING**

Rens et résas au ☎ 0899-232-400 (no Vert ; en France) ou 0902-33-429 (en Belgique) et sur • vueling.com •

➢ Compagnie espagnole qui assure des vols quotidiens au départ de Paris-Orly vers **Milan Malpensa** et **Milan Orio al Serio** (Bergame).

LES ORGANISMES DE VOYAGES

En France

▲ **ALTIPLANO VOYAGE**

– Annecy (Metz-Tessy) : route de la Bouvarde, Park Nord, Les Pléiades nº 35, 74370. ☎ 04-57-09-80-05. • altiplano-voyage.com • Agence ouv lun-ven 9h-13h, 14h-18h.

Ce spécialiste de l'Italie sur mesure vous invite à découvrir autrement la richesse culturelle du pays, sa gastronomie, et à profiter de la dolce vita. À votre écoute, leur experte de la destination partage avec vous ses conseils et coups de cœur pour créer le voyage qui vous ressemble en choisissant le degré d'autonomie qui vous convient (en liberté ou avec guide).

▲ **COMPTOIR DES VOYAGES**

• comptoir.fr •

– Paris : 2-18, rue Saint-Victor, 75005. ☎ 01-53-10-30-15. Lun-ven 9h30-18h30, sam 10h-18h30. Ⓜ Maubert-Mutualité.

– Lyon : 10, quai Tilsitt, 69002. ☎ 04-72-44-13-40. Lun-sam 9h30-18h30. Ⓜ Bellecour.

– Marseille : 12, rue Breteuil, 13001. ☎ 04-84-25-21-80. Lun-sam 9h30-18h30. Ⓜ Estrangin.

– Toulouse : 43, rue Peyrolières, 31000. ☎ 05-62-30-15-00. Lun-sam 9h30-18h30. Ⓜ Esquirol.

– Bordeaux : 26, cours du Chapeau-Rouge, 33800. ☎ 05-35-54-31-40. Lun-sam 9h30-18h30.

– Lille : 76, rue Nationale, 59160. ☎ 03-28-34-68-20. Ⓜ Rihour. Lun-sam 9h30-18h30.

En plus de 30 ans, Comptoir des Voyages s'est imposé comme la référence incontournable du voyage sur mesure en immersion, avec plus de 90 destinations couvrant les 5 continents. Leurs conseillers-spécialistes construisent des voyages uniques en s'adaptant à votre budget, vos goûts et vos envies. Pour favoriser les rencontres et l'immersion dans la vie locale, ils privilégient des hébergements typiques et des expériences authentiques. Sur place, les *Welcome Hosts* francophones partagent avec vous conseils et bonnes adresses le temps d'un café. Sur votre smartphone, l'application mobile Luciole vous informe sur le déroulé de votre voyage, vous suggère des lieux de

visite et vous guide grâce à un GPS hors connexion. Comptoir des Voyages est membre d'Agir pour un tourisme responsable depuis 2009. Sa labellisation ATR a été renouvelée par Écocert Environnement cette année.

▲ ITALIE AUTHENTIQUE

• italie-authentique.com •

Contactez Italie Authentique, une agence locale de confiance, pour organiser votre voyage sur mesure en Italie. Ses conseillers, fins connaisseurs du terrain et de la réalité du pays, vous accompagnent dans la préparation de votre voyage, en couple, en famille ou en groupe d'amis. Vous avez ainsi accès à un service personnalisé en bénéficiant d'un prix accessible. Étant membre de *bynativ*, la communauté des agences de voyages locales, Italie Authentique vous propose un maximum de garanties et de services : règlement de votre voyage en ligne, et ce de façon sécurisée, possibilité de souscrire à une assurance de voyage et de bénéficier de garanties solides en cas d'imprévu. De quoi voyager de façon authentique et en toute tranquillité !

▲ ROUTE DES VOYAGES (LA)

• laroutedesvoyages.com • Agences ouv lun-jeu 9h-19h, ven 9h-18h. Rdv conseillé.

– Paris : 10, rue Choron, 75009. ☎ 01-55-31-98-80. Ⓜ Notre-Dame-de-Lorette.

– Angers : 6, rue Corneille, 49000. ☎ 02-41-43-26-65.

– Annecy : 4 bis, av. d'Aléry, 74000. ☎ 04-50-45-60-20.

– Bordeaux : 19, rue des Frères-Bonie, 33000. ☎ 05-56-90-11-20.

– Lorient : 42, av. de la Perrière, 56100. 📱 06-15-48-82-69. Sur rdv lun-mer.

– Lyon : 59, rue Franklin, 69002. ☎ 04-78-42-53-58.

– Toulouse : 27, rue Perchepinte, 31000. ☎ 05-62-27-00-68.

25 ans d'expérience de voyage sur mesure sur les 5 continents ! 15 pays en Europe complètent à présent leur offre. Cette équipe de voyageurs passionnés a développé un vrai savoir-faire du voyage personnalisé : écoute, conseils, voyages de repérage réguliers et des correspondants sur place soigneusement sélectionnés avec qui ils travaillent en direct. Son engagement à promouvoir un tourisme responsable se traduit par des possibilités de séjours solidaires à insérer dans les itinéraires de découverte individuelle. Elle a aussi créé un programme de compensation solidaire qui permet de financer des projets de développement locaux.

▲ TERRE VOYAGES

– Paris : 28, bd de la Bastille, 75012. ☎ 01-44-32-12-80. • terre-voyages.com • Ⓜ Bastille. Lun-ven 9h-18h30, sam 10h-18h.

Les créateurs de voyages de Terre Voyages sont de fins connaisseurs, des experts des pays proposés, car tous natifs ou passionnés de leur destination. Ils sauront écouter vos attentes pour créer une offre de voyages sur mesure qui réponde à vos envies de découverte et vous proposeront une approche authentique des cultures et des peuples dans le respect de leur environnement naturel et au juste prix. Pour tous les voyageurs qui attendent d'une échappée lointaine plus qu'une simple visite mais, au contraire, une véritable connaissance et un apprentissage responsable des différentes cultures de l'Italie, Terre Voyages est le spécialiste qu'il leur faut.

▲ VOYAGEURS EN ITALIE

• voyageursdumonde.fr •

– Paris : La Cité des Voyageurs, 55, rue Sainte-Anne, 75002. ☎ 01-42-86-16-00. Ⓜ Quatre Septembre ou Pyramides. Lun-sam 9h30-19h.

– Également des agences à Bordeaux, Grenoble, Lille, Lyon, Marseille, Montpellier, Nantes, Nice, Rennes, Rouen, Strasbourg et Toulouse, ainsi qu'à Bruxelles, Montréal, Québec, Lausanne et Genève.

Parce que chaque voyageur est différent, que chacun a ses rêves et ses idées pour les réaliser, Voyageurs du Monde conçoit, depuis plus de 30 ans, des projets sur mesure. Les séjours proposés sur 120 destinations sont élaborés par leurs

180 conseillers voyageurs. Spécialistes par pays et même par régions, ils vous aideront à personnaliser les voyages présentés à travers une trentaine de brochures d'un nouveau type et sur le site internet, où vous pourrez également découvrir les hébergements exclusifs et consulter votre espace personnalisé. Au cours de votre séjour, vous bénéficiez des services personnalisés Voyageurs du Monde, dont la possibilité de modifier à tout moment votre voyage, l'assistance d'un concierge local, la mise en place de rencontres et de visites privées, et l'accès à votre carnet de voyage via une application iOS et Android. Voyageurs du Monde est membre de l'association ATR (Agir pour un tourisme responsable) et a obtenu sa certification Tourisme responsable AFAQ AFNOR.

En Belgique

▲ CONNECTIONS
Rens et résas : ☎ 070-233-313. • connections.be •
Fort d'une expérience de plus de 20 ans dans le domaine du voyage, Connections dispose d'un réseau de 32 *travel* shops dont un à Brussels Airport. Le voyagiste propose des vols dans le monde entier à des tarifs avantageux et des voyages destinés à des voyageurs désireux de découvrir la planète de façon autonome. Connections offre une gamme complète de produits : vols, hébergements, locations de voitures, autotours, vacances sportives, excursions.

▲ MPACT.BE
– Bruxelles : 7, rue Thérésienne, 1000. ☎ 02-227-93-01.
– Gand : 65B, Maria Hendrikaplein, 9000. ☎ 09-242-32-10.
– Gembloux : 1B, rue Buisson-Saint-Guibert, 5030. ☎ 08-162-50-98.
Mpact propose un système de covoiturage, ainsi que d'autres services comme l'échange de maisons ou le gardiennage.

▲ VOYAGEURS EN ITALIE
– Bruxelles : 23, chaussée de Charleroi, 1060. ☎ 02-543-95-50. • voyageursdumonde.com •
Le spécialiste du voyage en individuel sur mesure. Voir texte dans la partie « En France ».

En Suisse

▲ ALTIPLANO VOYAGES
– Carouge : 3, pl. du Temple, 1227. ☎ 022-342-49-49. • altiplano-voyage.ch • Agence ouv en sem sur rdv.
Voir texte dans la partie « En France ».

▲ ROUTE DES VOYAGES (LA)
• laroutedesvoyages.com • ☎ 078-400-83-94.
Rendez-vous par téléphone. Voir texte dans la partie « En France ».

▲ TERRES D'AVENTURE
– Genève : 19, rue de la Rôtisserie, 1204. ☎ 022-519-12-20. • geneve@terdav.com • Lun-ven 10h-19h, sam 9h-18h.
Voir texte dans la partie « En France ».

▲ TERRES LOINTAINES
• terres-lointaines.com •
– Genève : ☎ 022-510-15-90.
– Zurich : ☎ 044-512-25-90.
Voir texte dans la partie « En France ».

▲ VOYAGES ARTISANS AUX PIEDS NUS
– Carouge : 3, rue Saint-Victor, 1227. ☎ 022-301-01-50. • apnvoyages.ch • Tlj sauf mer et w e, 10h-13h et 14h-16h (10h-12h et 14h-16h ven).
Voyages APN propose des destinations hors des sentiers battus, particulièrement en Europe (Grèce, Italie et pays nordiques), avec un contact direct avec les prestataires, notamment dans le cadre des agritourismes. Certains programmes sont particulièrement adaptés aux familles. L'accent est mis sur le tourisme responsable et durable. Dans ce cadre, une sélection de destinations telles que la Mongolie ou le Burkina Faso est également proposée.

▲ VOYAGEURS DU MONDE
• voyageursdumonde.com •
– Genève : 19, rue de la Rôtisserie, 1204. ☎ 022-519-12-10. Lun-ven 9h30-19h, sam 9h30-18h30.

– Lausanne : 6, rue du Bourg (2e étage), 1003. ☎ 021-519-10-65. Lun-ven 9h-18h30, sam sur rdv.
Le spécialiste du voyage en individuel sur mesure. Voir texte dans la partie « En France ».

Au Québec

▲ EXOTIK TOURS

Infos sur • exotiktours.com • ou auprès de votre agence de voyages.
Exotik Tours offre une importante programmation en été comme en hiver sur la Méditerranée et l'Europe. L'hiver, des séjours sont proposés dans le Bassin méditerranéen et en Asie. Durant cette saison, on peut également opter pour des combinés plage + circuit. Dans la rubrique « Grands voyages », le voyagiste suggère des périples en petits groupes ou en individuel. Au choix : l'Amérique du Sud, le Pacifique Sud, l'Afrique (Afrique du Sud, Kenya, Tanzanie), l'Inde et le Népal.

▲ TOURS CHANTECLERC

• tourschanteclerc.com •
Tours Chanteclerc est un tour-opérateur qui publie différentes brochures de voyages : Europe, Amérique du Nord, Amérique du Sud, Asie et Pacifique Sud, Afrique et le Bassin méditerranéen en circuits ou en séjours. Il s'adresse aux voyageurs indépendants qui réservent un billet d'avion, un hébergement (dans toute l'Europe), des excursions ou une location de voiture. Également spécialiste de Paris, le tour-opérateur offre une vaste sélection d'hôtels et d'appartements dans la capitale française.

EN VOITURE

Covoiturage

Le principe est économique, écologique et convivial. Il s'agit de mettre en relation un chauffeur et des passagers afin de partager le trajet et les frais, que ce soit de manière régulière ou exceptionnelle (pour les vacances, par exemple). Les conducteurs sont invités à proposer leurs places libres sur BlaBlaCar *• blablacar.fr •* (disponible sur Web et mobile). L'inscription est gratuite.

Itinéraires

➢ ***À partir de Paris :*** prendre l'A 6 (direction Lyon) jusqu'à Mâcon. Puis Bourg-en-Bresse et Bellegarde. Autoroute vers Chamonix (A 6-E 15). Suivre l'A 40-E 21 direction Milan, puis prendre l'A 40-E 25 direction Annecy. Traverser le ***tunnel du Mont-Blanc*** (compter 48 € la traversée ; env 60 € l'A/R ; attention, le retour doit se faire max 7 jours après la date d'émission). Prendre l'autoroute jusqu'à Milan en passant par Turin.

➢ ***Par l'autoroute du Sud :*** descendre jusqu'à Marseille, puis Nice et la frontière italienne, Menton et Vintimille. Le voyage se poursuit jusqu'à Gênes (A 10-E 80), puis remonter en prenant l'A 7 direction Milan.

➢ ***Par le tunnel du Fréjus :*** autoroute du Sud jusqu'à Lyon, A 43 Lyon-Chambéry-Montmélian, puis la vallée de la Maurienne jusqu'à Modane. Péage pour le tunnel : 48 € la traversée (60 € l'A/R), puis direction Turin.

➢ ***Ceux qui habitent l'est ou le nord de la France*** ont intérêt à passer par la Suisse en prenant l'autoroute ***à partir de Bâle.*** Puis Lucerne et le tunnel du Gothard et direction Milan. À prendre en compte : env 35 € la vignette annuelle en Suisse.

– ***Attention :*** en Italie, sur autoroute, les panneaux indicateurs sont de couleur verte ; les bleus concernent les autres routes, notamment les nationales ou les routes secondaires. Les feux de code sont obligatoires sur les autoroutes italiennes le jour... sous peine d'amende.

EN BUS

De nouvelles dessertes sont régulièrement mises en place entre de nombreuses villes de l'Hexagone et de l'Europe. Afin de vous aider à faire votre choix, il existe des sites de comparaison et de réservation de billets, certains comparant plusieurs modes de transport (train, bus, covoiturage) et permettant d'acheter directement son billet : kombo *(● kombo.co/fr ●)*, ou comparabus *(● comparabus.com ●)*.

MILAN UTILE

ABC de Milan

- ***Statut :*** capitale de la région de la Lombardie (12 provinces) et de la province de Milan (134 communes).
- ***Superficie :*** 182 km² (1 575 km² pour la province).
- ***Population :*** 1 352 000 hab. (env 3 873 000 hab. pour la métropole).
- ***Langue officielle :*** l'italien.
- ***Maire :*** Giuseppe Sala (indépendant de centre gauche, élu en 2016, réélu en 2021).

AVANT LE DÉPART

Adresses utiles

En France

Office national italien de tourisme (ENIT) : *23, rue de la Paix, 75002 Paris. Infos : ☎ 01-42-66-82-27. • infoitalie.paris@enit.it • enit.it • italia.it • (site très complet à consulter absolument avt de partir). Ⓜ Opéra ; RER A : Auber. Centre d'appel : lun-ven 9h30-12h30.* Agence fermée au public. Pas d'infos par courrier postal, uniquement par e-mail.

■ ***Consulats d'Italie en France :***
– Paris : 5, bd Émile-Augier, 75116. ☎ 01-44-30-47-00 (standard automatique qui oriente en fonction de l'appel lun-ven 9h-17h). • informazioni.parigi@esteri.it • consparigi.esteri.it • Ⓜ La Muette ; RER C : Boulainvilliers. Ouv au public lun-ven 9h-12h, plus mer 14h30-16h30.
– Consulats honoraires et correspondants consulaires à Lyon, Marseille, Metz et Nice. Permanences consulaires à Dijon et Lille.

■ ***Institut culturel italien :*** *hôtel de Gallifet, 50, rue de Varenne, 75007 Paris. ☎ 01-85-14-62-50. • iic parigi@esteri.it • iicparigi.esteri.it • Ⓜ Varenne, Rue-du-Bac ou Sèvres-Babylone. Lun-ven 10h-13h, 15h-18h. Bibliothèque de consultation : ☎ 01-85-14-62-55. • bibilioteca.iic.parigi@esteri.it • ; mêmes horaires sauf lun et fermé de mi-juil à début sept.*

■ ***Ambassade d'Italie :*** *51, rue de Varenne, 75007 Paris. ☎ 01-49-54-03-00. • ambasciata.parigi@esteri.it • ambparigi.esteri.it • Ⓜ Rue-du-Bac, Varenne ou Sèvres-Babylone.* Superbe hôtel particulier ouvert au public uniquement lors des Journées du patrimoine en septembre.

En Belgique

Office de tourisme : *22-24, rue Joseph-II, Bruxelles 1000. ☎ 02-647-11-54. • brussels@enit.it • enit.it • Bureau situé dans l'ambassade et fermé au public, seulement par e-mail.*

■ ***Consulat d'Italie :*** *38, rue de Livourne, Bruxelles 1000. ☎ 02-543-15-50. • segr.consolare.bruxelles@esteri.it • ambbruxelles.esteri.it • Lun-ven 9h-12h30, plus mer 14h-16h.*

■ ***Ambassade d'Italie :*** *22-24, rue Joseph-II, Bruxelles 1000. ☎ 02-643-38-50. • ambbruxelles@esteri.it • amb bruxelles.esteri.it • Lun-ven 9h-13h, 14h30-17h.*

En Suisse

■ ***Consulats d'Italie :***
– Genève : 14, rue Charles-Galland, 1206. ☎ 022-839-67-44. • consolato.ginevra@esteri.it • consginevra.esteri.it • Lun-ven 9h-12h30.
– Autres consulats à Bâle, Lugano et Zurich.
■ ***Ambassade d'Italie :*** *14, Elfenstrasse, 3006 Berne. ☎ 031-350-07-77. • berna.ambasciata@esteri.it • ambberna.esteri.it • Lun-jeu 9h-13h, 14h-17h ; ven 8h30-13h, 13h30-16h30.*

Au Canada

ℹ ***Office national de tourisme :*** *365 Bay St, suite 503, Toronto (Ontario) M5H 2V1. ☎ (416) 925-4882. • toronto@enit.it • enit.it • Sur rdv ou par tél.*
■ ***Ambassade d'Italie :*** *275 Slater St, 21st floor, Ottawa (Ontario) K1P 5H9. ☎ (1-613) 232-2401. • ambasciata.ottawa@esteri.it • ambottawa.esteri.it • Le mat sur rdv, plus mer 14h-16h.*
■ ***Consulat général :*** *136 Berverley St, Toronto (Ontario) M5T 1Y5. ☎ (416) 977-1566. • constoronto.esteri.it • Lun-ven 9h-12h.*

Des sites utiles avant votre départ

• ***routard.com*** • Le site de voyage nº 1 avec 800 000 membres et plusieurs millions d'internautes chaque mois. Partagez vos expériences avec la communauté de voyageurs : forums de discussions, avis, bons plans, carnets de route et photos. Pour s'inspirer et s'organiser, plus de 300 fiches pays actualisées avec les infos pratiques, les incontournables et les dernières actus, ainsi que les reportages terrain et idées week-end de la rédaction. Enfin, vous trouverez tout pour vos vols, hébergements, activités et voitures pour réserver votre voyage au meilleur prix.
• ***italia.it*** • Le site officiel de l'office de tourisme italien (en français) fourmille de renseignements ; très utile pour préparer son voyage. Permet aussi de faire un tour d'horizon complet des régions italiennes.
• ***museionline.info*** • Un site incontournable si vous vous apprêtez à visiter tous les musées d'Italie du Nord, répertoriés par catégories : art, histoire, archéologie, histoire naturelle, sciences et technologie avec les prix, les horaires et le site internet de chaque musée. En plus, ce site vous donne la liste des expos temporaires à voir dans la région visitée (régulièrement remis à jour). On vous le recommande chaudement.
• ***radici-press.net*** • Un site franco-italien qui offre un large choix d'articles sur la politique, l'économie et la culture italiennes.
• ***lepetitjournal.com/milan*** • Animé et régulièrement mis à jour par et pour les Français et francophones à Milan, ce site très complet propose des articles traitant de l'actualité italienne et milanaise, des idées de sortie, mais aussi des infos plus pratiques comme des annonces, la météo...

Formalités d'entrée

Pas de contrôles aux frontières italiennes car le pays fait partie de l'espace Schengen. Néanmoins, quelques précautions d'usage.
– ***Pour un séjour de moins de 3 mois :*** carte d'identité en cours de validité ou passeport pour les ressortissants de l'Union européenne et de la Suisse. Ressortissants canadiens : passeport en cours de validité.
– Les ***mineurs*** doivent être munis de leur propre pièce d'identité (carte d'identité ou passeport) et de l'***autorisation de sortie du territoire*** : formulaire signé par l'un des parents titulaires de l'autorité parentale et de la photocopie de la pièce d'identité du parent signataire. Renseignements auprès des services de votre commune et sur *• service-public.fr •*

– ***Covid :*** pour suivre l'évolution des mesures gouvernementales, renseignements sur le site italien du ministère de la Santé • *salute.gov.it* • ou sur celui de l'office de tourisme italien • *italia.it* •

> Avant de partir, pensez à scanner passeport, carte bancaire, billet d'avion et *vouchers* d'hôtel. Ensuite, adressez-les-vous par e-mail, en pièces jointes. En cas de perte ou de vol, rien de plus facile pour les récupérer.

Assurances voyage

■ ***Routard Assurance par AVI International :*** *Le Colisée Gardens, 10, av. de l'Arche, CS 70126, 92419 Courbevoie Cedex.* ☎ *01-44-63-51-00.* • *routard@avi-international.com* • *avi-international.com* • Ⓜ *La Défense.* Enrichie au fil des années par les retours des lecteurs, *Routard Assurance* reste l'assurance voyage référence des globe-trotters. Tout y est inclus, même la Covid : frais médicaux, assistance rapatriement, bagages, responsabilité civile... Avant votre départ, appelez *AVI* pour un conseil personnalisé. Besoin d'une attestation Covid, d'un avis médical, d'une prise en charge dans un hôpital ? Téléchargez l'appli mobile AVI International pour garder le contact avec *AVI Assistance* et disposer d'un vaste réseau médical à travers le monde. *AVI Assistance* est disponible 24h/24 pour une réponse en temps réel. De simples frais de santé en voyage ? Envoyez les factures à *AVI* dès votre retour, ils vous remboursent sous une semaine.

■ ***AVA :*** *25, rue de Maubeuge, 75009 Paris.* ☎ *01-53-20-44-20.* • *ava.fr* • Ⓜ *Cadet.* Un autre courtier fiable pour ceux qui souhaitent s'assurer en cas de décès-invalidité-accident lors d'un voyage à l'étranger, mais surtout pour bénéficier d'une assistance rapatriement, perte de bagages et annulation. Attention, franchises pour leurs contrats d'assurance voyage.

■ ***Pixel Assur :*** *18, rue des Plantes, BP 35, 78601 Maisons-Laffitte.* ☎ *01-39-62-28-63.* • *pixel-assur.com* • *RER A : Maisons-Laffitte.* Assurance de matériel photo et vidéo tous risques dans le monde entier. Devis basé sur le prix d'achat de votre matériel. Avantage : garantie à l'année.

Carte internationale d'étudiant (carte ISIC)

Elle prouve le statut d'étudiant dans le monde entier et permet de bénéficier de tous les avantages, services et réductions dans les domaines du transport, de l'hébergement, de la culture, des loisirs, du shopping...
La carte ISIC permet aussi d'accéder à des avantages exclusifs sur le voyage (billets d'avion spécial étudiants, hôtels et auberges de jeunesse, assurances, cartes SIM internationales, location de voitures...).

Renseignements et inscriptions

– ***En France :*** • *isic.fr* • *Compter 13 € pour 1 année scol.*
– ***En Belgique :*** • *isic.be* •
– ***En Suisse :*** • *isic.ch* •
– ***Au Canada :*** • *isiccanada.com* •

Carte d'adhésion internationale aux auberges de jeunesse (carte FUAJ)

Cette carte vous ouvre les portes des 4 000 auberges de jeunesse du réseau *HI-Hostelling International* en France et dans le monde. Vous pouvez ainsi parcourir

90 pays à des prix avantageux et bénéficier de tarifs préférentiels avec les partenaires des auberges de jeunesse *HI*. Enfin, vous intégrez une communauté mondiale de voyageurs partageant les mêmes valeurs : plaisir de la rencontre, respect des différences et échange dans un esprit convivial. Il n'y a pas de limite d'âge pour séjourner en auberge de jeunesse. Il faut simplement être adhérent.

Renseignements et inscriptions

– ***En France :*** • *hifrance.org* •
– ***En Belgique :*** • *lesaubergesdejeunesse.be* •
– ***En Suisse :*** • *youthhostel.ch* •
– ***Au Canada :*** • *hihostels.ca* •
– ***En France et dans le monde :*** • *hihostels.com* • Si vous prévoyez un séjour itinérant, vous pouvez réserver plusieurs auberges en une seule fois !

ARGENT, BANQUES, CHANGE

Banques

Les banques sont généralement ouvertes du lundi au vendredi de 8h20 à 13h15 et de 14h45 à 16h ; certaines sont également ouvertes le samedi matin. La plupart disposent d'un distributeur de billets en façade. Nos amis francophones, en particulier les Suisses et les Québécois, peuvent convertir leurs monnaies d'origine en euros dans les bureaux de change (ouverts tous les jours, même les jours fériés).

Cartes de paiement

La majorité des restaurants, hôtels et stations-service accepte les cartes de paiement. Nous vous signalons, dans la mesure du possible, nos adresses les refusant (de plus en plus rares, à l'exception notable des chambres d'hôtes). Sur place, vous verrez, en principe, sur les vitrines des établissements les acceptant, l'autocollant *Carta Sì*. Voir également plus loin la rubrique « Transports. Vélo ».

En cas d'urgence – Dépannage

Quand vous partez à l'étranger, pensez à téléphoner à votre banque pour relever le plafond de retrait aux distributeurs et pour les paiements par carte, quitte à le faire rebaisser à votre retour.
Avant de partir, notez bien le numéro d'opposition propre à votre banque (il figure souvent au dos des tickets de retrait, sur votre contrat ou à côté des distributeurs de billets), ainsi que le numéro à 16 chiffres de votre carte. Bien entendu, conservez ces informations en lieu sûr et séparément de votre carte.
Par ailleurs, l'assistance médicale se limite aux 90 premiers jours du voyage et l'assistance véhicule aux cartes haut de gamme (renseignez-vous auprès de votre banque). Et surtout, n'oubliez pas aussi de VÉRIFIER LA DATE D'EXPIRATION DE VOTRE CARTE BANCAIRE avant votre départ !
En zone euro, pas de frais bancaires sur les paiements par carte. Les retraits sont soumis aux mêmes conditions tarifaires que ceux effectués en France (gratuits pour la plupart des cartes).
Une carte perdue ou volée peut être rapidement remplacée. En appelant sa banque, un système d'opposition, d'avance d'argent et de remplacement de carte pourra être mis en place afin de poursuivre son séjour en toute quiétude.
En cas de perte, de vol ou de fraude, quelle que soit la carte que vous possédez, chaque banque gère elle-même le processus d'opposition et le numéro de téléphone correspondant.

– ***Carte Visa :*** *numéro d'urgence (Europ Assistance) au ☎ (00-33) 1-41-85-85-85 (24h/24).* • *visa.fr* •
– ***Carte MasterCard :*** *numéro d'urgence au ☎ (00-33) 1-45-16-65-65.* • *mastercardfrance.com* •
– ***Carte American Express :*** *numéro d'urgence au ☎ (00-33) 1-47-77-72-00 (tlj 24h/24).* • *americanexpress.fr* •

Petite mesure de précaution : si vous retirez de l'argent dans un distributeur, utilisez de préférence les distributeurs attenant à une agence bancaire. En cas de pépin avec votre carte (carte avalée, erreurs de code secret...), vous aurez un interlocuteur dans l'agence pendant les heures ouvrables.

Besoin urgent d'argent liquide

Vous pouvez être dépanné en quelques minutes grâce au système ***Western Union Money Transfer.*** L'argent vous est transféré en moins de 1h. La commission, assez élevée, est payée par l'expéditeur. Possibilité d'effectuer un transfert auprès d'un des bureaux *Western Union* ou, plus rapide, en ligne, 24h/24, par carte de paiement (*Visa* ou *MasterCard*).
Même principe avec d'autres organismes de transfert d'argent liquide comme ***MoneyGram, PayTop*** ou ***Azimo.*** Transfert en ligne sécurisé, en moins de 1h.
Dans tous les cas, se munir d'une pièce d'identité. Toutefois, en cas de perte ou vol de papiers, certains organismes permettent de convenir d'une question/réponse-type pour pouvoir récupérer votre argent. Chacun de ces organismes possède aussi des applications disponibles sur téléphone portable. Consulter les sites internet pour connaître les pays concernés, les conditions tarifaires (frais, commission) et trouver le correspondant local le plus proche : • *westernunion.com* • *moneygram.fr* • *paytop.com* • *azimo.com/fr* •
Autre solution, envoyer de l'argent par ***la Banque postale*** : le bénéficiaire, muni de sa pièce d'identité, peut retirer les fonds dans n'importe quel bureau du réseau local. Le transfert s'effectue avec un mandat ordinaire international (jusqu'à 3 500 €) et la transaction prend 4-5 jours en Europe (8-10 jours vers l'international). Plus cher mais plus rapide, le mandat express international permet d'envoyer de l'argent (montant variable selon la destination – 34 pays au total) sous 2 jours maximum, 24h lorsque la démarche est faite en ligne. *Infos :* • *labanquepostale.fr* •
En Italie, se présenter à une agence *Western Union (n° Vert : ☎ 800-789-124 ; tlj 8h-23h).*

ACHATS

En règle générale, les magasins sont ouverts de 9h à 13h et de 15h30 à 19h30, et presque toujours fermés le dimanche ainsi qu'une demi-journée ou une journée par semaine (souvent le lundi). Quoique cette tradition commence à se perdre. En revanche, la fermeture est fréquente le samedi après-midi pendant l'été, à l'heure où Milan est à cette époque quasiment déserte.

Les « spots »

Les magasins sont généralement fermés le lundi matin (sauf ceux d'alimentation, fermés le lundi après-midi).
– ***Périodes de soldes :*** en général, la 1re semaine de janvier et, en été, le 1er ou 2e week-end de juillet. Durée : environ 2 mois.
– ***Pour les outlets :*** des grandes marques à prix cassés chez *Il Salvagente Fashion Outlet (plan détachable, G4),* dans le quartier de Porta Romana ; et chez *Emporio Isola (plan détachable, C3),* à 2 pas du corso Sempione. Également ***5 villages***

outlet – *Vicolungo The Style Outlets, Fidenza Village, Fox Town Factory Stores, Franciacorta Outlet Village* et *Serravalle Designer Outlet* – dans les environs de Milan, accessibles par bus-navettes depuis le centre-ville...
– ***Pour les bonnes affaires :*** corso Buenos Aires *(plan détachable, F3),* corso Genova *(plan détachable, C5).*
– ***Pour le standing :*** corso Vittorio Emanuele II et le « quadrilatère de la mode » (via Monte Napoleone, via Manzoni, via della Spiga, via Sant'Andrea ; *zoom détachable, E4*).
– ***Pour le vintage et les grandes enseignes :*** via Torino *(zoom détachable, D4-5),* porta Ticinese *(zoom détachable, D5-6).*
– ***Pour le « tendance » :*** corso Como *(plan détachable, D2).*
– ***Pour la variété :*** le grand magasin *La Rinascente,* piazza del Duomo *(zoom détachable, E4),* baptisé ainsi par Gabriele D'Annunzio après sa reconstruction au début du XXe s, est le plus vieux et le plus important de la ville (et ouvert le dimanche !).

Plaisirs de bouche

Le charme de Milan se décline de tant de manières... et il y en a pour tous les goûts ! Si l'on y trouve un florilège des spécialités environnantes (*parmigiano reggiano* de Parme, vinaigre balsamique de Modène, tagliatelles et mortadelle de Bologne...), Milan est aussi LA ville du *panettone,* brioche traditionnelle garnie de raisins secs, fruits confits et zestes d'agrumes, de la *michetta,* petit pain rond et croustillant, ou encore, côté charcuterie, du *salame milano,* petit saucisson à la chair bien rouge.

Le monde des stylistes

Milan est la capitale incontestable de la mode italienne et même européenne, depuis les rues où l'élégance des Milanais s'affiche avec classe et discrétion, jusqu'aux boutiques du quartier Monte Napoleone, chéri des grands couturiers italiens, sans oublier la *Fashion Week* et autres défilés internationaux.
Quelques idées à rapporter dans votre valise :
– la ***maroquinerie,*** pas donnée mais de qualité (vêtements, ceintures, sacs, porte-monnaie, chaussures). Marques : *Fontana, Raspini, Ferragamo, Furla... ;*
– ***Tod's :*** le célèbre mocassin aux 133 picots – le *Gommino* – est l'emblème de la marque. Le « seigneur des picots », comme est surnommé son président, a fait de *Tod's* une griffe de luxe de la chaussure italienne. Plusieurs adresses à Milan, toutes centrales *(zoom détachable, E4),* notamment dans la Galleria Vittorio Emanuele II, la via della Spiga, 22... ;
– les ***textiles*** et ***foulards de soie ;***
– la ***lingerie.*** Bien qu'assez chère, elle séduit dans le monde entier. Beaucoup de grandes marques sont italiennes : *La Perla, Verde Veronica, Intimissimi...* Et *Calzedonia,* notamment, pour les ***maillots de bain et collants en tout genre ;***
– les ***lunettes de soleil.*** L'Italie est le leader mondial de la lunetterie solaire. Près de 80 % de la production européenne sort des usines italiennes, dont la célèbre marque *Ray-Ban*. Accessoire incontournable, véritable objet de culte, les lunettes de soleil s'affichent au cœur des tendances. Mais attention, n'est pas *fashion victim* qui veut !

Sachez qu'il existe une différence (de taille !) entre les étiquettes du prêt-à-porter français et celles du prêt-à-porter italien.

Tailles en France	34	36	38	40	42	44	46	48	50
Tailles en Italie	38	40	42	44	46	48	50	52	54

Pour les chaussures, la pointure française taille une unité de plus que l'italienne, ce qui donne :

France	36	37	38	39	40	41	42	43	44
Italie	35	36	37	38	39	40	41	42	43

Un p'tit tour dans le monde du design

Carrefour international du design (voir la rubrique « Design » dans le chapitre « Hommes, culture, environnement »), Milan s'impose comme la capitale des dernières tendances du genre. La plupart des adresses se situent autour de la piazza San Babila, lieu majeur de l'activité. Temps fort début ou mi-avril pendant le *Salone internazionale del Mobile,* où ces magasins organisent des cocktails et des événements tous les soirs pendant une semaine (entrée gratuite).

Et enfin, les marchés

Baignés de couleurs, parfums et saveurs, on y croise aussi bien des *mammas* aux cabas déformés que de jeunes Milanais branchés et pressés. Déambulez donc entre les étalages de ces marchés et vous finirez bien par approcher l'âme de la ville, ou du moins à en entrevoir un autre visage.

BUDGET

Recommandation à ceux qui souhaitent profiter des réductions et avantages proposés dans *Le Routard* par les hôteliers et les restaurateurs.

À l'hôtel, pensez à les demander **au moment de la réservation** ou bien lors de votre **arrivée.** Ils ne sont valables que pour les réservations en direct et non cumulables avec d'autres offres promotionnelles (notamment sur Internet). Au restaurant, parlez-en **au moment** de la commande et surtout **avant** que l'addition soit établie. Poser votre *Routard* sur la table ne suffit pas : le personnel de salle n'est pas toujours au courant et une fois le ticket de caisse imprimé, il est souvent difficile de modifier le total. En cas de doute, montrez la notice relative à l'établissement dans le ***Routard* de l'année** et, bien sûr, ne manquez pas de nous faire part de toute difficulté rencontrée.

Hébergement

L'hébergement est généralement cher à Milan. Que vous logiez à l'hôtel, en chambre *B & B* ou en auberge de jeunesse, les prix ne descendent qu'exceptionnellement en dessous de 80 €.
La classification en catégories ne correspond pas vraiment à celle que nous connaissons en France. Chaque région italienne est libre de classifier ses hôtels : par exemple, un 3-étoiles *(tre stelle)* en Lombardie ne sera peut-être pas classé de la même façon que dans le Piémont. De même entre les hôtels français et italiens, un 3-étoiles italien n'offre souvent pas plus que ce qu'offre un bon 2-étoiles français. Ce décalage est valable pour toutes les catégories.
Pour une chambre double, il faut compter :
- ***Bon marché :*** moins de 80 €.
- ***Prix moyens :*** de 80 à 120 €.
- ***Chic :*** de 120 à 180 €.

- ***Très chic :*** des établissements exceptionnels et d'un prix très élevé, au-delà de 180 €, que nous citons surtout s'ils ont du charme.
- ***Taxe de séjour :*** une loi permet à toutes les municipalités du nord de l'Italie d'appliquer une taxe sur les nuitées. Selon la catégorie d'hôtel, il faut compter jusqu'à 5 € par personne et par nuit, toujours à payer directement sur place, même si vous avez payé la chambre à l'avance par Internet.
- ***Camping :*** compter quand même entre 30 et 40 € correspondant à une nuit pour 2 personnes avec petite tente et voiture.
- ***Auberge de jeunesse :*** il existe à Milan plusieurs établissements privés de ce type, où le lit en dortoir tourne autour de 20-35 €. Quelques-unes disposent de chambres doubles à prix raisonnables. Certaines AJ sont simples et festives, mais les meilleures s'apparentent à de petits hôtels !

Restaurants

- À part les poissons, facturés au poids en fonction du prix du jour (et souvent chers), les restaurants indiquent tous les prix sur leur carte.
- De plus en plus de restaurants ont l'honnêteté de préciser si leurs produits sont surgelés ou du jour. On apprécie !
- On peut très bien se régaler sans se ruiner en avalant une pizza *al taglio,* des tartes salées et sucrées (il arrive qu'elles soient vendues au poids) ou un *panino.* C'est en général bon, assez copieux, et vous pourrez toujours vous offrir une glace en dessert. C'est une bonne solution pour le midi, à déguster au bord des lacs.
- Les amateurs de *pizze* ou de *pasta* s'en sortiront pour des prix raisonnables (avec *antipasti* ou dessert, l'eau et le *coperto,* compter moins de 20 €). Ce sont les inconditionnels de la viande ou du poisson qui vont souffrir, puisque les *secondi* coûtent en général une quinzaine d'euros minimum, et qu'ils sont souvent servis sans garniture (entre 4 et 6 € supplémentaires). Compter facilement une trentaine d'euros (avec *antipasti* ou dessert, le *coperto* et l'eau) pour ce type de repas.
- Vous pourrez également trouver dans certains restos le menu touristique où tout est compris ; il revient bien sûr moins cher, mais c'est rarement dans ces endroits que vous mangerez le mieux. Cela reste malgré tout une bonne solution pour s'attabler sans se ruiner.
- Les prix augmentent encore, bien sûr, si l'on se laisse tenter par une bonne bouteille de vin, mais la majorité des restos proposent un *vino della casa* servi au pichet à prix généralement très raisonnable.
- Si vous prenez votre *espresso* au comptoir, il vous en coûtera environ 1 €, mais il est majoré si vous vous asseyez.

Voici notre fourchette ; les prix s'entendent par personne, pour un repas sur le pouce pour la catégorie « Très bon marché » (une pizza ou un sandwich et une boisson), et dans les catégories suivantes, pour un repas complet, c'est-à-dire le plus souvent *antipasto, primo* ou *secondo* et éventuellement un *dolce* (dessert), boisson non comprise.

- ***Très bon marché (sur le pouce) :*** moins de 12 €.
- ***Bon marché :*** de 12 à 20 €.
- ***Prix moyens :*** de 20 à 35 €.
- ***Chic :*** plus de 35 €.

Pourboire, service et couvert

La grande majorité des restos rajoutent le couvert *(pane e coperto)* qui varie entre 2 et 3 €, et peut même atteindre plus de 4 € dans les lieux chics (mais cela signifie qu'il y a en contrepartie : pain maison, beurre...) ou très touristiques (là, c'est de l'arnaque !). Ajoutez à cela une bouteille d'eau minérale (autour de 2 €), et vous comprendrez pourquoi l'addition peut vite grimper. Noter que le *pane e coperto* doit être signalé sur la carte quand il existe, ce qui n'est pas forcément le cas dans une *trattoria* !

Quant au pourboire, dont on rappelle qu'il n'est par définition jamais compris dans l'addition, rien ne vous oblige à en laisser un ni ne vous dispense de le faire si vous avez été bien servi et avez bien mangé. Les Français ont une telle réputation de radinerie (si, si !) qu'un petit geste fera peut-être changer cette image qu'ils trimballent depuis des lustres ! Il arrive cependant, mais c'est rare, qu'on vous facture le service (10 à 15 %).

Visite des sites et musées

– ***L'entrée des églises est gratuite*** la plupart du temps – sauf les accès aux sacristies, salles capitulaires, ou cryptes et chapelles recelant des *tesori* (trésors). Prévoyez de la menue monnaie pour l'éclairage (1 ou 2 €). Attention, l'accès au Duomo de Milan est payant.
– Compter entre 5 et 10 € par personne pour la visite des musées ou autres sites. Ce sont les villas-musées qui coûtent en général cher (autour de 8-10 €). À Milan, où de vraies institutions culturelles sont présentes, compter entre 5 et 15 € pour entrer dans un musée. Certains *pass* peuvent faire baisser la note (voir plus loin).
– Les visiteurs de moins de 18 ans ressortissants de l'Union européenne bénéficient de la gratuité dans les sites et musées nationaux. Les moins de 25 ans profitent eux aussi de réductions. Pour les musées municipaux, réduction possible pour les jeunes, à condition d'avoir une pièce d'identité à présenter. Les professeurs, à condition d'être ressortissants de l'Union européenne, ont souvent droit eux aussi à une réduction de 50 % en présentant leur carte d'enseignant...
– ***Tous les musées sont fermés le 1er mai, le jour de Noël, le 15 août et pratiquement tous le Jour de l'an.***
– Prévoyez de la monnaie pour l'éclairage des églises (1 ou 2 €). Les musées n'acceptent pas tous les cartes de paiement, prévoyez donc des espèces sonnantes et trébuchantes !
– Les musées et sites nationaux sont ouverts de 9h à 17h30 (parfois plus tard en été). En principe, les musées sont fermés le lundi.
– Les explications sur les cartels et les commentaires traduits en français sont loin d'être systématiques. Il vaut mieux avoir des notions d'italien et d'anglais ; il existe parfois des feuillets avec traduction française à réclamer à l'entrée.
– Une tenue correcte et un minimum de discrétion semblent parfois échapper à certains visiteurs. Un gardien est là pour vous le rappeler, et il n'a aucune indulgence pour ce qui est considéré comme indécent (à savoir, short pour les hommes, épaules nues et minijupe pour les femmes...).

Infos importantes

– **Gratuité pour les moins de 18 ans** et réductions jusqu'à 25 ans.

– **Gratuité le 1er dimanche du mois**. Elle s'applique à tous les lieux de culture nationaux : monuments, musées, galeries, sites archéologiques, parcs.

– Nocturne certains soirs (MUDEC, Armani / Silos, par exemple).

– La *Notte al museo,* la Nuit au musée, à 1 €, a lieu 2 fois par an.

CLIMAT

Le climat de toute cette zone – entre plaine et haute montagne – varie beaucoup selon l'altitude et l'exposition. De type continental avec des hivers froids et des étés chauds, il est néanmoins bien adouci par la présence des lacs. Température moyenne annuelle : 13 °C.
On peut donc se rendre à Milan toute l'année, selon ce qu'on désire voir ou faire, même si les meilleures saisons restent le printemps et l'automne. L'été, on trouve plus d'étrangers que d'Italiens. Sachez tout de même que la majorité des hôteliers et restaurateurs

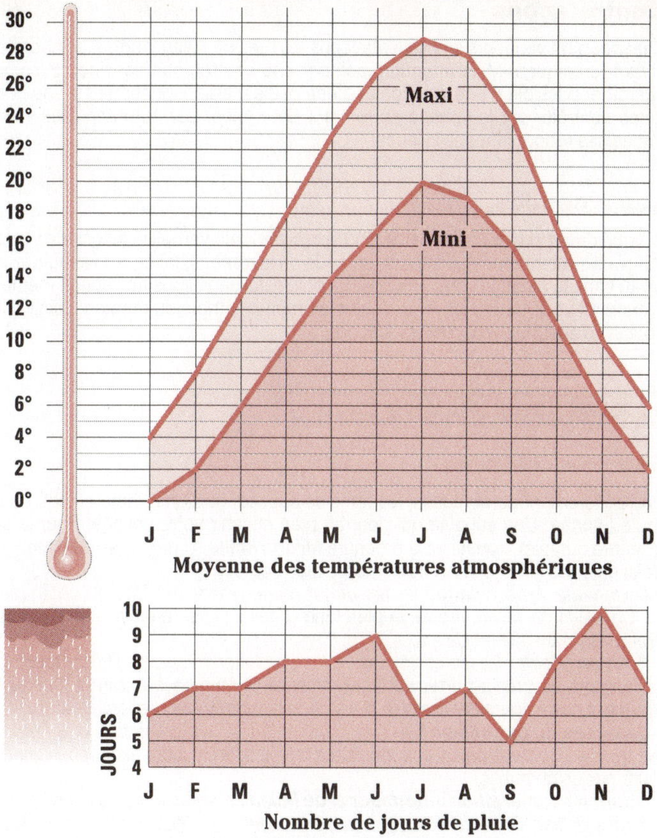

ITALIE DU NORD (Milan)

ferment leurs portes en août. À cette période, il peut faire très chaud avec un grand taux d'humidité (prévoyez un bon répulsif, les moustiques sont en revanche bien présents).

DANGERS ET ENQUIQUINEMENTS

Sécurité

En cas de vol (passeport, permis de conduire, papiers, argent, objets divers...), se rendre immédiatement au poste de *carabinieri* (la gendarmerie italienne) le plus proche. Ils établiront un constat en italien qui vous servira ensuite auprès de votre compagnie d'assurances, ou de l'administration française. Adressez-vous à l'antenne du consulat français seulement en cas de vol ou de perte des papiers d'identité.

– Ne laissez jamais rien dans vos poches, surtout arrière, trop facilement accessibles.
– Ne portez jamais de sac à l'épaule, mais toujours en bandoulière.

Contrefaçons

Beaucoup de vendeurs à la sauvette dans les rues de Milan, surtout à l'abord des sites touristiques. Mais attention, acheter une contrefaçon est rigoureusement interdit et passible d'une amende et d'une peine d'emprisonnement si vous vous faites contrôler par la douane en rentrant chez vous. Les autorités italiennes et françaises redoublent de vigilance.

Les amendes

Si vous devez payer une amende (PV) après avoir été verbalisé (excès de vitesse, mauvais stationnement, infraction au code de la route...), faites-le ! Ne quittez pas Milan sans avoir payé votre amende. La police italienne vous rattrapera, même en France, et vous devrez payer le double ou même le triple du montant initial ! Cela concerne aussi les voitures de location.

FÊTES ET JOURS FÉRIÉS

Fêtes et festivals

Particulièrement nombreuses, les fêtes se succèdent à un rythme effréné durant toute l'année. Une aubaine qui pourrait bien enrichir votre voyage. Pour le programme complet, consultez la brochure ***Milano Mese*** à l'office de tourisme.
Voici un échantillon des événements les plus courus.
– ***Carnevale Ambrosiano :*** *fin fév-début mars, piazza del Duomo notamment.* Le Carnaval de Milan, réputé le plus long d'Italie, laisse entrevoir des masques typiques, *Meneghin* et *Cecca.*
– ***Fashion Week :*** *fin fév et fin sept. Infos : • cameramoda.it •* Présentation des collections de prêt-à-porter automne-hiver et printemps-été durant 1 semaine. Vraiment pas évident d'y assister, mais cadres somptueux : *galleria, teatro...*
– ***Journées du patrimoine :*** *un w-e fin mars. Infos : • giornatafai.it • (• fondoambiente.it •)* Certains palais et autres sites privés ouvrent alors exceptionnellement leurs portes au public.
– ***Stramilano, marathon international de Milan :*** *mi-mai. Infos : • stramilano.it •*
– ***Sagra di San Cristoforo :*** *début juin, à proximité de l'église.* Comme le veut la tradition, célébration anticipée de la Saint-Christophe, avec procession sur les eaux du naviglio Grande (bateaux décorés), musique et bal.
– ***Festa dei Navigli :*** *juin. Infos : • navigliogrande.mi.it •* Le naviglio Grande vit, ce mois-là, au gré des spectacles, des expos, des concerts, des jeux aquatiques, des marchés d'antiquités et de produits régionaux ; sans oublier les illuminations nocturnes grandioses ; à ne pas manquer !
– ***Formula 1 Gran Premio d'Italia :*** *début sept, sur l'autodrome de Monza. Infos et vente de tickets : • monzanet.it •* Une institution qui compte déjà près de 100 éditions. En septembre, les *tifosi* de la *scuderia* Ferrari viennent acclamer les bolides rouges.
– ***7 décembre :*** ce jour de la **Saint-Ambroise,** patron de la ville, donne lieu à des festivités autour de la basilique Sant'Ambrogio ; et notamment un grand marché traditionnel curieusement baptisé « Oh Bej ! Oh Bej ! », du cri que poussaient les marchands pour ameuter les chalands. Le même jour, et ce n'est pas un hasard, ***lancement de la saison lyrique à la Scala.*** Grand succès, mais difficile d'y accéder.
– ***Artigiano in Fiera :*** *début déc. Infos : • artigianoinfiera.it •* Les artisans de toute l'Italie se retrouvent à la *Fiera Milano.* Expo-vente, et spectacles en prime.
– ***Fiere di Milano*** *: • fieramilano.it •* Il existe désormais 2 lieux de foires à Milan : la *Fiera Milano City (M Portelo)* et la *Rho Fieramilano (M Rho Fiera).*

Jours fériés

Attention aux faux amis : ***giorno feriale*** signifie « jour ouvrable », soit du lundi au samedi ; alors que ***giorno festivo*** correspond aux dimanches et jours fériés. Les jours fériés et chômés sont à peu près identiques aux nôtres, même si moins nombreux (l'Ascension et la Pentecôte, par exemple, ne sont pas des jours fériés).

SORCIÈRE D'UN JOUR

Pour tous les Italiens, l'Épiphanie est le jour de la Befana, une gentille sorcière qui circule à califourchon sur son balai de paille. Elle rend visite aux enfants : aux méchants, elle dépose du charbon dans la chaussette suspendue à la cheminée ; et aux gentils, des confiseries et des cadeaux. Ah ! qu'il est loin le bon temps de l'enfance...

- ***1er janvier :*** *Capodanno.*
- ***6 janvier :*** *Epifania.*
- ***Lundi de Pâques :*** *Pasquetta.*
- ***25 avril :*** *Liberazione del 1945* (fête nationale).
- ***1er mai :*** *festa del Lavoro.*
- ***2 juin :*** *festa della proclamazione della Repubblica.*
- ***15 août :*** *festa dell'Assunta, Ferragosto.*
- ***1er novembre :*** *Ognissanti.*
- ***7 décembre :*** *Sant'Ambrogio* (fête du saint patron de la ville).
- ***8 décembre :*** *Immacolata Concezione.*
- ***25 et 26 décembre :*** *Natale* et *Santo Stefano.*
- Sont aussi considérés comme des ***jours semi-fériés*** les 14 août, 24 et 31 décembre. Certaines fêtes, comme celle du 15 août, peuvent durer plusieurs jours et paralyser une grande partie de la vie économique. Les fêtes des saints patrons des villes sont également jours fériés (la Saint-Ambroise le 7 décembre à Milan, par exemple). Attention aux fermetures des banques, notamment.

HÉBERGEMENT

Comme l'indique notre rubrique « Budget », la majeure partie de vos dépenses sera consacrée à l'hébergement. Attention aux périodes de fêtes (Pâques ou Noël, par exemple), aux festivals locaux, aux salons et aux foires. Si vous séjournez au moins une semaine au même endroit, étudiez les formules *B & B,* ou location d'appartement, moins chères que l'hôtel.

Campings

Milan ne comporte qu'un camping, le camping *Città di Milano* (voir plus loin « Le quartier du castello e corso Sempione. Où dormir ? »). Et si vous comptez camper dans les environs de Milan, le *Touring Club italien* édite la liste complète des campings du pays, ***Campeggi e Villaggi Turistici,*** que vous pouvez trouver dans les librairies sur place.

■ ***Fédération française des campeurs, caravaniers et camping-caristes :*** • info@ffcc.fr • ffcc.fr • Possibilité d'acheter en ligne la *carte FFCC Multi-avantages,* qui permet de bénéficier d'assurances spécifiques, ainsi que de nombreuses publications. La *carte FFCC* comprend également la *Camping Card International,* qui vous permettra d'obtenir de multiples réductions dans les campings d'Europe, dont l'Italie.

Auberges de jeunesse

On ne compte qu'une seule auberge de jeunesse officielle *(ostello della gioventù Piero Rotta)* à Milan, à environ 5 km à l'ouest du centre, mais elle est vétuste et on ne la recommande pas.

Sachez que la carte internationale des AJ, rarement obligatoire, permet d'obtenir de petites réductions dans ce genre d'établissement. Vous pouvez vous la procurer en

France auprès de la FUAJ (voir coordonnées plus haut dans la rubrique « Avant le départ ») ou, souvent, l'acheter sur place pour un peu plus cher. • *hihostels.com* • Par contre, nous recommandons plusieurs ***auberges de jeunesse privées,*** plus centrales et de bien meilleure tenue !

Bed & Breakfast

Une formule qui voit ses adeptes se multiplier... Précisons cependant que de nombreux *Bed & Breakfast* se révèlent être une forme d'hôtellerie déguisée, dans le sens où vous ne logez pas réellement chez l'habitant. Bien souvent, le proprio n'habite pas sur place. Dans ce cas, on fixe un rendez-vous avec lui par téléphone ou par mail pour préciser l'heure d'arrivée. Sur place, son numéro de téléphone portable est souvent affiché à l'extérieur, sur la porte du *B & B.*
Notez également que les chambres ne sont pas faites tous les jours. Quant au petit déjeuner, il n'est pas rare qu'il soit aussi médiocre que dans les hôtels, avec quelques malheureuses biscottes, le croissant en sachet, et autres petits bonheurs industriels !

Hôtels

Ils sont classés en 7 catégories (L pour luxe et de 6 étoiles à 1 étoile pour les plus simples). Cette classification peut paraître surfaite par rapport à celle que nous connaissons en France : un 4-étoiles italien correspond généralement à un 3-étoiles chez nous. Les prix en Italie sont en général très supérieurs aux tarifs français pour un confort et un service moindres.
Conseil : ne prenez pas le petit déjeuner à l'hôtel s'il n'est pas inclus dans le prix de la chambre. Il est souvent cher et décevant. Préférez les bars-*pasticcerie* de quartier où l'on sert de vraies et délicieuses pâtisseries, à accompagner d'un *espresso.* Les Milanais s'y retrouvent – souvent debout au comptoir – dès l'aube, en papotant. Une belle expérience, très « tranche de vie » !

Agence de location d'appartements et de maisons depuis la France

C'est devenu depuis quelques années la solution idéale, d'autant que de nombreux particuliers ont rénové la vieille maison de famille qui n'était plus guère habitée, afin de la louer aux voyageurs de passage. La location est donc une solution très **pratique et économique** – à condition de rester plusieurs jours – car votre budget nourriture s'en trouvera sérieusement allégé.

■ ***Loc'appart :*** *75, rue de la Fontaine-au-Roi, 75011 Paris. ☎ 01-45-27-56-41. • locappart.com • Accueil téléphonique assuré à Paris par des responsables de destinations ayant une bonne connaissance de l'Italie, lun-jeu 10h30-13h, 14h-19h, ven 9h30-13h, 14h-18h (sur rdv seulement).* Loc'appart propose des locations d'appartements à Milan soigneusement sélectionnés par son équipe (avec une ou plusieurs visites sur place). Présence dans le nord de l'Italie (Vérone, Gênes, Turin, Bologne) ainsi que dans les principales régions italiennes (Toscane-Ombrie, côte Amalfitaine, Sicile). Également des hébergements en agritourisme et *B & B.* À partir du jour d'arrivée de votre choix. Accueil professionnel. Une agence que nous recommandons chaleureusement.

Échange d'appartements et de maisons

Il s'agit d'échanger son logement contre celui d'un adhérent du même organisme. Cette formule est avantageuse, en particulier pour les jeunes couples avec enfants. Voici 2 agences qui ont fait leurs preuves :

■ ***Homelink France :*** *• info@homelink.fr • homelink.fr • Adhésion annuelle avec diffusion d'annonce sur Internet : 125 €.*

■ ***Intervac France :*** *• info@intervac.fr • intervac.fr • Adhésion annuelle internationale et nationale avec diffusion d'annonce sur Internet : 99 € à 135 €.*

HORAIRES

– ***Restaurants :*** généralement ouverts de 12h ou 12h30 à 15h et de 19h à 22h30 (plus tard dans les endroits touristiques). Dans les restaurants, bien souvent, les touristes étrangers fournissent le gros du 1er service (vers 19h), les Italiens prenant le relais en 2de partie de soirée (vers 21h)... Attention, vous n'êtes cependant pas en Italie du Sud, et le service ne s'éternise pas. Venir entre 19h et 20h est une bonne idée pour être certain de trouver de la place. Par ailleurs, s'il n'y a pas foule en salle (surtout hors saison), la cuisine peut fermer tôt (vers 20h30). Trouver où manger après 22h s'avère parfois difficile.
– ***Églises :*** ouvertes généralement tôt le matin. Ferment ensuite au moment du déjeuner, pour rouvrir à partir de 15h ou 16h jusqu'à 18h (ou 19h). Éviter de visiter les églises pendant les messes (dimanche matin notamment), cela gêne le service et ceux qui y assistent. Les églises-musées ont des horaires plus étendus. A contrario, certains édifices religieux n'ouvrent malheureusement jamais leurs portes.
– ***Musées :*** les horaires varient beaucoup selon la taille et la fréquentation touristique des villes. En principe, les musées sont fermés le lundi. Généralement, les musées et sites nationaux sont ouverts de 9h à 18h (parfois plus tard en été et plus tôt en hiver ; et il arrive que les musées proposent aussi des nocturnes 1 jour par semaine jusqu'à 22h). Cependant, de nombreux sites à ciel ouvert sont aussi accessibles de 9h jusqu'à l'heure précédant le coucher du soleil. Bref, difficile de généraliser, car les horaires varient décidément beaucoup. À savoir aussi : ***tous les musées sont fermés le 1er mai, le jour de Noël, et bien souvent le jour de l'An.***
– ***Magasins :*** en règle générale, ils sont ouverts de 9h à 12h30 et de 15h30 à 19h30-20h30, et toujours fermés le dimanche ainsi qu'une demi-journée par semaine (souvent le lundi matin, à l'exception des magasins d'alimentation qui ferment le mercredi après-midi). Fermeture fréquente le samedi après-midi pendant l'été. Dans des grandes villes comme Milan, de plus en plus de magasins sont cependant ouverts tous les jours, y compris le dimanche.
– ***Banques :*** du lundi au vendredi de 8h30 à 13h30 et de 14h30 à 16h. Certaines sont ouvertes le samedi matin.
– ***Postes :*** ouvertes du lundi au vendredi approximativement de 8h à 13h30 et le samedi de 8h30 à 12h30.
– ***Bureaux et administrations :*** ouverts le matin seulement.

LANGUE

Comme vous le découvrirez vite, l'italien est une langue facile pour les francophones. En peu de temps, vous pourrez apprendre quelques rudiments suffisants pour vous débrouiller. Pour vous aider à communiquer, n'oubliez pas notre ***Guide de conversation du routard en italien.*** Et ne vous découragez pas : il vous reste toujours la possibilité de joindre le geste à la parole.
• dialettando.com • En italien. Un lien pour se rappeler que la diversité dialectale des régions en Italie est très importante. Pour apprendre les quelques expressions typiques et mots de vocabulaire... Succès auprès des locaux !

Quelques éléments de base

Politesse

Bonjour	*Buongiorno*
Bonsoir	*Buona sera*

Bonne nuit	*Buona notte*
Excusez-moi	*Scusi*
S'il vous plaît	*Per favore*
Merci	*Grazie*

Expressions courantes

Je ne comprends pas	*Non capisco*
Parlez lentement	*Parla lentamente*
Pouvez-vous me dire ?	*Può dirmi ?*
Combien ça coûte ?	*Quanto costa ?*
L'addition, s'il vous plaît	*Il conto, per favore*
C'est trop cher	*È troppo caro*

Le temps

Lundi	*Lunedì*
Mardi	*Martedì*
Mercredi	*Mercoledì*
Jeudi	*Giovedì*
Vendredi	*Venerdì*
Samedi	*Sabato*
Dimanche	*Domenica*
Aujourd'hui	*Oggi*
Hier	*Ieri*
Demain	*Domani*

Les nombres

Un	*Uno*	Huit	*Otto*
Deux	*Due*	Neuf	*Nove*
Trois	*Tre*	Dix	*Dieci*
Quatre	*Quattro*	Quinze	*Quindici*
Cinq	*Cinque*	Cinquante	*Cinquanta*
Six	*Sei*	Cent	*Cento*
Sept	*Sette*		

Transports

Un billet pour...	*Un biglietto per...*
À quelle heure part... ?	*A che ora parte... ?*
À quelle heure arrive... ?	*A che ora arriva... ?*
Gare	*Stazione*
Horaire	*Orario*

À l'hôtel

Hôtel	*Albergo*
Pension de famille	*Pensione familiare*
Je désire une chambre	*Vorrei una camera*
À 1 lit (double)	*Con letto (matrimoniale)*
À 2 lits	*Con due letti*

LIVRES DE ROUTE

Histoire

– ***Histoire de l'Italie,*** de Catherine Brice (Perrin, coll. « Tempus », 2003). L'histoire de l'Italie ou « des Italies » est retracée depuis la fin de l'âge du bronze à

aujourd'hui. Ce livre est notre « botte » secrète pour comprendre tous les aspects du caractère contrasté et bouillonnant des Italiens. Et tout ça en moins de 500 pages, abordable donc (même pour les plus pressés) !
– ***Delizia ! Une histoire culinaire de l'Italie,*** de John Dickie (Payot, 2010). Pour ceux que l'histoire rebuterait, voici une approche pour le moins alléchante : plus de 1 000 ans de l'histoire du pays racontés à travers le prisme de sa gastronomie urbaine. Savoureux !

Romans

– ***Les Fiancés, histoire milanaise du XVIIe siècle*** (1821-1842), d'Alessandro Manzoni (Gallimard, coll. « Folio » n° 2527, 1995). Un monument de la littérature italienne (pas loin de 900 pages, tout de même !) qui, à travers les amours difficiles de 2 jeunes paysans, Renzo et Lucia, dessine le portrait de la Lombardie au XVIIe s, alors sous domination espagnole : guerre civile, maladies, famines, etc. Un classique.
– ***Chroniques italiennes*** (1837-1839), de Stendhal (Gallimard, coll. « Folio » n° 392, 1973). En fouillant les archives de Civitavecchia, Stendhal se constitua une étonnante collection de procès-verbaux relatant des faits divers qui ensanglantèrent certaines grandes familles italiennes du XVIe s : on y complote, on y aime, on y tue avec cette fièvre et cette exaltation latines qui, même en Italie, ont disparu depuis longtemps. Dans la même lignée que Manzoni.
– ***L'Adieu aux armes*** (1929), d'Ernest Hemingway (Gallimard, coll. « Folio » n° 27, 2017). Le lieutenant Frédéric Henry, un jeune Américain engagé sur le front d'Italie pendant la 1re Guerre mondiale, est blessé et envoyé dans un hôpital à Milan. Là, il tombe amoureux de l'infirmière Catherine Barkley. Désertant, il part retrouver sa belle, enceinte, à Stresa, sur le lac Majeur. Ensemble, ils vont tenter de fuir la guerre et gagner la Suisse. Un grand roman d'amour sur fond de guerre, ou un grand roman de guerre sur fond d'histoire d'amour...
– ***Voyage en Italie*** (1954), de Jean Giono (Gallimard, coll. « Folio » n° 1143, 1979). Hors de sa Provence, Giono est perdu. Dès lors, la découverte de l'Italie en 1953 par ce vieux jeune homme de près de 60 ans est un hasard heureux pour la littérature. Cette escapade de quelques semaines dans une guimbarde sur les routes de Toscane et de la plaine du Pô, en passant par Milan et son Duomo, Giono la vit comme une reconnaissance et un éblouissement.
– ***Ils nous trahiront tous*** (1966), de Giorgio Scerbanenco (Rivages, coll. « Rivages Noir » n° 795, 2010). Celui que beaucoup considèrent comme le père du *giallo,* roman noir à l'italienne, nous livre ici son 2e polar consacré à Duca Lamberti, médecin radié pour euthanasie, devenu enquêteur à sa sortie de prison. Sombre, cette série nous fait découvrir une Milan certes économiquement active, mais surtout rongée par le crime et la corruption. Dans la même série : ***Vénus privée*** (n° 794 ; 2010), ***Les Enfants du massacre*** (n° 843 ; 2011) et ***Les Milanais tuent le samedi*** (n° 844 ; 2011).
– ***L'Affaire Kodra*** (1978), de Renato Olivieri (Rivages, coll. « Rivages Noir » n° 402, 2001). 1er polar d'une série là aussi milanaise, centrée sur le personnage de Giulio Ambrosio, un vice-commissaire romantique et esthète. Anna Kodra meurt après avoir été renversée par une voiture dans le quartier de via Porpora. Rapidement, Ambrosio va se prendre d'intérêt pour cette belle femme mystérieuse et solitaire. C'est alors le début d'une longue errance dans les rues de Milan. Dans la même série : ***Fichu 15 août*** (n° 443 ; 2002), ***Ils mourront donc*** (n° 513 ; 2004), ***L'Enquête interrompue*** (n° 620 ; 2006).
– Série d'Andrea G. Pinketts, animée par Lazzaro Sant'Andrea, sorte de détective privé milanais, mais surtout grand séducteur et amateur d'alcool en tout genre. Bienvenue dans les bas-fonds de Milan, glauque et mystérieuse à souhait. Derrière une écriture rythmée, drôle et détonante, se dessine également un portrait de l'Italie des années 1990 et de ses travers. Dans l'ordre de leur écriture, ***Le Vice***

de l'agneau (n° 408 ; 2001), ***Le Sens de la formule*** (n° 288 ; 1998), ***La Madone assassine*** (n° 564 ; 2005) et ***L'Absence de l'absinthe*** (2001), tous édités chez Rivages (coll. « Rivages Noir », et « Rivages/Thriller » pour le dernier).
- La trilogie policière milanaise de Piero Colaprico (éd. Rivages, coll. « Rivages Noir »), journaliste à *La Repubblica* longtemps spécialisé dans les faits divers et sujets liés à la criminalité. Ses multiples contacts avec voyous et policiers semblent lui avoir donné de la matière pour ses 3 polars, ***La Dent du narval*** (n° 665 ; 2007), ***Derniers coups de feu dans le Ticinese*** (n° 722 ; 2009) et ***La Malette de l'usurier*** (n° 834 ; 2011). Du même auteur, citons ***Kriminalbar*** (n° 416 ; 2002), recueil de nouvelles dans l'Italie des années 1990. Là encore, violence, corruption et mafia sont au rendez-vous.
- ***La Mort au cœur,*** de Gianni Biondillo (Joëlle Losfeld, 2009). Une atmosphère lourde et pesante règne sur le commissariat de Quarto Oggiario, à Milan. Au point que tous les policiers révèlent leurs côtés les plus sombres. Le commissaire Ferraro n'est pas le personnage principal du roman. Il n'est qu'un prétexte pour aborder les vrais sujets du livre, la mafia du sud de l'Italie et les problèmes d'intégration des immigrés de l'ex-Yougoslavie.

Art

- ***Vies des artistes,*** de Giorgio Vasari (Grasset, coll. « Cahiers Rouges », 2007). Paru la 1re fois en... 1550, ce fut un succès immédiat. Cette bible, un classique pour les férus d'histoire de l'art, retrace la biographie des artistes qui ont marqué la Renaissance.
- ***L'Art italien*** (1956), d'André Chastel (Flammarion, coll. « Art les essentiels », 2015). Panorama complet de l'art italien jusqu'au XXe s par celui qui fut un temps titulaire de la chaire d'art et de civilisation de la Renaissance en Italie.
- ***Mon musée imaginaire, ou Les Chefs-d'œuvre de la peinture italienne,*** de Paul Veyne (Albin Michel, coll. « Beaux Livres », 2012). Voyage très personnel de ce spécialiste de l'Antiquité et professeur au Collège de France, un véritable passionné de peinture italienne. Un décryptage érudit mais accessible de ses nombreux tableaux préférés.
- ***L'Art à Milan,*** d'Enrica Ballarè (éd. Hazan, coll. « Patrimoine », 2003). Comme son nom l'indique, un ouvrage spécifiquement consacré à l'art milanais, sous la Renaissance d'abord puis durant la période néoclassique.

PERSONNES HANDICAPÉES

On constate que les Italiens sont plus en avance que nous (pas difficile !) pour tous les aménagements concernant les personnes à mobilité réduite. Ainsi, de nombreux hébergements sont équipés d'au moins une chambre pour personnes handicapées. N'hésitez pas à appeler pour vous renseigner même si le symbole ♿ ne figure pas dans l'adresse que nous indiquons, car de plus en plus d'établissements aménagent leur structure en conséquence. Cela dit, certains déclarent aussi des aménagements qui se révèlent inexistants.
Les handicapés ainsi que leur accompagnateur bénéficient également d'une gratuité dans les musées municipaux sur présentation de justificatifs. Il leur est aussi fortement recommandé de téléphoner au musée avant de s'y rendre, pour savoir si l'ascenseur est en état de fonctionnement, ou tout simplement pour que le personnel puisse le mettre en service avant leur arrivée.

POSTE

- La poste italienne a mis en circulation un timbre *Posta prioritaria* à 15 € et obligatoire pour les courriers vers les pays européens.

– Vous pouvez acheter vos timbres *(francobolli)* à la poste centrale ou dans certains bureaux de tabac signalés par un grand « T » blanc sur fond noir (mais tous n'en ont pas). ***Les boîtes aux lettres, de couleur rouge, sont disséminées*** un peu partout dans les villes. C'est la ***poste officielle.*** Le plus sûr étant de déposer directement au bureau de poste vos cartes postales. Conseil : évitez les ***opérateurs postaux privés,*** moins fiables : 10 jours pour arriver à destination au départ de Milan...

SANTÉ

Pour un séjour de courte durée à Milan, pensez à vous procurer la Carte européenne d'assurance maladie. Il vous suffit d'appeler le ☎ *36-46,* de vous connecter par Internet sur votre compte Ameli ou d'en faire la demande sur une borne de votre centre de sécu. Vous la recevrez sous une quinzaine de jours. C'est une carte plastifiée bleue du même format que la carte Vitale. Attention, elle est valable 2 ans, gratuite et personnelle (chaque membre de la famille doit avoir la sienne, y compris les enfants). Conservez bien toutes les factures pour obtenir le remboursement au retour.

Vaccins

Aucun vaccin n'est obligatoire, mais il est préférable d'avoir son rappel antitétanique à jour, surtout si l'on fait du camping. Par précaution, vous pouvez prévoir un répulsif antimoustiques.
Covid : pour suivre l'évolution des mesures gouvernementales et européennes, ***il est obligatoire avant votre départ de consulter toutes les informations sur le site italien du ministère de la Santé • salute.gov.it • ou sur celui de l'office de tourisme italien • italien italia.it •***

TABAC

La cigarette est interdite dans TOUS les lieux publics (restaurants, cafés, bars et discothèques) depuis 2005. Interdiction strictement respectée. Il faut dire qu'une grosse amende attend le contrevenant (encore plus salée s'il y a des enfants ou des femmes enceintes à proximité). Il est aussi interdit de jeter son mégot dans la rue : il en coûte une amende de 30 à 150 € (et ça vaut aussi pour les chewing-gums !). Pour les accros au tabac, les horaires des *tabacchi* sont plutôt réduits parce qu'ils disposent souvent de distributeurs automatiques à l'extérieur. Quant à la *e-cigarette,* son développement a pratiquement été stoppé net après une grosse taxation.

TÉLÉPHONE ET INTERNET

Téléphone

Le téléphone portable en voyage

Le voyageur européen titulaire d'un forfait dans son pays d'origine peut utiliser son téléphone mobile ***au tarif national*** dans les 27 pays de l'Union européenne, sans craindre de voir flamber sa facture. Des plafonds sont néanmoins fixés par les opérateurs pour éviter les excès... Cet accord avantageux signé entre l'UE et ses opérateurs télécoms concerne aussi la consommation de ***données internet 3G ou 4G,*** dont le volume utilisable sans surcoût dépend du prix du forfait national (se renseigner). En revanche, si le voyageur réside plusieurs mois en dehors de son pays, des frais peuvent lui être prélevés...
Dans ces pays donc, plus besoin d'acheter une carte SIM locale pour diminuer ses frais.

Urgence : en cas de perte ou de vol de votre téléphone portable

Suspendre aussitôt sa ligne permet d'éviter de douloureuses surprises au retour du voyage ! Voici les numéros des 4 opérateurs français, accessibles depuis la France et l'étranger :

- ***Free :*** *depuis la France, ☎ 3244 ; depuis l'étranger, ☎ + 33-1-78-56-95-60.*
- ***Orange :*** *depuis la France, ☎ 0800-100-740 ; depuis l'étranger, ☎ + 33-969-39-39-00.*
- ***SFR :*** *depuis la France, ☎ 1023 ; depuis l'étranger, 📱 + 33-6-1000-1023.*
- ***Bouygues Télécom :*** *depuis la France comme depuis l'étranger, ☎ + 33-800-29-1000.*

Vous pouvez aussi demander la suspension de votre ligne depuis le site internet de votre opérateur.

Appels internationaux

- ***Pour un appel d'urgence :*** *☎ 113.*
- ***Italie → France :*** 00 + 33 + numéro à 9 chiffres de votre correspondant (c'est-à-dire le numéro à 10 chiffres sans le 0).
- ***Code des autres pays francophones :*** Belgique, 32 ; Luxembourg, 352 ; Suisse, 41 ; Canada, 1.
- ***France → Italie :*** 00 + 39 + 0 + indicatif de la ville (précédé du 0) + numéro de votre correspondant.
- ***Italie → Italie :*** principaux indicatifs de villes italiennes, à faire précéder d'un 0.

Internet – Wifi

Milan est très connectée ! Elle propose des zones de wifi gratuit (parfois pour un nombre d'heures limité), souvent sur les grandes places du centre. Il faut en général s'enregistrer pour obtenir un code d'accès (s'adresser à l'office de tourisme car c'est parfois réservé aux numéros italiens). Sinon, la plupart des bars et restos offrent gratuitement la connexion wifi. Sans parler des hébergements, qui sont tous connectés.

La connexion internet en voyage

À Milan, de plus en plus d'hôtels, de restos, de bars, et même certains espaces publics disposent du ***wifi gratuit.*** Mieux que la connexion 3G et 4G, qui peut entraîner des frais en usage intensif, le wifi permet aussi de profiter d'un débit parfois supérieur.
Une fois connecté au wifi, on accède aussi à tous les services de ***messagerie et de téléphonie par Internet. WhatsApp, Messenger*** (la messagerie de *Facebook*), ***Viber, Skype*** permettent d'appeler, d'envoyer des messages, des photos et des vidéos aux 4 coins de la planète, sans frais. Il suffit de télécharger – gratuitement – l'une de ces applis sur son smartphone, qui reconnaît automatiquement dans votre liste de contacts ceux qui peuvent aussi l'utiliser.

TRANSPORTS

Avion

Milan compte ***3 aéroports*** : *Milano Malpensa, Milano Linate* et *Milano Orio al Serio* – qui est en fait l'aéroport de Bergame. Ils sont plutôt bien desservis par les compagnies *low-cost* proposant des vols quotidiens avec Paris, Bruxelles et Genève.
- ***Important :*** pour un court séjour, privilégier l'aéroport de Milan Linate, le plus proche du centre-ville. Alors que l'aéroport de Milan Malpensa est situé vraiment tout près du lac Majeur et du lac d'Orta ; pratique pour échapper à la Milan citadine et ainsi découvrir la jolie région des lacs pour une excursion de quelques jours...

Train

Réservations et informations

– L'essentiel des trains en Italie est géré par la compagnie nationale ***Trenitalia.*** Pour toutes les infos, un numéro de téléphone et un site (traduit en anglais), avec possibilité de réserver en ligne : ☎ *89-20-21.* ● *trenitalia.it* ●
– Les chemins de fer italiens proposent des réductions intéressantes, quel que soit votre âge, pour voyager à travers tout le pays, mais également pour rejoindre les grandes villes européennes (comme Paris ou Bruxelles). Penser aux tarifs *Prem's.* Seul bémol : ils ne sont ni échangeables ni remboursables. Autrement dit, mieux vaut être sûr de son coup ! Pensez aussi au *Pass InterRail.* Pour plus d'informations, voir la rubrique « En train » dans le chapitre « Comment y aller ? » plus haut.

Horaires

– Pas trop de retards sur les grandes lignes, mais fréquents sur les petites. Si votre train a un retard de plus de 30 mn, vous pouvez demander une indemnisation, sous forme d'avoir. Se présenter assez tôt à la *stazione,* car il arrive qu'un train annoncé au départ sur un quai parte finalement d'un autre quai... Prévoyez large pour les correspondances.
– En Italie, les horaires sont disponibles chez certains marchands de journaux. On peut aussi utiliser les digiplans dans les gares. Ils donnent des infos sur les horaires des trains partant de la gare émettrice, à destination des localités mentionnées, et sur ceux des trains reliant les principales villes du pays ou du réseau européen. Tout ça régi par un code couleur, à savoir : vert et noir pour les trains régionaux et interrégionaux, rouge pour les trains *Intercity,* bleu pour les *Eurostar.*

Les types de train

– Routard, pour le train, gare aux ***faux amis*** ! Le *diretto,* par exemple, n'est pas si direct que ça ! Il relie les différentes gares d'une même région et les villes des régions limitrophes. Il est cependant un peu plus rapide et s'arrête moins souvent que les *regionali,* qui eux sont, comme leur nom l'indique, des trains omnibus à desserte régionale.
– Les trains *interregionali,* qui relient des distances plus grandes et, le plus souvent, des destinations touristiques, et les trains *Intercity* (plus rapides et plus confortables) sont ceux utilisés en grande majorité.
– Pour rejoindre plus rapidement et plus confortablement les villes de moyenne importance aussi bien que les plus grandes villes de toute l'Italie, vous utiliserez l'*Intercity.* Sur ces trains, la réservation est optionnelle et payante.
– Enfin, les routards pressés et plus aisés emprunteront les trains à grande vitesse *(Frecce, TAV)* qui relient les grandes villes entre elles (Turin, Milan, Vérone, Venise, Bologne, Rome, Naples, Florence). Réservation automatique à l'émission du ticket et donc obligatoire. Le mieux pour la rapidité et le confort, mais aussi le plus cher. N'oubliez pas de composter (en cas d'oubli ou de manque de temps, partez à la recherche du contrôleur après être monté dans le train).

Bus, métros et tramways

● Pour le plan du métro, se reporter au plan détachable en fin de guide.

Milan est couverte par un vaste réseau de bus, trolleybus et trams. Également ***4 lignes de métro*** *veloce* qui évitent les nombreux embouteillages (voir le plan détachable du métro en fin de guide). Une 5e ligne est en cours de construction, la M4. Elle reliera notamment le Duomo à l'aéroport de Milano Linate. En principe, ouverture prévue en 2023. Circulation des métros de 5h30 à 0h30.
Le ticket urbain, identique pour le métro, le tram et le bus, coûte 1,50 € à l'unité et 13,80 € par carnet de 10. Il est alors valable 90 mn après l'oblitération, et peut être

utilisé pour plusieurs trajets en bus et tram, mais pour un seul voyage en métro. En vente dans les distributeurs automatiques des stations de métro, les bars-tabac *(tabacchi)* et les kiosques à journaux. Attention, on ne peut pas acheter de tickets directement auprès du chauffeur dans les bus et les trams ; mieux vaut donc s'en procurer quelques-uns d'avance, notamment le soir car les revendeurs habituels ferment vers 19h30... Sinon, vous serez peut-être intéressé par un billet spécial valable 24h à 4,50 € (rentabilisé dès le 4e trajet) ou valable 48h à 8,25 € (avantageux à partir de la 6e course). Attention, si vous avez une valise, il est possible que vous deviez payer un billet bagage à 1,50 €... Et si vous deviez vous rendre à la RHO Fiera Milano, le tarif est de 2,50 € (A/R 5 €), valable 105 mn après l'oblitération.
À noter enfin que les stations de métro sont signalées dans les rues par un « M » blanc sur fond rouge, éclairé la nuit. De même, des panneaux orange matérialisent les arrêts *(fermate)* des bus et trams, et indiquent itinéraires, horaires et correspondances.
– Infos ATM : ☎ 02-48-60-76-07 ; tlj 7h30-19h30. • atm.it • Également plusieurs bureaux d'informations générales dans les stations de métro Duomo, Cadorna, Loreto, Romolo, Centrale F.S. et Garibaldi F.S.

Vélo et trotinettes

La ville de Milan, généreuse en pistes cyclables, et plate comme un fond de pizza (ô, plaine du Pô !), se prête bien à une exploration à vélo, d'autant que les distances entre quartiers restent raisonnables. L'occasion de découvrir la ville d'un autre œil. Quelques contreparties à garder en tête tout de même : les zones pavées autour du Duomo, pittoresques, mais pénibles pour rouler ; les sens uniques, nombreux dans le centre ; un certain niveau de pollution, surtout l'été (prévoir un masque anti-pollution). Bien sûr, ne tenez jamais votre téléphone à la main en roulant.
– ***Bikemi*** *(vélos en libre-service de la ville de Milan)* **:** *enregistrement via le site, l'application ou en bureau ATM. 4,50 € pour 24h, 9 € pour 1 sem ; tranches de 30 mn illimitées, puis 0,50 € par 30 mn supplémentaires. Infos : • bikemi.com •*
– Différentes compagnies privées de *bike sharing* comme ***Jump*** ou ***Dott*** : *avantage, pas besoin de rendre le vélo en station, et la tarification se fait selon la durée de la course, pratique pour un usage ponctuel. Attention cependant aux pénalités lors d'un stationnement hors zone !*
– À tout cela s'ajoutent les trottinettes en libre-service. On en trouve un peu partout et comme d'autres villes européennes, leur utilisation n'est pas sans poser de problèmes (circulation anarchique, vitesse inconsidérée, stationnement sauvage, etc.). Des règles strictes ont pourtant été fixées (circulation sur les pistes cyclables autorisées, 25 km/h max et même 6 km/h dans les zones piétonnes...). Les prestataires qui les proposent se livrent une bataille féroce, apparaissant et disparaissant sans crier gare. Tous fonctionnent via une appli à télécharger.

Taxis

Ils ont mauvaise réputation et ce n'est pas totalement injustifié. Ne prendre que des taxis officiels « en uniforme », généralement de couleur blanche et tous équipés de compteurs. Des suppléments peuvent être exigés pour les bagages, les services de nuit ou encore les jours de fête.

Voiture

À Milan, mieux vaut l'oublier (stationnement problématique et cher, taxe pour accéder au centre historique), d'autant que la ville est bien desservie par les transports en commun.
Si vous prévoyez de visiter les environs, en revanche, la *macchina* vous offrira une autonomie idéale.

Location de voitures

La solution la plus heureuse (mais pas la moins onéreuse) si l'on envisage un séjour milanais prolongé, assorti de 1 ou 2 journées de balades extra-muros.

■ ***BSP Auto :*** *☎ 01-43-46-20-74 (tlj 9h-21h30 – 20h w-e). • bsp-auto.com • Réduc de 5 % aux lecteurs de ce guide avec le code « ROUT23 ».* Les prix proposés sont attractifs et comprennent le kilométrage illimité et les assurances. *BSP Auto* vous propose exclusivement les grandes compagnies de location sur place, vous assurant un très bon niveau de services. Le plus : vous ne payez votre location que 5 jours avant le départ.

Circulation

La ville est construite selon un plan circulaire dont le centre est le Duomo. Le trafic se révèle assez dense et compliqué pour les novices entre les bus, trams, voitures, scooters et vélos.

Point important : Milan ne se traverse pas mais se contourne ; si vous vous y aventurez, empruntez donc l'une des 3 *circonvallazioni,* ces voies périphériques rapides, composées en fait de *vie* et de *corsi* mis bout à bout. Il suffit de regarder un plan de la ville pour les situer ; les rues transversales permettant d'accéder au centre-ville sont indiquées.

EFFRAYANT

Le logo d'Alfa Romeo se compose d'un côté d'une croix rouge (blason de Milan). De l'autre, les vendeurs de voitures affirment que le serpent crache du feu. Faux, il dévore l'enfant d'un roi !

On parvient donc quand même à circuler, mais nous vous conseillons vraiment d'***éviter le centre (2e couronne), protégé par une zone à trafic limité (ZTL).*** En effet, comme dans beaucoup de grandes villes italiennes, la municipalité milanaise a instauré un ***péage urbain*** quasi invisible – l'***Area C*** –, constitué d'une quarantaine de passages électroniques (dont certains réservés aux transports publics), tous équipés de caméras de surveillance, encadrant une zone centrale d'environ 8 km², la ***ZTL – Cerchia dei Bastioni.*** Concrètement, quel est le rôle de ces caméras ? C'est bien simple, elles vérifient que vous respectez bien l'***interdiction de circuler en voiture dans cette zone, du lundi au vendredi entre 7h30 et 19h30 (jusqu'à 18h le jeudi), à moins d'acheter un ticket le jour même ou le lendemain jusqu'à minuit.*** D'une valeur de 5 €, il permet un nombre de passages illimité dans une même journée. On l'achète dans les bureaux de tabac, les points de vente *ATM* ou en ligne sur *• areac.atm-mi.it •* Et croyez-nous, de nombreux touristes se sont fait prendre au piège, impossible d'y échapper ! C'est bien simple, une infraction commise, c'est une photo prise et une contravention directement envoyée chez vous. Et le montant n'est pas des moindres : ***environ 90 €,*** et ce, à l'aller comme au retour (eh oui, on passe 2 fois devant les caméras !).

Vous pensez y échapper car vous avez une voiture de loc' ? Impossible, car l'agence de location vous dénonce auprès des autorités municipales, en vous ponctionnant au passage des frais de dossier : environ 65 €, qui s'ajoutent au montant de la contravention ! Tout ça fait bien réfléchir sur l'utilité de la voiture à Milan...

Si, officiellement, la mairie a mis en place ce système pour désengorger le centre-ville, favoriser les transports publics (autorisés à y circuler, tout comme les taxis et les véhicules électriques) et baisser le niveau de pollution, on murmure que son véritable objectif serait de renflouer les caisses municipales...

Stationnement

Sachez que le parking dans toute l'Italie est interdit dans les zones jaunes (marquage au sol), payant ou à durée limitée dans les zones bleues *(zone blù),* et enfin, ça arrive (!), gratuit ou à durée limitée sur les emplacements blancs. Les tickets s'achètent aux parcmètres avec de la menue monnaie. *Important :* ne négligez jamais votre stationnement et respectez-en absolument les règles, car les policiers sont impitoyables et les amendes vraiment salées, surtout si vous vous garez dans une zone d'enlèvement *(zona rimozione).* Votre véhicule finira à la fourrière, et ça vous coûtera très cher !

Le stationnement dans le centre historique est réservé exclusivement aux riverains. Si vous êtes motorisé, le mieux est donc d'abandonner votre voiture – avant de pénétrer dans la *ZTL* – dans la vingtaine de parkings municipaux, généralement situés près des lignes de métro (liste et tarifs sur ● *atm.it* ●). Si, malgré tous nos conseils, vous persistez à vouloir conduire en centre-ville, ***n'abandonnez jamais votre automobile à la légère,*** vous risqueriez une contravention salée et certainement la fourrière *(rimozione forzata) !* Si la mésaventure devait se produire, appelez le ☎ *772-71,* on vous dira où aller récupérer votre voiture. Pour se garer le long d'une rue ou d'un boulevard, il faut trouver un emplacement délimité par des lignes bleues (les jaunes, c'est pour les résidents, et les blanches... c'est gratuit, mais on n'en trouve presque pas) ; puis poser un ticket d'horodateur derrière le pare-brise. ***Vous ne pouvez jamais rester au même emplacement plus de 2h.*** Tarifs : 2 à 4,50 €/h. À noter qu'il faut en principe payer de 8h à 19h, du lundi au samedi ; mais parfois aussi tous les jours et 24h/24 ! Quoi qu'il en soit, ***toujours bien regarder les panneaux le long des rues qui réglementent le stationnement.***

URGENCES

On ne vous demande pas de les apprendre par cœur, mais c'est bon à savoir au cas où...

☎ *112 :* c'est le numéro d'urgence commun à la France et à tous les pays de l'UE, à composer en cas d'accident, d'agression ou de détresse. Il permet de se faire localiser et aider, en français, tout en améliorant les délais d'intervention des services de secours.

- ***Police :*** ☎ *113.*
- ***Croce Rossa Italiana*** *(CRI)* ***:*** ☎ *118.*
- ***Pompiers*** *(Vigili del Fuoco)* ***:*** ☎ *115.*
- ***Pompiers pour les incendies de forêt :*** ☎ *1515.*
- ***Assistance routière :*** ☎ *80-38-03.*
- ***Dépannage routier – Automobile Club Italia*** *(ACI)* ***:*** ☎ *80-31-16 (avec répondeur).*

INFORMATIONS ET ADRESSES UTILES SUR PLACE

• Pour se repérer, voir le plan et le zoom détachables en fin de guide.

Arriver – Quitter

En avion

Milan est desservie par ***3 aéroports.***

✈ ***Aeroporto Milano Linate :*** *viale E. Forlanini, à* ***Segrate.*** *☎ 02-23-23-23 (infos communes avec l'aéroport de Malpensa). • milanolinate-airport.com • À 7 km à l'est de Milan.* Notamment pour les vols intérieurs et européens (Paris, Bruxelles...). Mieux vaut privilégier cet aéroport pour des week-ends prolongés : vous perdrez moins de temps dans les déplacements. Vols quotidiens avec Paris-CDG et Orly. À partir de 2023 (en principe !), la ligne de métro M4 reliera directement l'aéroport de Linate au centre-ville de Milan. À suivre...

✈ ***Aeroporto Milano Malpensa :*** *via Malpensa, à* ***Ferno.*** *☎ 02-23-23-23 (infos communes avec Linate). • milanomalpensa-airport.com • À 45 km au nord-ouest de Milan.* Le plus grand, mais aussi et le plus éloigné ! Il accueille surtout des vols internationaux (terminal 1) et des vols européens assurés par *EasyJet* (terminal 2), reliant notamment Paris-CDG, Bordeaux ou Nantes... Pratique pour vadrouiller dans la région des lacs, moins pour rejoindre le centre-ville de Milan pour un court séjour (compter environ 1h).

✈ ***Aeroporto di Bergamo – Orio al Serio :*** *via Aeroporto, 13, à* ***Orio al Serio.*** *☎ 035-32-63-23. • milanbergamoairport.it • À 50 km au nord-est de Milan.* C'est l'aéroport de Bergame, mais est parfois désigné par le nom de *Milano Orio Al Serio*. Trompeur ! Il accueille surtout des vols *low-cost* comme ceux de *Ryanair* (vols quotidiens vers Paris-Beauvais, Bruxelles-Charleroi...) ou *Vueling* (vols vers Paris-Orly mai-oct). Idéal pour rejoindre la région des lacs. Également des bus pour rejoindre le centre-ville de Milan (8 € ; compter 1h de trajet).

Comment se rendre dans le centre-ville ?

➢ ***En bus de/vers Milano Linate***

– Entre l'aéroport et la *via Gonzaga (à 2 rues du Duomo ; zoom détachable, D5,* ***2*** *; Ⓜ Duomo ou Missori),* ***bus ATM nº 73*** *(• atm.it •).* Départs de la porte nº 8 ttes les 10 mn tlj 6h10-23h45. Ticket : 2 €. C'est le moins cher ! Compter 1 petite heure pour rejoindre le centre-ville.

– Selon l'endroit où vous vous rendez, il peut être aussi intéressant d'emprunter l'***Airport Bus Express*** *(• airportbusexpress.it •)* à destination de la *Stazione Centrale (gare centrale – côté droit ; plan détachable, F2 ; Ⓜ Centrale F.S.).* Départs porte nº 6 ttes les heures tlj 8h30-21h30 (variable selon période). Ticket : 7 € (5 € sur Internet) ; réduc. Compter env 25 mn. Dans le sens inverse, départ à 6h45, 8h, 9h30 puis ttes les heures jusqu'à 20h30 (variable selon période).

➢ ***En bus ou train de/vers Milano Malpensa***

– Liaisons en bus avec ***Malpensa Shuttle*** *(• malpensashuttle.it •).* Depuis l'aéroport, départs 5h30-1h ttes les heures, à destination de la *Stazione Centrale (gare centrale ; plan détachable, F2 ; Ⓜ Centrale F.S.),*

avec un arrêt à Fiera Milanocity. Dans le sens inverse, départs 4h-23h30 ttes les heures. Compter 1h de trajet. Billet : 10 € (16 € l'A/R sur Internet).
– Liaisons également avec la compagnie ***Airport Bus Express – Autostradale*** *(● airportbusexpress.it ●),* aussi à destination de la *Stazione Centrale.* Depuis l'aéroport, départs ttes les 20-30 mn 6h-23h15 ; dans le sens inverse, 4h30-23h15. Ticket : 10 € ; réduc.
– Enfin, depuis le terminal 1 (navette depuis le T2), départ du ***train Express*** *(● malpensaexpress.it ●)* à destination de la *Stazione di Milano Cadorna (zoom détachable, C4 ; Ⓜ Cadorna)* ou de la *Stazione Centrale (plan détachable, F2 ; Ⓜ Centrale F.S.),* via la *stazione Milano Porta Garibaldi (plan détachable, D2 ; Ⓜ Garibaldi F.S.).* Départs ttes les 20-30 mn 4h57-0h26 env (dans l'autre sens, 4h57-22h57 depuis Cadorna, 5h25-22h25 depuis Centrale). Compter respectivement 36 mn de trajet pour Cadorna et 51 mn pour Centrale. Ticket : 13 € ; réduc (tarif famille). Plus cher que le bus mais plus rapide aussi en cas d'embouteillages. Penser à composter son billet.

➢ ***En bus de/vers l'aéroport de Bergame – Orio al Serio***
– De l'aéroport, bus ***Orio Shuttle*** *(● orioshuttle.com ●)* à destination de la *Stazione Centrale (gare centrale ; plan détachable, F2 ; Ⓜ Centrale F.S.),* ttes les 20-60 mn tlj 5h40-1h10 (4h10-23h40 dans l'autre sens). Compter 50 mn de trajet. Billet : 10 € ; réduc.
– Également avec la compagnie ***Airport Bus Express – Autostradale*** *(● airportbusexpress.it ●),* aussi vers la *Stazione Centrale,* ttes les 15-30 mn 5h15-0h45 (dans le sens inverse, 3h45-23h15). Billet : 10 € ; 8 € en réservant sur Internet ; réduc.

➢ ***En taxi :*** les trajets aéroports/Milan sont réglementés. Pour rejoindre le centre-ville, compter 30-35 € depuis Linate et 100 € de Malpensa. Pour passer de Linate à Malpensa, prévoir env 110 €. Attention à ne pas confondre les taxis avec les sociétés de transport privées qui, elles, doublent souvent la mise !

En train

Stazione Milano Centrale *(gare centrale ; plan détachable, F2) : piazza Duca d'Aosta. ● trenitalia.it ● Ⓜ Centrale F.S.* Trains fréquents (ttes les heures au moins) pour les principales villes italiennes, dont le train à grande vitesse *(Frecciarossa)* reliant Bologne et Turin en 1h, Florence en 1h40 et Rome en 3h. C'est également ici que débarquent les *Frecciarossa* en provenance de France (Paris, Lyon, Chambéry et Modane...). S'il y a du monde aux guichets, utiliser les distributeurs automatiques de tickets (argent liquide et CB). Au rez-de-chaussée, ***consigne*** *(tlj 7h-21h ; 6 € pour 5h, tarif dégressif),* ***bureaux de change, location de voitures, bureau de poste*** et ***pharmacie.***

Stazione Milano Porta Garibaldi *(gare Porte Garibaldi ; plan détachable, D2) : piazza Sigmund Freud, 1. Ⓜ Garibaldi F.S.* Cette gare desservant de nombreuses destinations lombardes (Bergamo, Pavia, Cremona, Lodi...) accueille aussi les TGV en provenance de France (Paris, Lyon ou Mâcon, Chambéry et Modane).

En bus

Autostazione Lampugnano *(gare routière principale ; hors plan détachable par A1) : via Giulio Natta, 226. ● autostazionidimilano.it ● Ⓜ Lampugnano (ligne M1). À l'ouest de la ville.* Bus quotidiens et réguliers pour les villes de l'Italie du Nord et du Centre. Point de départ des cars *Flixbus* ou *BlaBlaCar Bus,* notamment pour certaines villes françaises ou européennes.

Adresses et infos utiles

Informations touristiques

Attention, les bureaux d'information touristique n'effectuent pas de réservation.

InfoMilano *(office de tourisme ; zoom détachable, E4) : piazza del Duomo 14. ☎ 02-884-555-55. ● turismo.milano.it ● Tlj 10h-18h.* Personnel accueillant en français (généralement !) et plan de la ville. Renseigne aussi sur la réservation des spectacles. Également un ***point info*** *(zoom détachable, D4)* à l'intérieur du castello Sforzesco.

Pass touristiques

En raison de la *Covid* et de ses suites, les horaires des musées sont susceptibles d'être momentanément modifiés et la réservation devient parfois obligatoire. De même, certains services (audioguide, consigne, ou café et restaurant) proposés par les musées peuvent être momentanément suspendus. Il est donc impératif de vous renseigner au préalable pour éviter toute mauvaise surprise.

– La ***Tourist Museum Card*** *(12 € pour 3 j.)* donne libre accès à la dizaine de musées municipaux. Achat à la billetterie de chaque musée. Infos : • *comune.milano.it/cultura* •

– Ceux qui souhaitent visiter beaucoup de musées – à Milan mais aussi en Lombardie ou dans le Val d'Aoste – s'intéresseront à l'***Abbonamento Musei Lombarda*** *(45 € pour 1 an)* qui donne accès à la plupart des grands musées de la ville ainsi qu'à leurs expos temporaires. Infos : • *lombardia.abbonamentomusei.it* •

– En revanche, ***nous vous déconseillons vivement la Milano Card*** (nombreuses plaintes, dysfonctionnements, absence de guichet physique...).

Découvrir Milan autrement : visites guidées en français

Envie d'approfondir vos visites d'un musée, d'un quartier ? D'avoir un guide rien que pour vous, présentant Milan sous un angle à la fois insolite et instructif ? Samantha Maggi et Margherita Pignatel proposent, sur Milan et son territoire – et dans un français impeccable – des visites à la carte particulièrement documentées et émaillées d'anecdotes. Programme à définir avec elles suivant le temps dont vous disposez et vos centres d'intérêt. Un bon plan, notamment pour les familles ou les groupes d'amis. Réservez au plus tôt vos visites, surtout aux beaux jours. *233-860-81-37.* • *milanoguide@yahoo.com* • *guideturistichepavia.it/fr/milan* • *Visite en petit groupe pour une demi-journée à partir de 140 € ; entrées sites et musées non comprises.*

Urgences : représentations diplomatiques et santé

En cas de gros pépin de santé, on conseille d'utiliser votre assurance pour être rapatrié.

■ Parmi les nombreuses ***pharmacies,*** citons celle de la *Stazione Centrale (plan détachable, F2)* : *dans la galerie du rdc.* Ⓜ *Centrale F.S. Tlj 8h-21h.*

■ ***Consulat général de France*** *(plan détachable, E3)* **:** *via Mangili, 1 (angle via Turati).* ☎ *02-655-91-41.* • *ambafrance-it.org* • Ⓜ *Turati. À l'ouest des giardini pubblici. Lun-ven 9h-12h et 14h-16h, uniquement sur rdv.*

■ ***Consulat de Suisse*** *(zoom détachable, E3)* **:** *via Palestro, 2.* ☎ *02-777-91-61.* • *eda.admin.ch* • Ⓜ *Palestro ou Turati. Dans le Centre culturel suisse. Lun-ven 9h-12h, uniquement sur rdv.*

■ ***Consulat de Belgique*** **:** *consul honoraire seulement sur rdv les lun et jeu 15h-17h.* ☎ *02-899-597-62 ou 02-367-955-80 et sur* • *cons.on.belgio.mi@futureleadersociety.com* •

■ ***Ospedale Maggiore Policlinico di Milano*** *(hôpital ; zoom détachable, E5)* **:** *via F. Sforza, 35.* ☎ *02-550-31 (24h/24).* • *policlinico.mi.it* • Ⓜ *Crocetta ou Missori. À 10 mn au sud-est du Duomo.* Le plus important centre médical de Milan.

Librairies

■ ***Libreria Internazionale Ulrico Hoepli*** *(zoom détachable, E4,* ***4****)* **:** *via Hoepli, 5.* ☎ *02-86-48-71.* • *hoepli.it* • Ⓜ *Duomo ou S. Babila. Tlj sauf dim 10h30-19h.* On trouve tout dans cette immense librairie : du polar aux livres d'art en passant par le jardinage (et *Le Routard* !), mais aussi des films et de la musique. Également un petit rayon en français.

■ ***Libreria Feltrinelli*** *(zoom détachable, E4,* **5***)* **:** *via Ugo Foscolo, 1-3. ☎ 02-91-94-77-77. Ⓜ Duomo. Entrée dans la galleria Vittorio Emanuele II, à côté du Duomo. Lun-sam 9h-20h (10h dim).* Immense librairie bien fournie (rayon en français) en sous-sol, en plein cœur de Milan. Nombreuses antennes disséminées dans la ville, notamment celle de la Porta Garibaldi *(viale Pasubio, 11 ; plan détachable, D2-3)* qui dispose d'un chouette café avec terrasse.

Marchés

Mercato Papiniano *(plan détachable, C5)* **:** *viale Papiniano. Ⓜ Porta Genova F.S. ou S. Agostino. Dans le quartier des Navigli. Mar 8h30-14h, sam 8h30-16h.* Le plus important de la ville. Un marché haut en couleur avec, d'un côté, le vestimentaire, de l'autre, l'alimentaire, ses fruits et légumes, fromages, charcuterie, épices... En fouillant bien, on peut y faire de belles découvertes ! Surtout fréquenté le samedi.

Mercato di via Fauchè *(plan détachable, B2)* **:** *via Fauchè (sic !). Ⓜ Gerusalemme. Mar 8h30-13h, sam 8h30-17h.* De grandes marques à des prix sacrifiés *(Dolce & Gabbana, Hogan, Geox, Converse, Valentino, Max Mara...)*. Également des étalages alimentaires à prix copain. Encore peu connu des touristes, mais réputé auprès des Milanais !

Autres marchés du même type* :** *dans la* ***via B. Marcello *(plan détachable, F3), près de la Stazione Centrale, mar mat et sam ;* ***via S. Marco*** *(plan détachable, D3), dans le quartier de Brera, lun mat et jeu mat ; et* ***via Piacenza/Crema*** *(plan détachable, F6), ven mat.*

Mercatone dell'Antiquariato *(plan détachable, B6 et zoom détachable, C6)* **:** *dernier dim du mois, sur les quais du naviglio Grande, de l'aube jusqu'en fin d'ap-m. • navigliogrande.mi.it •* Il réunit le gratin des antiquaires et des brocanteurs de Milan. Les prix sont donc en conséquence, mais ça vaut le coup d'œil. De beaux meubles et des objets rares.

Mercatino dell'Antiquariato di Brera *(zoom détachable, D3)* **:** *autour de la via Fiori Chiari, tt près de la pinacoteca di Brera, le 3e dim du mois, 9h-18h.* Moins important que le précédent, mais plus chic et plus coûteux.

Fiera di Sinigaglia *(plan détachable, C6)* **:** *via Valenza et alzaia Naviglio Grande. Sam 8h-18h.* Le seul et grand marché aux puces de Milan ! On y vend des fripes militaires et de fantaisie, des outils, des disques, des chaussures et toutes sortes de pacotille ; des objets d'art africain ou asiatique aussi. Pas cher et bonne ambiance.

Mercato de la Darsena *(zoom détachable, D5-6)* **:** *piazza XXIV Maggio, 14. Ⓣ nº 9. Tlj sf dim et lun ap-m, 8h30-13h et 16h-20h (plus tard pour certains stands).* Un petit marché couvert tendance *street food,* à fréquenter surtout pour ses cafés et bars posés au bord de l'eau, le long de la Darsena. La boucherie *Macelleria Populare* propose de bons burgers.

Voir aussi le ***Mercato Centrale,*** un grand *street food market* situé dans la gare centrale de Milan.

LE QUARTIER DU DUOMO

C'est le cœur historique de la ville, le Milan monumental, celui des avenues opulentes bordées d'édifices somptueux, encadrées d'élégantes arcades au sol dallé de marbre. Ici règne en maître l'incontournable Duomo, très photogénique avec son décor foisonnant et sa *Madonnina* (la Vierge, protectrice de la ville) qui culmine à plus de 100 m, perchée sur la plus haute flèche. À ses pieds s'étend une immense place envahie de badauds, de pigeons, au centre de laquelle trône une statue du roi Vittorio Emanuele II. Il a aussi légué son nom à la fastueuse galerie voisine et à un long *corso,* l'artère névralgique du quartier, colonisée par de grandes enseignes de fringues en tout genre. Le quartier est piéton, pour le plus grand plaisir de chacun. Côté culture, alléchant programme entre le Duomo et son musée, la pinacoteca Ambrosiana, les Gallerie d'Italia et le museo del Novecento, entre autres. Et si vous avez des envies d'opéra, n'hésitez pas à pousser la porte de la légendaire Scala.

– ***Remarque :*** il est évidemment bien plus pratique et plus agréable de loger dans ce quartier, mais les hôtels y sont nettement plus chers qu'ailleurs, sachez-le !

Où dormir ?

Auberge de jeunesse

Ostello Bello *(zoom détachable, D5,* ***14****)* ***:*** *via Medici, 4. ☎ 02-365-827-20. • info@ostellobello.com • ostellobello.com • Ⓜ Missori. Ⓣ nos 2, 3 et 14. Bus nos 94 et 18. ♿ En dortoir 6-8 lits 25-50 €/pers ; doubles 80-160 € ; familiales 3-4 pers (les prix peuvent grimper très vite en saison). Apéritif offert sur présentation de ce guide.* Idéalement située entre le Duomo et le quartier festif des Navigli, une AJ très sympa, animée par une charmante équipe de voyageurs polyglottes. Les dortoirs comme les chambres sont propres, lumineux, bien équipés (*lockers,* prises et lumières individuelles) et non dépourvus d'un certain cachet. Sur le toit, 2 jolies terrasses fleuries avec hamacs occupés par les nombreux routards de passage. Bar-snack ouvert 24h/24, cuisine et salle communes, instruments de musique et livres à dispo, jeux et événements culturels, bureau d'info, rien ne manque ! Conviviale et festive, l'auberge peut parfois être bruyante. Mais est-ce vraiment un problème quand on sait que vous participerez probablement à cette joyeuse animation ? Un vrai coup de cœur.

De chic à très (très) chic

Hotel Ariston *(zoom détachable, D5,* ***19****)* ***:*** *largo del Carrobio, 2. ☎ 02-720-005-56. • info@aristonhotel.com • aristonhotel.com • Ⓜ Missori. Doubles 110-230 €. Promos régulières sur le site, notamment en août.* Un immeuble tout en hauteur qui ne paie pas de mine à 1re vue. Mais l'intérieur, avec ses tons verts et ses mosaïques tendance, offre une ambiance bien différente. Les chambres situées dans les étages supérieurs sont les plus belles. Emplacement idéal pour rayonner, à 2 pas du Duomo et sur le chemin des Navigli. Accueil très pro.

Hotel Gran Duca di York *(zoom détachable, D4,* ***11****)* ***:*** *via Moneta, 1. ☎ 02-874-863. • info@ducadiyork.com • ducadiyork.com • Ⓜ Duomo ou Cordusio. Fermé à Noël. Doubles 170-230 €.* Dans une rue tranquille voisine de la pinacoteca Ambrosiana, un hôtel 3 étoiles qui propose une trentaine de chambres agréables tapissées de jaune clair, un brin désuètes mais très propres. Il y a des fruits à la réception et, le matin, on prend son petit déj dans une salle ornée de vieux porte-flambeaux. Accueil attentionné.

Straf *(zoom détachable, E4, **13**)* **:** *via San Raffaele, 3. ☎ 02-805-081. • info@straf.it • straf.it • Ⓜ Duomo. À 2 pas du Duomo. Doubles 250-300 € (hors événements).* Conçu par Vincenzo De Cotiis, l'univers de cet établissement intimiste et branché mêle béton brut, fer et cuivre noirci, pour un résultat ultra-design. Chaque chambre est une œuvre d'art en elle-même : toiles contemporaines aux murs, tissu « nonchalamment » plissé sur le lit, salle de bains entièrement vêtue de cuivre... Les 3 suites disposent même d'une terrasse face au Duomo. En prime, un spa avec piscine de poche, hammam et sauna. Accueil décontracté et bar sympa attenant (un peu cher, on s'en doute !).

Où manger ?

Sur le pouce

Princi *(zoom détachable, D4, **52**)* **:** *via Speronari, 6. ☎ 02-874-797. • princi@princi.it • Ⓜ Duomo. Lun-sam 7h (8h sam)-20h, dim 9h30-19h30. Compter 5,50 € pour une bonne part de pizza ou de focaccia ; plats 7-10 €.* Boulangerie-pâtisserie contemporaine tout en longueur décorée sobrement par Giorgio Armani. On grignote perché sur des tabourets, face à un mur de pierre claire. Choix cornélien entre les ficelles aux olives, les *focaccie* bien croustillantes, les parts de pizza plus appétissantes les unes que les autres, les quiches, pâtisseries et autres plats de pâtes ou salades. Succès oblige, *Princi* possède d'autres établissements dans Milan, notamment dans les quartiers de Brera *(via Ponte Vetero, 10)*, de Monte Napoleone *(corso Venezia, 21 ; zoom détachable, E4, **58**, tlj sauf dim 8h-15h)* et de Garibaldi *(piazza XXV Aprile ; plan détachable, D3, **80**)*.

Luini *(zoom détachable, E4, **55**)* **:** *via Santa Radegonda, 16. ☎ 02-864-619-17. • info@luini.it • Ⓜ Duomo. Dans une petite rue calme, derrière le Duomo. Tlj sauf dim 10h-20h (15h lun). Congés : août. Env 3 € le panzerotto à emporter.* La famille Luini prépare depuis 1949 ses fameux *panzerotti*, de délicieux beignets originaires des Pouilles fourrés à la mozzarella et à la tomate, mais aussi à la ricotta, au jambon... et même en version sucrée ! À l'heure du déjeuner, la queue est impressionnante. Pas de tables, on prend à emporter.

Caffè de Santis *(zoom détachable, D4, **42**)* **:** *corso Magenta, 9. ☎ 02-720-951-24. • desantis@paninidesantis.com • Ⓜ Cairoli Castello. Tlj 12h-minuit. Panini 8-15 €.* Dans ce bar encombré de vieilles tables en bois, vous trouverez assurément le *panino* qu'il vous faut parmi l'impressionnant choix affiché au mur. Un peu cher, mais le pain est croustillant et la garniture délicieuse. À manger au coude à coude avec vos voisins ou à emporter. Autre enseigne au 7e étage du grand magasin *La Rinascente (zoom détachable, E4, **47**)*.

Bar GB *(zoom détachable, E4, **88**)* **:** *via U. Hoepli, 3. ☎ 02-863-446. • gb.bar@hotmail.it • Ⓜ Duomo. Lun-sam 7h (7h30 sam)-18h30. Fermé dim. Compter 6 € le panino.* Dans un secteur qui multiplie les snacks, ce minuscule troquet populaire empile les *panini* généreux derrière son comptoir. Pain croquant, charcuterie et fromage de qualité : les employés du quartier y ont leurs habitudes... Quelques tables en terrasse sous les arcades pour s'installer.

Bon marché

Gino Sorbillo *(zoom détachable, E4, **74**)* **:** *largo Corsia dei Servi, 11. ☎ 02-453-759-30. • info@sorbillo.it • Ⓜ S. Babila. Sur une piazza entre le largo Europa et le corso Emanuele. Tlj 12h-23h. Pizze 9-14 €. Digestif offert sur présentation de ce guide.* Après avoir essaimé dans Naples depuis des générations, voici la famille Sorbillo

(« 21 fils, tous pizzaiolos » : quel programme !) à l'assaut de la capitale lombarde. Pari gagné, on s'y bouscule... *Pizze* à la pâte bio, moelleuses et fondantes, garnies d'ingrédients triés sur le volet, en particulier les fromages. Dans le local attenant, la maison propose aussi une *trattoria* napolitaine égrenant les classiques du sud de l'Italie comme la *parmigiana* ou les *gnocchi alla sorrentina*. Pour les *pizze,* autre adresse sur le flanc du Duomo, ***Gino Sorbillo – Pizza Gourmand*** *(zoom détachable, E4, **44** ; via Foscolo, 1 ; ☎ 02-805-023-00 ; mêmes horaires et prix, également un digestif offert sur présentation de ce guide),* avec une petite terrasse dans la ruelle longeant la galerie Vittorio Emanuele II.

Piz *(zoom détachable, D5, **134**) : via Torino, 34. ☎ 02-864-534-82. Ⓜ Missori. Tlj midi et soir. Pizza dès 8 €.* Des nappes jaune canari, déployées sur un coin de trottoir derrière le temple San Sebastiano... Voilà une adresse qui flaire la bonne humeur ! *Pizze* correctes et carte réduite à l'essentiel : on vient surtout ici pour profiter de l'ambiance Erasmus entre potes, du *prosecco* d'accueil au *limoncello* de départ ! Service marrant comme tout. Le joyeux proprio, Pasquale Pometto, a ouvert un autre bistrot juste à côté *(**Pomet,** via Valpetrosa).*

Trattoria da Pino *(zoom détachable, E4, **48**) : via Cerva, 14. ☎ 02-760-005-32. Ⓜ S. Babila. Fermé le soir, dim et j. fériés. Congés : août et fêtes de fin d'année. Carte env 20 €.* Cette *trattoria* authentique cachée dans une ruelle discrète fait le bonheur des employés du quartier depuis... 1968 ! D'où le brouhaha à l'heure du déjeuner, quand chacun vient s'attabler dans la grande salle aux murs rouges, autour de bons classiques de la cuisine populaire facturés 3 fois rien.

La Vecchia Latteria *(zoom détachable, D4-5, **46**) : via dell'Unione, 6. ☎ 02-874-401. • lavecchialatteria.milano@gmail.com • Ⓜ Duomo. Fermé le soir et dim. Congés : août. Plats 10-15 €.* Petit resto veggie, dans une salle aux murs couverts de bouteilles et photos du vieux Milan. Également quelques tables à l'arrière, avec vue sur les fourneaux. Goûtez au *misto forno,* un assortiment de spécialités de la maison. On est un peu les uns sur les autres, mais l'ambiance n'en est que meilleure ! Service facétieux.

De prix moyens à chic

Obicà *(zoom détachable, E4, **47**) : au 7e étage du grand magasin* La Rinascente. *☎ 02-885-24-53. • duomo@obica.com • Ⓜ Duomo. Tlj 9h (10h dim)-minuit. Mozza env 10 € ; plats 9-28 €.* Bienvenue dans le temple de la mozzarella, servie ici sous toutes ses formes : nature, crémeuse (la fameuse *burrata*), ou encore fumée *(affumicata),* en salade ou seule, pour une dégustation approfondie... Sinon, *pizze* et *primi* classiques, frais et honnêtes. Entre nous, on vient surtout pour la splendide terrasse, juchée face aux flèches du Duomo ! Autre adresse dans le quartier de Brera *(via Mercato, 28, tlj midi et soir, même carte).* Accueil vite débordé.

Contrada Govinda *(zoom détachable, D4-5, **70**) : via Valpetrosa, 5. ☎ 02-495-422-41. Ⓜ Missori. Ouv mer-dim, midi et soir. Fermé lun-mar ainsi que les midis mer et dim. Plats 11-15 € ; menus dégustation 28 € à midi, 45 € le soir.* Installée sous de magnifiques voûtes peintes de fresques, cette adresse explore les cuisines végétariennes d'Italie et d'ailleurs en proposant des plats joliment travaillés : soupes, salades fraîches, currys parfumés ou lasagnes veggies s'affichent régulièrement sur une carte qui change tous les jours. Petit détail à prendre en compte : pas d'alcool mais de savoureuses alternatives comme des jus, du kombucha ou du thé. Le restaurant accueille aussi un espace boulangerie géré par le célèbre Davide Longoni (voir plus bas dans le quartier de Porta Romana).

Ronchi 78 *(zoom détachable, D5, **50**) : via San Maurilio, 7. ☎ 02-867-295. • ronchi78@ronchi78.it • Ⓜ Missori. Tlj midi et soir sauf dim. Congés : mi-août. Résa conseillée. Plats 10-20 € ; menu 40 €.* Ambiance parfois survoltée dans ce resto où la chère est bonne et où la cave voûtée invite aux réjouissances. Plats simples et copieux avec pour spécialités le risotto et le filet de bœuf du Piémont, fondant à souhait. Décor rétro, à l'image de l'antique caisse enregistreuse qui trône sur le comptoir derrière lequel s'agitent de dynamiques serveurs. Groupes de musique live le soir (vers 22h45) qui font chanter la salle *(couvert artistique en sus : env 7 €).*

Cantina Piemontese *(zoom détachable, E5, **51**) : via Laghetto, 2. ☎ 02-784-618. • cantinapiemontese@gmail.com • Ⓜ Duomo. Tlj midi et soir. Résa conseillée. Plats 14-30 €.* Logé dans l'ancien palazzo Ca' di Tencitt, ce restaurant a été joliment relooké grâce à l'ajout parcimonieux de mobilier design. C'est dans ce cadre intime qu'une équipe jeune et sympathique concocte, à partir de produits frais de grande qualité, un menu qui change quotidiennement. Une cuisine du Piémont raffinée où tout le monde devrait trouver son bonheur, complétée de quelques plats lombards comme l'escalope milanaise. Jolie terrasse.

Spazio Niko Romito *(zoom détachable, E4, **44**) : au 4e étage des gallerie Mercato del Duomo. ☎ 02-878-400. • infomilanopiazzaduomo@spazionikoromito.com • Ⓜ Duomo. Tlj midi et soir. Résa obligatoire (plusieurs j. à l'avance pour les meilleures tables). Plats 16-27 €.* Niko Romito, chef italien triplement étoilé dans les Abruzzes, a ouvert ce restaurant d'application au look design afin de former les étoilés de demain. C'est lui qui imagine la carte saisonnière, régalant ses convives de mets fins et délicats. Le rapport qualité-prix est bluffant, le service impeccable mais en aucun cas guindé. En prime, une vue sublime sur le Duomo (du moins pour les meilleures tables). Bref, tout est réuni pour passer un joli moment.

Très chic

Ristorante Giacomo Arengario *(zoom détachable, E4, **68**) : à l'étage du musée du Novecento. ☎ 02-720-938-14. • info@giacomoarengario.com • Ⓜ Duomo. Tlj 12h-minuit. Résa obligatoire. Carte 50-80 €.* Lumières tamisées, esprit Art déco, avec quelques tables judicieusement placées devant la grande baie vitrée (demandez-les lors de la réservation) pour une vue imprenable sur les reflets marbrés du Duomo. Plats recherchés et préparés par un chef de talent. Romantique à souhait !

DUOMO

Où boire un café, un chocolat ? Où déguster un bon *panettone* ? Où déguster une glace ?

Marchesi 1824 *(zoom détachable, E4, **104**) : galleria Vittorio Emanuele II. ☎ 02-941-817-10. • info@pasticceriamarchesi.com • Ⓜ Duomo. Tlj 8h-20h.* Ravissante bonbonnière aux tons vert pastel (la maison mère se trouve via Monte Napoleone). À l'étage du célèbre passage couvert milanais, elle offre une vue plongeante sur ses mosaïques. Si le prix du cappuccino est exorbitant, le chocolat, à peine plus cher, est à se damner ! Installez-vous au comptoir ou sur les tables hautes lui faisant face, les prix y sont bien plus démocratiques. Réellement exceptionnel.

Sant'Ambroeus *(zoom détachable, E4, **180**) : corso Matteoti, 7. ☎ 02-760-005-40. • info@santambroeusmilano.com • Ⓜ S. Babila. Tlj 8h-21h, dim 9h-20h.* Une adresse historique ! Depuis 1936, ce café-pâtisserie chic propose d'excellentes pâtisseries (surtout le *panettone,* la spécialité) et des chocolats, à déguster sur place ou à grignoter en chemin. On peut aussi y déjeuner, mais c'est plutôt cher.

Artico Gelateria *(zoom détachable, D4, **153**) : via Dogana, 1. • info@grupoartico.com • Ⓜ Duomo. Tlj sauf lun 12h-19h.* Ce succulent glacier dont la maison mère se trouve dans le quartier d'Isola (voir le chapitre « Le quartier des Gares ») a eu la bonne idée d'ouvrir une succursale à quelques pas du Duomo. Une vraie aubaine pour les gourmands !

Gelateria Ciacco *(zoom détachable, D4, **97**) : via Spadari, 13. • info@ciacco gelato.it • Ⓜ Duomo. Lun-ven 8h-20h, w-e 12h (14h dim)-20h.* Fondé à Parme en Émilie-Romagne, ce glacier travaille sans colorants ni conservateurs, et avec le moins d'additifs possibles, pour faire ressortir au mieux le goût du produit brut. Goûtez la figue, la pistache ou le chocolat, vous nous en direz des nouvelles ! À déguster sur les tables à l'intérieur ou sur le parvis de la pinacoteca Ambrosiana, juste derrière.

Où boire un verre ?

Camparino in Galleria *(zoom détachable, E4, **100**) : galleria Vittorio Emanuele II, angle piazza del Duomo, 21. ☎ 02-864-644-35. • info@campa rino.it • Ⓜ Duomo. ♿ En venant du Duomo, c'est à l'entrée de la galerie, sur la gauche. Tlj 9h30-minuit (22h dim). Congés : août.* Indéniable charme rétro dans ce café inauguré en 1915 par la famille Campari, qui avait déjà ouvert un débit de boissons en 1867 juste en face (là même où naquit le célèbre Campari !). Sympa à l'heure du café mais encore mieux lors de l'*aperitivo,* accoudé au comptoir en marqueterie ou en terrasse (plus cher). C'est le lieu idéal pour vous initier aux cocktails italiens tels que l'*Americano,* le *Negroni* ou le *Milano Torino.*

Giacomo Caffè *(zoom détachable, E4, **107**) : piazza Duomo, 12. ☎ 02-890-966-98. • info@giacomo caffe.com • Ⓜ Duomo. À l'intérieur du Palazzo Reale. Tlj 8h-19h30 (22h jeu).* Atmosphère rétro chic dans ce bistrot élégant et tranquille, à l'écart du flux touristique que draine le Duomo. Aux beaux jours, on opte pour la terrasse à l'abri des regards, dans un recoin de l'ancienne cour du palais.

La Rinascente Rooftop *(au 7e étage du centre commercial* La Rinascente ; *zoom détachable, E4, **47**) : sur la piazza del Duomo, face au flanc gauche de la cathédrale. Ⓜ Duomo. Tlj 10h-23h.* Au dernier étage de ce grand magasin s'est hissée l'une des plus belles terrasses de la ville, offrant une vue frontale sur le flanc nord du Duomo. Dommage que la file d'attente soit souvent longue et le service parfois indolent. S'il fait frisquet, on peut rester à l'intérieur, sous les fenêtres, la vue est presque la même. Par ailleurs, l'étage aligne *juice bars,* épiceries fines, restos, sushis sur tapis roulants... Les petits creux seront comblés. Voir aussi le resto **Obicà** *(zoom détachable, E4, **47**),* présenté plus haut.

Terrazza 12 *(zoom détachable, E4, **172**) : via Durini, 28 (10e étage). ☎ 02-928-533-03. • info@ariccione terrazza12.it • Ⓜ S. Babila. Au sommet du Brian & Barry Building. Tlj 12h-2h.* Niché sur le toit d'un grand magasin de mode, c'est un *rooftop bar* dont la terrasse donne sur les flèches du Duomo et les hauteurs des monuments milanais. Riquiqui, mais quelle vue ! À l'intérieur, la salle *lounge* est plutôt réservée à la restauration.

Où faire le plein de victuailles ?

Peck *(zoom détachable, D4, **150**) : via Spadari, 9. Ⓜ Duomo. • customer.service@peck.it • Lun 15h-19h30, mar-sam 9h-19h30. Fermé dim.* À 2 pas du Duomo, ce temple de la gastronomie italienne propose depuis plus d'un siècle profusion de charcuterie, fromages, pâtes fraîches, huile d'olive et épicerie fine. Également un service traiteur, une cafet' élégante, un restaurant (chic) à l'étage et une impressionnante œnothèque au sous-sol. De quoi remplir votre valise de bons produits italiens pour le retour. Pas donné, mais la qualité est au rendez-vous !

Noberasco *(zoom détachable, D4, **144**) : via Spadari. ☎ 02-992-010-22. • negozio.milano@noberasco1908.it • Ⓜ Cordusio. Lun-sam 10h-19h30,*

DUOMO

dim 12h-19h. Le spécialiste du fruit sec depuis 1908, avec un choix époustouflant de noix, pistaches (de Sicile ou d'ailleurs), abricots, dattes...

Où faire de bonnes affaires ?

Magazzini Firme Outlet (zoom détachable, E4, **142**) **:** *piazza Meda, 2. ☎ 02-890-936-83. • magazzinifirmeoutlet.it • Ⓜ Duomo ou S. Babila. Tlj 10h-19h30.* Comme souvent dans ce genre de boutiques, tout n'est pas du meilleur goût et dépend des arrivages, mais on peut y dénicher de grandes marques à petits prix : *Missoni, Dolce & Gabbana, Cavalli, Versace, Moschino...*

Vitali (zoom détachable, D4, **191**) **:** *via Dante, 3. ☎ 02-805-33-84. Ⓜ Cordusio. Tlj 10h (13h lun)-19h30. D'autres boutiques dans Milan, moins centrales : corso Buenos Aires, 65 (Ⓜ Lima) et corso Vercelli, 1 (Ⓜ Conciliazione).* Ce fabricant de chemises *made in Lombardia* pour hommes est bien connu en ville pour la qualité de ses tissus, ses coupes amples ou ajustées, et ses prix tenus. Le tout de qualité *ottima* !

Où trouver des boutiques de design ?

Cassina (zoom détachable, E4, **156**) **:** *via Durini, 16. ☎ 02-760-207-45. • cassina.com • Ⓜ S. Babila. Lun-sam 10h15-19h. Fermé dim.* Depuis les années 1930, c'est l'une des références mondiales du mobilier design, qui édite ou réédite tous les plus grands créateurs italiens ou internationaux (Marco Zanuso, Carlo Scarpa, Le Corbusier, Charlotte Perriand, Starck...). Se visite presque comme un musée. Plusieurs autres boutiques de design dans la même rue.

Alessi (zoom détachable, E4, **161**) **:** *via Manzoni, 14-16. ☎ 02-795-726. • alessi.com • Ⓜ Montenapoleone. Tlj 10h-19h.* Dans une contre-allée bien fleurie, tous les objets de cette marque incontournable, réalisés par de grands designers, notamment pour la cuisine et les arts de la table.

Où se chausser comme les danseuses de la Scala ?

Porselli (zoom détachable, D4, **152**) **:** *piazza Paolo Ferrari, 6. ☎ 02-805-37-59. • porselli.it • Ⓜ Duomo. Tlj sauf lun mat et dim.* Tout comme *Repetto* chausse les étoiles de l'Opéra de Paris, *Porselli* chausse, dans sa boutique grande comme un mouchoir de poche, les danseuses de la Scala... et les Milanaises ! Ballerines souples et hyper confortables pour arpenter les rues de la ville tout en restant chic ! Plusieurs coloris, à partir de 90 € la paire.

À voir

Duomo (zoom détachable, E4) **:** *piazza del Duomo. • duomomilano.it • Ⓜ Duomo. Tlj 9h-19h. Billetterie située dans une aile du Palazzo Reale, à côté de l'office de tourisme. Attention, ferme 1h avt fermeture du Duomo. Or, il faut parfois compter plus de 1h de queue (surtout depuis le renforcement des contrôles de sécurité) ! Résa sur Internet fortement recommandée. Duomo seul : 5 € ; réduc. Tenue décente obligatoire, sinon veste couvrante 2,50 €. Photos sans flash autorisées. Toit-terrasse ouv 9h-19h (22h jeu) ; accès : 10 € par l'escalier, 14 € par l'ascenseur, entrée du Duomo non incluse. Intéressants billets combinés avec Duomo, Museo del Duomo et accès au toit-terrasse du Duomo, par l'escalier ou l'ascenseur : 15-20 € selon formule choisie, valables 3 j. ; réduc.*

Au cœur de la ville, il symbolise, dans toute sa splendeur, 600 ans d'histoire et d'art lombards. De style gothique tardif, commencé en 1386 à la demande d'un Visconti, ***le Duomo est la 3e plus grande église du monde catholique, après Saint-Pierre de Rome et la cathédrale de Séville.*** La façade (achevée seulement en 1813) a tellement d'extravagance qu'on la surnomma le « hérisson de marbre ». Au soleil couchant, elle se pare de mille teintes composant un tableau d'une grande poésie. Cette exubérance contraste avec l'intérieur, monumental certes (5 nefs soutenues par 52 piliers de 3,50 m de diamètre !), mais plus sobre.

CHERCHER MIDI À LA MÉRIDIENNE !

À l'entrée du Duomo, dans la 1re travée, une ligne méridienne de cuivre court de droite à gauche, en travers de la nef. Elle fut tracée en 1786 par les astronomes de l'observatoire de Brera. Si vous vous y trouvez un peu avant 12h, allez y jeter un œil : un rayon de soleil provenant d'un gnomon (un petit trou aménagé dans la voûte) traverse la ligne et indique la date dans le calendrier astronomique...

Les vitraux racontent l'histoire de la ville et de ses saints. Ceux du bas-côté gauche furent détruits par les déflagrations des salves tirées en l'honneur de Napoléon (c'est malin !). Au-dessus du ***chœur*** (ne se visite pas), sous la voûte, une croix en or contient un clou qui proviendrait de la Vraie Croix. Chaque mois de mai, l'évêque est hissé jusqu'à ce reliquaire dans un ascenseur en forme de nuage. À gauche du chœur, la chapelle abrite un immense chandelier en forme d'arbre, œuvre d'un orfèvre parisien. À droite se tient une étonnante statue de saint Barthélemy, écorché vif, réalisée en 1562 par Marco d'Agrate. De face, on croirait voir une statue avec 3 pieds, mais passez derrière et vous remarquerez qu'il porte sa dépouille sur le dos ! On reconnaît là la passion très en vogue des artistes italiens de la Renaissance pour l'anatomie. Notez, à ses pieds, l'inscription un rien frimeuse de l'artiste (« Ce n'est pas Praxitèle qui m'a sculpté, mais Marco d'Agrate »), au cas où on le confondrait avec le plus grand sculpteur de l'Antiquité ! Remarquer aussi le baptistère fait en marbre issu des anciens thermes de Maximien. Enfin, ne manquez pas les superbes ***vitraux du chevet,*** qui retracent avec une grande richesse les scènes cultes de l'Ancien et du Nouveau Testament.

Avant de sortir, la visite de la ***zone archéologique*** sous le Duomo *(payant)* donne un aperçu des édifices qui l'ont précédé depuis l'époque paléochrétienne : le baptistère San Giovanni alle Fonti puis la cathédrale Santa Tecla.

« Enfin, à ne pas manquer : un ascenseur *(payant)* à l'extérieur, côté nord, permet d'accéder au toit-terrasse (les fauchés monteront à pied les 160 marches, c'est moins cher et vraiment très joli). C'est une véritable forêt pétrifiée de flèches, dominant les toits de la ville et la ligne de crête des Alpes qui découpe l'horizon au loin. Au cœur de cette dentelle de pierre, on approche les 1 800 statues (dont une de Napoléon), les 135 flèches et l'insolite ***Madonnina*** dorée, qui culmine à 117 m de haut. Surmontée d'une flèche, cette statue est le symbole de Milan. Elle a été réalisée en 1774 avec 34 plaques de cuivre doré, et pèse près de 1 t ! La balade sur les toits rappellera aux cinéphiles une scène fameuse de *Rocco et ses frères* avec Alain Delon et Annie Girardot. La nuit venue, une multitude de clochetons s'illuminent, et la *Madonnina* flamboie. Coupez !

UNE IDÉE LUMINEUSE !

Pendant la Seconde Guerre mondiale, la population a recouvert d'un drap noir la Madonnina *pour éviter que sa statue en cuivre doré n'attire les bombardements ennemis. Malin, non ?*

Museo del Duomo *(zoom détachable, E4) : piazza del Duomo, 12. ☎ 02-720-234-53. • duomomilano.it • Ⓜ Duomo. Mar-dim 10h-19h. Fermé lun. Même billetterie que pour le Duomo. Résa sur Internet fortement recommandée. Entrée du musée seul : 5 €. Billets combinés avec le Duomo, sa zone archéo et son toit-terrasse (ascenseur ou escalier) : 15-20 €, 10 € sans toit-terrasse ; valables 3 j. ; réduc.*
Inauguré dans les années 1950, le musée a été entièrement repensé en 2014 par l'architecte Guido Canali. Voici les œuvres majeures.
- ***Salles du trésor de la cathédrale :*** ces salles rassemblent les plus beaux objets liturgiques datant du Ve au XVIIIe s (crucifix, ostensoirs, calices, vases sacrés, vêtements, bannières richement décorées, tapisseries, etc.). On retiendra la belle croix d'Aribert en bronze, seul vestige qui reste de la tombe de l'archevêque d'Aribert au XIe s, et l'*ostensorio Castiglioni,* l'une des pièces les plus importantes du musée, en verre et cristal recouvert à la feuille d'or avec perles, pierres précieuses (aigues-marines) et anges dorés.
- ***Salles des ateliers de la Veneranda Fabbrica :*** succession de statues géantes, dont un saint Georges datant de 1403, et qui reproduit les traits du duc Visconti, créateur de l'organisation chargée de la construction de la cathédrale, la *Veneranda Fabbrica.* On ne peut manquer la gigantesque tête dorée de Dieu le Père. Suivent des gargouilles de style zoomorphe, tirées du bestiaire médiéval, dont la fonction était d'éloigner les esprits malins. Également une galerie de statuettes décoratives secondaires (notables, métiers, etc.), des Vierges à l'Enfant au regard angélique et de belles statues en pied de saints et personnages mythologiques. Admirez notamment l'ange de la Passion d'Amadeo (XVe s) et la *Sibylle,* malheureusement abîmée par la pollution. On distingue sur son drapé les traces de bombardement d'août 1943.
- ***Salle des vitraux :*** on y découvre l'évolution des techniques de fabrication du XVe au XVIe s.
- ***Chiesa San Gottardo in Corte :*** *accès par un patio, à la sortie de la salle des vitraux.* Bâtie en 1336, l'ancienne chapelle du *palazzo* du duc Visconti a été rénovée en 2015. Sobre, son œuvre la plus notable est une grande fresque de la crucifixion en partie effacée. Également un gracieux campanile (visible depuis la rue).
- ***Salle Borromée :*** Frédéric Borromée (1566-1631), alias Sixte V, est le pape à qui l'on doit la transformation du Duomo, après le concile de Trente. Magnifique *Madeleine transportée par les Anges* réalisée par Giovan Angelo Marini entre 1556 et 1560.
- ***Salle des terres cuites :*** les statues ici présentées servaient de modèles aux artisans qui travaillaient la façade.
- Après la ***salle des tapisseries*** (belles tapisseries données par Carlo Borromeo, dont l'*Adoration des Mages* et la *Déposition du Christ*), vous arrivez à la ***salle de la galleria di Camposanto,*** qui renferme les modèles et croquis des sculptures et des reliefs de la cathédrale commandés par la *Veneranda Fabbrica* du XVIIIe au XIXe s.
- ***Salle de la Madonnina :*** squelette métallique en cuivre de la *Madonnina* (haute de 4 m), placé sur la flèche la plus haute en 1774. Depuis 1967, le cuivre a été remplacé par de l'acier inoxydable.
- ***Salle de la maquette en bois :*** immense maquette en bois (tilleul et noyer) représentant le Duomo à l'échelle 1/20. Elle a été commandée par la *Veneranda Fabbrica* en 1519.
- ***Salle des portes en bronze :*** dernière salle où sont présentées les réalisations de la 5e porte du Duomo dans le cadre d'un concours qui opposa dans les années 1960 Luciano Minguzzi à Lucio Fontana (ce dernier ne fut pas retenu, car ses portes n'étaient pas assez lisibles, dira le jury !).

Museo del Novecento *(zoom détachable, E4) : piazza del Duomo. ☎ 02-884-440-61. • museodelnovecento.org • Ⓜ Duomo. Mar-dim 10h-19h30 (22h30 jeu). Fermé lun. Entrée : 10 € (résa recommandée sur Internet) ; réduc.* Tourist Museum Card *acceptée.*

DUOMO

À droite du Duomo, quand on lui fait face, dans ce que les Milanais appellent « *arengario* », un imposant immeuble administratif construit en 1939 à la suite de la conquête des colonies en Afrique, emblématique du pouvoir fasciste. À l'origine, ce sont des pavillons jumeaux, dont l'un a servi à accueillir le musée. D'architecture massive, cet « haranguoir » est doté d'un balcon duquel Mussolini s'adressait à la foule (d'où son nom). Il fut transformé en musée d'art moderne dans les années 1960, puis fermé faute de place. Aujourd'hui, c'est un musée rénové et agrandi par l'architecte Italo Rota, qui renferme une ***riche collection dédiée à l'art italien du XXe s.*** Le vaste escalier hélicoïdal dessert les étages et constitue le cœur du musée. De superbes baies vitrées, latérales et en façade, laissent continuellement entrevoir le Duomo de Milan et ses centaines de flèches gothiques. L'espace muséographique ajouté à l'arrière au sein du palais royal est judicieusement relié par des passerelles vitrées suspendues.
Le parcours muséographique suit une logique à la fois chronologique et thématique, et démarre à l'entresol (accès libre sans billet) par la fresque du ***Quarto stato*** (1901) de ***Giuseppe Pelizza da Volpedo.*** Ce manifeste du XXe s est sans doute l'un des tableaux les plus célèbres en Italie (d'où son accès gratuit !), car représenté dans tous les manuels scolaires. D'histoire de l'art d'abord, car cette 2de version (la 1re, exposée à la pinacothèque de Brera, ne satisfaisait pas le peintre) apparaît comme un modèle achevé du mouvement divisionniste (l'équivalent du pointillisme en France) : les couleurs apparaissent comme fondues et parfaitement nuancées. On la retrouve aussi dans les livres d'histoire, car cette représentation du peuple qui conduit l'avenir, guidé par 4 personnages (3 adultes et un bébé) censés représenter les différents âges de la vie, a largement été reprise comme symbole de la lutte ouvrière par les syndicats, même si, au départ, les intentions de l'artiste n'étaient pas révolutionnaires. Un bel exemple de peinture sociale qui marque l'entrée dans le *Novecento*.

DUOMO

1er niveau

– Commencer par la petite salle juste à gauche de l'entrée, qui présente l'une des plus importantes collections privées à Milan, à savoir la ***collection Jucker.*** Constituée dans les années 1970, elle rassemble la fine fleur des avant-gardistes européens avec une attention particulière à la France : Picasso, Braque, Modigliani, Matisse, Kandinsky, Klee. Tout simplement sublime !
– La visite à proprement parler commence par la longue galerie à colonnes où sont exposés les ***peintres futuristes,*** un courant né à Milan à l'aube du XXe s. Signe des temps troubles des prémices de la Première Guerre mondiale, des artistes milanais ont développé une fascination pour la modernité et la technologie. Leurs recherches sur la représentation du mouvement, la vitesse, l'étude des matériaux destinés à bousculer l'ordre établi et les mentalités qualifiées de « romantiques » les caractérisent et leur fournissent l'essentiel de leurs sources d'inspiration. Le poète Filippo Tommaso Marinetti en publia le manifeste en 1909 dans *Le Figaro.* Le plus représentatif de ces peintres est ***Umberto Boccioni,*** l'un des chefs de file du courant futuriste : sa *Forme unique de la continuité dans l'espace* démontre sa volonté d'inscrire la représentation du corps humain dans une dynamique. Observez bien le mouvement des muscles, séparés du corps par des formes géométriques, des positions différentes et successives qui représentent le corps en action. Le peintre ***Giacomo Balla*** a développé la même technique avant-gardiste, observée d'après des photographies, avec sa célèbre *Jeune fille courant sur un balcon.* La dynamique est accentuée par la technique pointilliste qui, par définition, ne mélange pas les couleurs. Peintre important de la 2e génération des futuristes, ***Fortunato Depero,*** designer, est surtout connu pour ses publicités : il a réalisé la 1re affiche du *Campari,* inventé à Milan, et dessiné la forme de la petite bouteille de *Campari.* On peut voir son beau portrait de Gilbert Clavel. Plus loin, on aborde la peinture de ***Giorgio Morandi,*** artiste originaire de Bologne très inspiré par Cézanne, spécialisé dans les natures mortes. Voir sa *Tête de mannequin,* qui évoque les œuvres métaphysiques de De Chirico.

Mezzanine
Un espace quasi intégralement dédié au peintre surréaliste ***Giorgio De Chirico.*** D'origine grecque, ses œuvres sont empreintes de cette culture mixte, et on y retrouve souvent la présence de statues grecques, d'éléments architecturaux massifs ou de représentations de la Méditerranée. Parmi ses œuvres marquantes, *Le Fils prodigue,* très onirique, et *Lutte des gladiateurs* (version cauchemar ?) expriment la solitude d'univers déshumanisés. Vivement contesté en Italie, il évoluera vers un néoclassicisme bon teint en fin de carrière.

2e étage
La montée du fascisme en Italie s'assortit d'un retour à l'ordre *(ritorno all'ordine)* dans le domaine des arts, qui prend totalement le contre-pied des avant-gardistes : volumes nets, lignes pures et représentations athlétiques du corps humain, d'inspiration romaine. Et ce courant néoclassique va s'étendre bien au-delà de la région de Milan. ***Arturo Martini,*** déjà connu pour avoir participé à la construction d'édifices publics à l'époque fasciste, s'est exprimé à travers des sculptures en terre cuite majoritairement, mais aussi en pierre et en bronze. En peinture, on observe ce même courant chez ***Carlo Carrà, Mario Sironi, Achille Funi, Soffuci*** et encore ***Ottone Rosai.***
Superbe sculpture en bronze doré de ***Lucio Fontana,*** artiste abstrait auquel est consacrée toute une section à l'étage supérieur, réalisée au début de sa carrière : *Demoiselle assise, Jeune femme au miroir* (1934). Voir aussi les œuvres de ***De Pisis, Campigli*** et plusieurs tableaux de la période expressionniste. Enfin, un ensemble de sculptures de ***Melotti*** en monochrome, représentatives du courant rationaliste (formes géométriques, type Le Corbusier), qui s'est exprimé surtout autour de Côme.

Dernier étage
⇚ Dans cette pièce de passage, on admire autant l'architecture que la vue panoramique sur le Duomo et son esplanade ainsi que sur la galleria Vittorio Emanuele II. Époustouflant ! Au plafond, le néon lumineux entrelacé est signé ***Fontana*** (1963). La mezzanine est consacrée à son travail sur le spatialisme *(Concetto spaziale)* avec 9 tableaux, en plusieurs versions et plusieurs couleurs : trous, toiles coupées, collages... Empruntons le 1er passage suspendu pour quitter l'*arengario* et rejoindre, à l'arrière, le *Palazzo Reale* (palais royal)...

Côté Palazzo Reale
– Changement de période : on découvre le Milan des années 1950 avec des pièces d'***Alberto Burri,*** un artiste abstrait réputé pour ses matériaux de collage, et la série des peintres « informels », une tendance qui s'est développée autour de Milan à cette période, avec notamment ***Vedova, Boccato*** et ***Novelli.*** *La Rose noire* de ***Janis Kounellis*** est surtout célèbre pour avoir été choisie comme emblème du musée. Parallèlement, un groupe d'artistes milanais s'est opposé à cette évolution du marché de l'art, qui consistait selon eux à présenter un artiste en galerie pour qu'il prenne de la valeur, indépendamment de la qualité de son œuvre. Ils sont à l'origine du mouvement polémique et provocateur *Azimut.* Voir dans cet esprit l'humoristique *Merde d'artiste en boîte* de ***Piero Manzoni,*** situé dans la loggia.
Après être redescendu d'un étage, reprendre à gauche le *conclusione del percorso.* Le 2e passage suspendu mène à un espace d'expos temporaires. En le traversant, admirez en contrebas, sur la place, la flamme en métal de ***Luciano Minguzzi,*** auteur de la restauration de l'une des portes du Duomo. La flamme est l'emblème des *Carabinieri,* un des corps de l'armée d'Italie.
– *La Cinétique :* ne pas manquer le projet de ***Bruno Munari,*** designer en charge, dans les années 1950, de l'éducation des enfants à travers les collections des musées. Plus que d'art, il s'agit là d'expérimentations à travers les nouvelles technologies, en partie visuelles. Le cube avec son jeu de miroirs et de lumières est quasi une attraction, mais pour y pénétrer, il est impératif de signer une décharge !

Voir également la *Superficie magnétique* de ***Davide Bollani,*** une installation de miroirs tout à fait novatrice pour l'époque, et qui amusera les gamins.
– De ***Marino Marini,*** belle collection de portraits de personnalités en plâtre et en bronze : De Pisis, Stravinsky, Henri Moore, Rockefeller... répartie dans 4 salles.
– *Le pop art et l'Arte Povera :* ***Mario Schifano*** est l'artiste le plus important du pop art italien. Peu d'œuvres, malheureusement, dans cette collection municipale, mais il est connu pour ses monochromes rouges, blancs... et ses pubs pour les marques *Coca-Cola* ou *Esso.* Dans les années 1960, toujours, ***Enrico Baj*** a travaillé sur la technique du collage en intégrant des papiers de tapisserie à des peintures. ***Luciano Fabro*** développe des installations interactives : reconstitution d'appartement dans lequel les protagonistes sont les lignes matérialisées par des tiges de métal ; *La Croix* laisse, quant à elle, libre cours à toute interprétation... Enfin, quel lien entre cette tête de zèbre et la juxtaposition de chiffres ? Apparemment aucun, sauf que les chiffres reproduisent la séquence de Fibonacci, humaniste de la Renaissance qui avait établi un rapport géométrique entre les chiffres et la nature. Autrement dit, vous pourrez peut-être retrouver la formule mathématique (additionnez les 2 premiers chiffres pour avoir le résultat dans le 3e, et ainsi de suite) sur les rayures du zèbre... Mission accomplie : l'art questionne ! Terminons la visite par cette série de photos de ***Giuseppe Penone,*** qui utilise son image, sans autre apport de matériaux, pour prendre la mesure du temps qui passe et à travers une seule et même image. Dans ses yeux, les lentilles reflètent les mouvements de la rue et de l'ombre. On aime beaucoup, enfin, cette *Femme qui s'échappe du miroir* de ***Michelangelo Pistoletto.***

DUOMO

Palazzo Reale : *piazza del Duomo, 12. • palazzorealemilano.it • Tlj sauf lun 10h-19h30 (22h30 jeu). Prix en fonction des expos. Billetterie et entrée parfois séparées. Résa en ligne conseillée.* De grandes expositions temporaires d'art, d'envergure internationale, sont organisées tout au long de l'année dans différentes ailes du Palazzo Reale. L'élégante façade néoclassique faisant face au Duomo ne manque pas d'allure. Pénétrez dans la cour en traversant le guichet pour détailler un peu plus l'architecture de ce palais royal qui fut l'épicentre du pouvoir local pendant des siècles. Les Visconti, Sforza, Habsbourg ou Bonaparte y entretinrent une cour.

Galleria Vittorio Emanuele II *(zoom détachable, E4) :* ce célébrissime passage, achevé en 1867, se déploie derrière un arc de triomphe donnant sur la piazza del Duomo. Protégé par une voûte de verre et d'acier (environ 50 m de haut), ce curieux ensemble en forme de croix – avec aux 4 points cardinaux les emblèmes de Turin, Florence, Rome et Milan – est frais en été, glacial en hiver. On y trouve pourtant, en toute saison et à toute heure, une foule dense et animée qui en fréquente assidûment les cafés, restaurants et magasins de luxe.
Ne soyez pas intrigué si vous voyez des badauds se laisser aller à une petite danse sur la ***mosaïque du Taureau,*** située au cœur de la galerie, sur la place de l'*Ottagono* : poser le talon sur la virilité du bel animal et faire 3 tours sur soi-même exauce, dit-on, le vœu formulé... Cette pratique est tellement répandue que la mosaïque en question est restaurée plusieurs fois par an !

TOMBÉ DE HAUT

On raconte que l'architecte bolonais Mengoni, qui réalisa la coupole de la galerie, se suicida du haut de celle-ci. La raison ? Le roi Victor-Emmanuel n'avait pas assisté à l'inauguration... D'autres rumeurs disent que certains l'auraient aidé à tomber... Quoi qu'il en soit, cette galerie est aujourd'hui l'une des plus belles d'Europe !

Leonardo 3 Museum *(zoom détachable, D-E4) : piazza della Scala (à l'entrée de la galerie). ☎ 02-495-199-81. • leonardo3.net • Ⓜ Duomo. Tlj 10h-18h (9h30-20h w-e). Entrée : 14 € ; réduc. Audioguide : 4 €.* Et si on allait farfouiller dans l'atelier de Léonard de Vinci ? C'est l'idée de ce petit musée interactif, qui ne présente aucune œuvre originale du maître, mais de nombreuses maquettes réalisées d'après ses recherches et croquis : machines de guerre (canon multiple, mitraillette, etc.) ou volantes, que l'on peut s'essayer à actionner et à recomposer sur des écrans tactiles, avant de tenter d'assembler, façon puzzle 3D, une bielle ou un pont autoportant, puis d'aller pédaler dans la barque à aubes. Également des analyses de *La Cène* et de *La Joconde,* et le récit détaillé du projet jamais abouti de *Cavalier géant,* monument pour le duc Sforza. Une visite ludique, qui plaira aussi aux – grands – enfants, à condition d'opter pour l'audioguide. Sinon, à moins d'être parfaitement italophone, le génie de Léonard gardera sa part de mystère...

Teatro alla Scala *(zoom détachable, D-E4)* **:** *piazza della Scala. Infos : ☎ 02-720-037-44. • teatroallascala.org • Ⓜ Duomo. Achat des billets sur Internet ou à la billetterie, au sous-sol du théâtre (accès par le flanc gauche) : tlj 12h-18h ; ouv également 2h avt le spectacle pour retirer ses places ou en acheter une pour la représentation du soir.*

DOUBLE VITRAGE

Giuseppe Verdi vécut et mourut tout près de la Scala, dans le Grand Hôtel, au 29 de la via Manzoni. Une rue que l'on recouvrait de paille pour qu'il ne soit pas incommodé par le bruit des carrosses et des chevaux...

La Scala rénovée a été inaugurée début décembre 2004 avec le même opéra que lors de sa fondation en 1778 : *Europa riconosciuta,* de Salieri. Ce bâtiment néoclassique, s'il ne paie pas de mine de l'extérieur, est l'une des gloires de Milan, certainement le meilleur théâtre lyrique au monde. La salle, construite en fer à cheval, impose une acoustique incomparable et s'attire bientôt la faveur des grands *maestri :* Rossini, vers 1820, puis Donizetti, Bellini et enfin Verdi, qui règne sur la Scala pendant plus de 50 ans. Puccini lui succède, puis, avec Toscanini, le lieu retrouve tout son éclat au lendemain de la Seconde Guerre mondiale. Depuis, c'est une consécration pour un artiste que de s'y produire.

Les mélomanes feront l'impossible pour assister à une représentation (tenue correcte exigée !). Réservations à partir de 2 mois à l'avance. 2h30 avant le spectacle, 140 places dans les galeries (pas cher mais vue limitée) sont mises en vente à la billetterie située au bout des arcades, via Filodrammatici. L'association *L'Accordo* s'occupe de noter l'ordre d'arrivée (venir dès le matin) afin de gérer la queue. Il arrive aussi que des billets *last minute* (1h avant la représentation) soient disponibles avec une réduction de 25 % environ. *Prix du billet : de 5 à 250 €.* Bon plan : pour chaque spectacle, une date, appelée *ScalAperta,* est proposée à demi-prix (ouverture de la résa 1 mois à l'avance). Pour info, les programmes *fuori abbonamento* (hors abonnement) sont plus accessibles et les ballets ont moins de succès que les opéras.

Si vos efforts ont été vains, sachez que Milan compte une bonne trentaine de théâtres, dont le réputé **Piccolo Teatro** *(zoom détachable, D4 ; via Rovello, 2 ; • piccoloteatro.org •).*

Museo teatrale alla Scala *(zoom détachable, D-E4)* **:** *dans le même bâtiment que le théâtre. ☎ 02-887-974-73. • museoscala.org • Ⓜ Duomo. Tlj 10h-18h. Entrée : 9 € ; réduc ; appli sur smartphone compris dans le prix.*

Situé dans le théâtre de la Scala, auquel on accède d'ailleurs du 3ᵉ étage (sauf en cas de répétition) : l'occasion d'admirer la salle si vous n'avez pas pu obtenir de place. Profitez-en pour jeter un coup d'œil à l'une des 10 loges ayant conservé leur plafond d'origine entièrement décoré... Sinon, petite expo permanente aux airs de palais royal (bustes de grands compositeurs, tableaux, collection d'instruments de musique) et expos temporaires en rapport avec la programmation.

Gallerie d'Italia *(zoom détachable, E4)* **:** *piazza della Scala. Infos au ☎ 800-167-619 (gratuit). • gallerieditalia.com • Ⓜ Duomo. Juste en face de la*

Scala. Mar-dim 9h30-19h30 (22h30 jeu). Fermé lun. Dernière admission 1h avt fermeture. Entrée : 5 € ; réduc ; gratuit le 1er dim du mois.
Ouvert en 2013, ce musée d'art moderne présente le riche fonds d'œuvres italiennes de la banque *Intesa Sanpaolo*. Une visite qui vaut le détour, ne serait-ce que pour la beauté de cette ancienne banque, et pour son tarif abordable.
L'expo permanente se scinde en 2 parties. D'abord le ***XIXe s,*** présenté dans les ***salons d'apparat de 2* palazzi *néoclassiques*** soigneusement restaurés, avec plafonds peints de motifs égyptiens ou animaliers, et rehaussés d'entrelacs de stucs. Quelques œuvres de Hayez, de nombreux tableaux de Giovanni Migliara (1785-1837), en particulier des scènes d'intérieur dans lesquelles l'artiste révèle sa maîtrise du clair-obscur. Sinon, une série de peintures épiques chantant le geste du Risorgimento – avec Gerolamo Induno à la baguette –, ou encore d'intéressantes vues de la ville de Milan et scènes de son quotidien au tournant du siècle. Des paysages de la région des lacs également, puis des œuvres rattachées au courant symboliste – dont la modernité annonce le XXe s, introduit par le futuriste Boccioni.
La collection contemporaine, plus réduite, assez pointue et majoritairement non figurative, est présentée dans l'ancienne banque proprement dite, un ***superbe édifice qui emprunte à la fois au néoclassicisme et à l'Art nouveau.*** Noter en particulier les anciens guichets, la verrière du 1er hall, les vitraux du 2d. Lorsque le sous-sol est accessible, on aperçoit – à travers les lourds barreaux de l'ancienne salle des coffres – les œuvres gardées en réserve. Également des expos temporaires et, pour méditer, un vaste ***jardin*** semé de sculptures signées Jean Arp ou Joan Miró.

DUOMO

🚶🚶 ***Museo Poldi Pezzoli*** *(zoom détachable, E4)* **:** *via Alessandro Manzoni, 12. ☎ 02-794-889. ● museopoldipezzoli.it ● Ⓜ Montenapoleone ou Duomo. Tlj sauf mar et j. fériés 10h-13h, 14h-18h. Fermé mar. Entrée : 14 € ; réduc. Pour 25 €,* la Case Museo Card *donne la possibilité de visiter (dans les 12 mois !) le museo Poldo Pezzoli, le museo Bagatti Valsecchi, la casa Boschi di Stefano et la villa Necchi ; réduc.*
Dans ce *palazzo* du XVIIe s s'admire une très belle collection Renaissance, léguée par Gian Giacomo Poldi Pezzoli. Remarquez, au pied de l'escalier, la majestueuse fontaine où nagent des poissons rouges. Suivez ensuite le tapis (rouge) qui vous mènera à l'étage où sont présentées des œuvres rares d'artistes immenses (Bellini, Mantegna, Piero Della Francesca, Botticelli, Lippi, Lotto...). Saisissant *Cavaliere in nero* de Giovanni Battista Moroni. Les *vedute* vénitiennes de Guardi ou Canaletto sont accompagnées de toiles de Tiepolo. Des meubles d'exception subliment les différentes pièces, qu'ils soient de style Renaissance, baroque ou rococo. Les objets d'art ne manquent pas non plus. Voir notamment la très belle pièce dédiée à l'horlogerie (donation Bruno Falk). Enfin, avant de repartir, ne manquez pas la belle salle d'armes du rez-de-chaussée.

🚶 ***Casa del Manzoni – Museo Manzoniano*** *(zoom détachable, E4)* **:** *via Morone, 1. ☎ 02-864-604-03. ● casadelmanzoni.it ● Ⓜ Montenapoleone ou S. Babila. Mar-dim 10h-18h. Fermé lun-mar. Dernière entrée 30 mn avt fermeture. Entrée : 9 € ; réduc.* Il s'agit de l'endroit où vécut, de 1814 à 1873, le célèbre écrivain Alessandro Manzoni, auteur du roman *Les Fiancés (I Promessi Sposi),* monument de la littérature italienne. Immersion dans l'univers poétique de l'artiste : livres, manuscrits, portraits de famille ou d'amis (Goethe) animent la visite. Superbe salle du piano avec murs et plafonds peints. On peut aussi jeter un coup d'œil à sa chambre et apprécier la tranquillité du lieu, donnant sur un jardin. Au rez-de-chaussée, on traverse la cour pour pénétrer dans le « studio », lieu de travail sombre et austère où ont vu le jour la plupart de ses œuvres. À côté, studio de Tommaso Grossi, ami de Manzoni.

🚶 La ***via Morone*** *(zoom détachable, E4)* charme par ses courbes voluptueuses. Remarquez les instruments exposés en vitrine de l'antique barbier ayant pignon sur rue depuis... 1904 ! Arrivé en bas, prenez à droite la *via Omenoni* ; au ***no 3,*** une superbe maison du XVIe s, la ***casa degli Omenoni*** *(zoom détachable, E4)*, ancienne demeure du sculpteur Leone Leoni, est ornée au rez-de-chaussée de 8 statues géantes, œuvres d'Antonio Abbondio.

🚶 ***Le Milan médiéval*** *(zoom détachable, D4)* **:** par miracle, malgré les nombreuses destructions dues aux bombardements de 1943 puis, plus tard, aux promoteurs, il reste un dernier carré résistant à toutes les modes immobilières : la ***piazza dei Mercanti*** (place des Marchands). Autrefois close, elle regroupait les activités marchandes de la ville, mais aussi les institutions judiciaires et administratives. Aujourd'hui située à 2 pas du Duomo, elle abrite le ***palazzo della Ragione*** (palais de la Raison, ***fermé pour rénovation***), une grande bâtisse de brique rouge édifiée en 1228 sur « pilotis » (27 piliers robustes). L'un des 1ers magistrats et le fondateur du palais, Oldrado Da Tresseno, se tient à cheval sur l'un des piliers où des vers en latin vantent ses mérites (« constructeur de palais, grand pourvoyeur d'hérétiques pour le bûcher », etc.). En face, la ***loggia degli Osii*** en marbre blanc et noir, du début du XIVe s. Fermant la place, la ***casa Panigarola,*** avec ses petites arcades décorées, est une très belle maison gothique. Au milieu de la place se dresse un vieux ***puits*** du XVIe s.

LE SPECTACLE DE LA FAILLITE

Au Moyen Âge, les mercanti (les commerçants) qui avaient fait faillite devaient subir l'humiliation publique sur la piazza dei Mercanti. Ils étaient forcés de taper 3 fois leurs fesses nues contre un gros bloc de marbre noir, la pierre des faillis, avant d'être conduits en prison. Leurs biens étaient ensuite vendus aux enchères, décision prise depuis la loggia degli Osii. La pierre a aujourd'hui été remplacée par un puits.

🚶 ***L.O.V.E.*** *(zoom détachable, D4)* **:** *piazza degli Affari.* Ⓜ *Cordusio.* Œuvre de Maurizio Cattelan, cette statue pas comme les autres est baptisée *L.O.V.E.,* pour *Libertà, Odio, Vendetta, Eternità* (Liberté, Haine, Vengeance, Éternité), par amour de la provocation. Cette sculpture en marbre de Carrare (très prisé durant l'Antiquité), de 6 t et 11 m de haut, trône depuis 2010 en face du palais de la Bourse. Les doigts sont coupés, à l'exception du majeur, qui témoigne d'un sens de l'honneur bien à lui ! Vous imaginez la portée du geste de l'artiste (si cher !), face à l'institution financière... Ce doigt ne fut pas du tout du goût du président de l'autorité boursière d'alors, Giuseppe Vegas (un nom qui fleure bon le dollar !).

🚶🚶🚶 ***Pinacoteca Ambrosiana*** *(zoom détachable, D4)* **:** *piazza Pio XI, 2.* ☎ *02-806-921.* • *ambrosiana.it* • Ⓜ *Duomo ou Cordusio. Mar-dim 10h-18h. Fermé lun. Entrée : 15 € ; réduc. Audioguide : 3 €.*
Oui, le prix est élevé. Et pourtant ! On ne saurait trop vous recommander l'Ambrosiana, l'une des plus belles pinacothèques d'Europe et le plus vieux musée milanais (1618), établi dans ce cadre somptueux grâce à la richesse des collections du cardinal Federico Borromeo. Aux salles originales, dans le palais du XVIIe s, succède une 2e aile datant des années 1920, au style éclectique mais remarquable : galeries couvertes de fresques, ouvertures sur un ancien cloître orné de statues, vitraux superbes, escalier orné de flamboyantes mosaïques... Un écrin de toute beauté, que l'on savoure autant que les œuvres exposées.
Au 1er étage, on commence par le XVe s lombard et vénitien, cœur des collections du cardinal, dont les titres phares sont l'*Adoration des Mages* de **Titien,** *La Sainte Famille* ou *Le Christ bénissant* de Luini. Dans une salle attenante sur la droite, une fantastique *Madonna del Padiglione* de **Botticelli.** Curiosité : la *Madonna delle Torri* du Milanais Bramantin, qui associe saint Michel triomphant du Mal (une grenouille renversée) et saint Ambroise, patron de la ville, terrassant le théologien hérétique Arius (aussi nu que la grenouille), dans un décor très couleur locale. Un coup de pub pour la ville avant l'heure ! Au fond de la 1re salle, en entrant, siège

l'unique nature morte du ***Caravage,*** et de loin la plus célèbre de l'époque, d'où son titre honorifique de « mère de toutes les natures mortes ».

On passe ensuite au clou de la visite : l'époustouflant et monumental ***carton de l'École d'Athènes par Raphaël.*** Même s'il ne s'agit que du « brouillon » (l'œuvre achevée se trouve au Vatican), il fait l'objet, à juste titre, de tous les soins du musée : vidéo introductive, tablettes expliquant l'histoire, la récupération et la restauration du carton (2019), vitre de protection dernier cri qui se fait oublier... Au centre, en grand débat, Platon le théoricien des Idées montre le ciel (« c'est en haut que ça se passe ») à son élève, Aristote le pragmatique, qui en retour fait signe vers la terre (« c'est ici que ça se passe »), tandis que Diogène le punk antique est vautré sur les marches. De part et d'autre, le reste de la clique des penseurs grecs, Pythagore, Archimède, Euclide...

UNE ŒUVRE COLOSSALE

Le fameux carton préparatoire de l'École d'Athènes de Raphaël affichait des dimensions si imposantes (presque 8 x 4 m) qu'il a fallu percer l'une des cloisons du palazzo dell'Ambrosiana, pourtant loin d'être étriqué, afin de faire entrer l'illustre brouillon. Coup d'essai, coup de maître !

Viennent ensuite quelques doux et très symboliques paysages des Flamands ***Jan Bruegel*** (*Allégorie de l'Eau* et *Allégorie du Feu* – la *Terre* et l'*Air* sont au Louvre !) et ***Paul Bril,*** qui étaient des amis proches du cardinal Borromeo.

Ensuite, place à de saisissants portraits de ***Hayez*** et aux toiles de Bianchi (comme la douce *Maternità*). Charmante *Madone qui allaite l'Enfant près de la fontaine* de Bernaert Van Orley et lumineuse *Allégorie de la Charité* de Jan Metsys. La dernière salle de cette partie « moderne », située après les superbes fenêtres donnant sur le cloître, abrite une peinture italienne plus récente, d'influence impressionniste, offrant des vues sur le Duomo ou les Navigli de Milan, où s'est discrètement glissé un petit portrait de Bonaparte.

À la fin du parcours de visite, en redescendant, ne manquez pas le célèbre *Portrait de musicien* de ***Léonard de Vinci,*** présenté dans une pièce décorée par une fresque de Bernardo Luini, au style très influencé par Leonardo. On termine par la très belle ***bibliothèque*** du musée, qui expose par roulement un codex de Léonard de Vinci (croquis, schémas, dessins, notes rédigées de sa fameuse écriture en miroir).

Chiesa San Satiro *(zoom détachable, D4)* **:** *via Torino. À 50 m de la piazza del Duomo.* Ⓜ *Duomo. Lun-ven 7h30-18h30 (fermé lun 12h-15h), w-e 9h-19h (fermé dim 12h-14h).* Un peu en retrait de la via Torino, cette église de la Renaissance lombarde (1478) est remarquable pour son abside en trompe l'œil, conçue à l'arrière du maître-autel par le génial architecte Bramante pour créer un effet de profondeur. En réalité, la voûte ne faisait que 97 cm de profondeur ! Surprenant de réalisme. L'autel est orné de statues de saints en argent. Sur les côtés, certaines voûtes sont comblées par de grandes coquilles Saint-Jacques en bronze. À voir également : *il sacello di San Satiro,* une petite chapelle avec des fragments de fresques.

Santuario di San Bernardino alle Ossa *(zoom détachable, E4)* **:** *piazza San Stefano.* Ⓜ *Missori. Accès par le couloir à droite après l'entrée (fléchage « Ossario »). Lun-sam 8h (9h30 sam)-18h. Fermé dim.* Étonnant endroit (peut-être déconseillé aux jeunes enfants...) que cette vaste chapelle du XVIIᵉ s dont les murs sont presque intégralement décorés de crânes et autres ossements humains...

Università Statale *(Antico Ospedale Maggiore ; zoom détachable, E5)* **:** *entre les rues Festa del Perdono et Sforza, au sud du Duomo.* Ⓜ *Missori.* L'un des plus beaux édifices civils de Milan. Cet ancien hôpital du XVᵉ s (remanié au XVIIᵉ s), qui abrite aujourd'hui les services administratifs de l'université de Milan, fut réalisé selon les plans du grand architecte florentin Filarete, le même qui donna au castello Sforzesco son allure définitive. Le côté qui donne sur la via Festa del Perdono correspond à la partie la plus ancienne, dotée d'élégantes fenêtres géminées.

San Nazaro Maggiore *(zoom détachable, E5)* **:** *piazza San Nazaro in Brolo. Ⓜ Missori. Lun-ven 7h30-12h, 15h30-18h30 ; w-e 8h-12h30, 15h30-19h.* Une basilique dont certains morceaux de mur remontent à sa fondation, au IVe s. L'extérieur a été complètement repensé à la Renaissance, et l'intérieur (malheureusement...) revu dans un style néoclassique en 1830. Spectaculaire chapelle funéraire des Trivulzio (XVIe s), qui sert aujourd'hui d'entrée à la basilique : une église dans l'église, ample octogone avec, sur plusieurs étages, des niches pour accueillir les tombeaux.

LE QUARTIER PORTA VENEZIA E MONTE NAPOLEONE

Ici, tout n'est que luxe, art et volupté... QG des grandes enseignes de la mode, ce quartier chic et animé mérite plus que jamais son surnom de « Quadrilatère d'Or ». Tout en grandeur néoclassique, la Porta Venezia constitue son centre névralgique. De l'autre côté des élégants jardins publics, poumon vert et paradis des joggeurs, la Galleria d'Arte Moderna présente ses collections de peinture dans une gracieuse villa du XVIIIe s. Une élégance que l'on retrouve dans la via Malpighi, bordée d'immeubles Liberty (l'Art nouveau italien) aux décors exubérants, qui illustrent les fastes de l'architecture privée à la fin du XIXe s. Au début du XXe s, l'Art déco prendra la relève, comme en témoigne la villa Necchi-Campiglio, une demeure résolument moderne dont la visite s'impose.

Où dormir ?

De prix moyens à très chic

🏠 ***Eurohotel*** *(plan détachable, F3,* ***25****) : via Sirtori, 24. ☎ 02-204-040-10. • info@eurohotelmilano.it • eurohotelmilano.it • Ⓜ Porta Venezia. ♿ Doubles 89-200 € (parfois plus selon événements). Parking payant à 400 m (25 € pour 24h). Un petit déj offert par chambre sur présentation de ce guide.* Situé dans un secteur paisible et élégant où s'affichent les plus beaux édifices Liberty, cet hôtel de bon confort propose 3 types de chambres, plus ou moins grandes, toutes claires et d'allure moderne, les plus récentes dans un style sobre et épuré. En prime, agréable véranda, cour, salle de fitness, spa et sauna... L'une de nos bonnes adresses, à condition d'être logé dans l'hôtel, et non dans les *guesthouses* (des dépendances sans intérêt) louées sous le même nom. Accueil attentionné.

🏠 ***Hotel Fenice*** *(plan détachable, F3,* ***26****) : corso Buenos Aires, 2. ☎ 02-295-255-41. • fenice@hotelfenice.it • hotelfenice.it • Ⓜ Porta Venezia, juste en face de l'une des sorties de métro. Doubles 120-150 €. Parking 40 €/nuit (cher !).* Tout proche des *giardini pubblici* (joggeurs, apportez vos *runnings*), cet hôtel logé dans un palais du XVIIIe s déroule une cinquantaine de chambres fonctionnelles, avec parquet et double vitrage (le boulevard est très passant). Pour le même prix, préférez celles qui donnent sur la cour, bien plus tranquilles. Après le buffet du petit déj, vous pourrez gagner le quartier du Duomo en 3 stations de métro. Accueil aimable et discret.

Où manger ?

🍽 ***Burbee*** *(plan détachable, F-G4,* ***99****) : via Castel Morrone, 7. ☎ 02-701-035-67. • info@burbee.it • Ⓜ Porta Venezia. Tlj midi et soir. Congés : 15 j. en août. Burgers à partir de 8 €.* Une petite échoppe qui change du *panino* et de la pizza. Des burgers bien moelleux préparés avec des produits frais, à accompagner d'une bière artisanale et locale. Un bon spot dans ce quartier dépourvu d'adresses bon marché. Petite terrasse sur le trottoir.

Princi *(zoom détachable, E4,* ***58****) : corso Venezia, 21.* Ⓜ *S. Babila. Tlj 8h30-19h.* Panini *et parts de pizza 4-7 € ; plats 8-12 €.* Même concept que dans le quartier du Duomo et ailleurs en ville pour cette boulangerie-snack gourmande, plantée au coin de 2 avenues. Parts de pizza, *focacce,* salades ou pâtisseries... Pratique dans ce quartier où il n'y a pas grand-chose à se mettre sous la dent.

Crosta *(plan détachable, F4,* ***101****) : via Felice Bellotti, 13.* ☎ *02-382-485-70.* • *info@crosta.eu* • Ⓜ *Porta Venezia.* Ⓣ *nos 9 et 19. Tlj 8h-22h (la boulangerie ferme à 19h30).* Pizze *6-14 € ; salades 9-14 €.* C'est le nouveau boulanger qui fait courir le Milan des gourmets, notamment pour ses *pizze* à la pâte croustillante, aérienne et digeste. Local simple et avenant, avec une partie dédiée à la boulangerie et quelques tables pour s'installer, complétées par une terrasse. Le midi, on grignote une *pizza alla palla* (sorte de *bruschetta*) ou une salade ; le soir, on s'offre une belle pizza de chef, à accompagner d'une bière artisanale. Autre antenne au *Mercato Centrale,* dans la gare centrale de Milan.

Où boire un café ? Où se pâmer pour un *panettone* ? Où déguster une glace ?

Pasticceria Cova *(zoom détachable, E4,* ***182****) : via Monte Napoleone, 8.* ☎ *02-760-055-99.* • *info@pasticceriacova.it* • Ⓜ *S. Babila. Lun-sam 8h30-20h, dim 9h30-19h30.* Une des belles pâtisseries historiques (depuis 1817 !) de la ville, dont il est de bon ton, à Noël, de ressortir avec son *panettone* sous le bras (ou sa *colomba* à Pâques). Le reste de l'année, on pourra y déguster chocolat chaud, thé ou café. Très chic mais moins cher au comptoir.

LùBar *(zoom détachable, E3,* ***116****) : via Palestro, 16.* ☎ *02-835-277-69.* • *info@lubar.it* • Ⓜ *Palestro. Tlj 8h-minuit.* Installé dans une aile de la Galleria d'Arte Moderna, ce café arbore un look séduisant avec son jardin d'hiver au décor luxuriant. Agréable le matin, pour un cappuccino ou un jus pressé, mais aussi dans l'aprem', quand les pâtisseries siciliennes sont de sortie. Également de bons cocktails en soirée.

Out of the Box *(plan détachable, F3,* ***190****) : via Malpighi, 7.* ☎ *02-366-373-00.* • *info@ootbx.it* • Ⓜ *Porta Venezia. Tlj 12h-23h (minuit ven-sam).* Rien que du naturel dans les parfums de ce glacier : classiques ou plus originaux, ils sont tous à tomber par terre. À déguster en admirant les splendides mosaïques de la casa Galimberti. Options vegan et sans gluten.

Où boire un verre ?

Osteria alla Concorrenza *(plan détachable, F3,* ***176****) : via Melzo, 12.* ☎ *02-916-720-12.* Ⓜ *Porta Venezia. Tlj sauf dim 18h-minuit, plus sam midi. Résa recommandée. Assiettes 6-15 €.* Comme son nom ne l'indique pas, il s'agit d'un joli bar à vins avec céramiques colorées au sol, tirages photos sur les murs, comptoir en marbre et tables en bois, le tout très animé et chaleureux. À l'ardoise, une ribambelle de vins nature(ls) et de chouettes petites assiettes pour les accompagner, entre planches de charcuteries et fromages, tartare (de cheval !), *foccacia* à la mortadelle ou *sbrisolona* maison. Ça grouille de monde le week-end ! Une adresse réjouissante.

Bar Martini *(zoom détachable, E4,* ***126****) : corso Venezia, 15, derrière un grand porche en bois.* ☎ *02-760-111-54.* • *reservation.martini@dolcegabbana.it* • Ⓜ *S. Babila. Tlj midi et soir jusqu'à 23h.* Au cœur du secteur des boutiques de luxe se cache, sous le nom de ce vermouth emblématique du style italien, une des nombreuses adresses de l'enseigne *Dolce & Gabbana.* Plusieurs patios avec moult plantes vertes et un intérieur aux couleurs de la marque, écrin rouge et noir encombré de lustres scintillants gigantesques. Parfait pour un *aperitivo* chic et choc. On peut bien sûr y manger, mais cher. Accueil très pro (même un peu trop).

🍷 ***H Club Diana*** *(Hotel Diana ; zoom détachable, F3,* ***109****)* **:** *viale Piave, 42.* ☎ *02-205-820-81.* • *events.diana@sheraton.com* • Ⓜ *Porta Venezia. Tlj jusqu'à minuit.* Un lieu chic, à fréquenter pour l'*aperitivo* ; autrement, cela fait vraiment cher la conso *(verre de vin à 13 € !).* Les *happy hours (18h-22h)* seront l'occasion de profiter du décor de cet hôtel historique : salle en rotonde avec fauteuils en cuir et lustres de cristal répondant à la fontaine du luxuriant jardin situé juste derrière. On s'y prélasse (aux beaux jours) sur des fauteuils en rotin, au son des oiseaux qui pépient... Tenue correcte exigée, cela va de soi !

Où se trouvent les boutiques de luxe ?

Dans le « Quadrilatère d'Or » formé par les *vie* della Spiga, Monte Napoleone, Alessandro Manzoni et fermé par le corso Venezia *(zoom détachable, E4)* se concentrent les boutiques des grandes marques de mode italiennes : *Dolce & Gabbana, Gucci, Prada...* et un immense ***Armani,*** au n° 31 de la via Manzoni *(zoom détachable, E4,* ***155****)*, regroupant sur plusieurs niveaux des rayons homme, femme, enfant et même une librairie *(tlj 10h (10h30 dim)-19h30).* Le secteur compte aussi son lot de grandes enseignes internationales, françaises notamment *(Dior, Yves Saint Laurent, Vuitton, Longchamp...).* Si vous voulez casser votre PEL, c'est le moment... Toutes ces boutiques sont aussi ouvertes le dimanche.

Où faire de bonnes affaires ?

🧺 ***Dmag*** *(zoom détachable, E3,* ***151****)* **:** *via Manzoni, 44.* ☎ *02-365-143-65.* • *dmag.eu* • Ⓜ *Turati. Tlj 10h-19h30.* Au cœur du quartier le plus chic, voilà, alignés sur des portants, des *Gucci, Dolce & Gabbana...* à des prix un peu plus abordables que dans les boutiques voisines, même si l'on reste loin de la mode à petits prix ! Vêtements pour hommes et femmes rangés par marques. Également des accessoires. On peut y fouiner un long moment pour dénicher la pièce rêvée. 2 autres adresses : *via Forcella, 13, et via Bigli, 4.*

Où trouver des boutiques de design ?

Milan est indéniablement la ville italienne du design, et les grandes marques nationales et internationales y rivalisent d'originalité. Bien sûr, tout ça a un prix ! En complément des boutiques citées plus haut dans le quartier du Duomo, vous trouverez concentrées, sur le *corso Monforte (zoom détachable, E-F4),* celles spécialisées dans les luminaires : ***Artemide*** au n° 19, ***Flos*** au n° 9 ou ***LucePlan*** au n° 7. Sur le *corso Venezia (zoom détachable, E4),* pas mal de boutiques, dont la superbe ***Armani Casa*** (au n° 14) et, presque en face, notre coup de cœur :

🧺 ***Fornasetti*** *(zoom détachable, E4,* ***159****)* **:** *corso Venezia, 21A.* ☎ *02-841-613-74.* • *fornasetti.com* • Ⓜ *Palestro. Tlj sauf dim 10h (lun 15h)-19h.* Piero Fornasetti est un designer milanais rendu célèbre dans les années 1950 pour avoir décliné à l'infini le visage de la cantatrice Lina Cavalieri. Foulards, céramiques, mobilier, rien ne semble avoir freiné sa fièvre créatrice obsessionnelle. Son fils Barnaba perpétue aujourd'hui la tradition, en enrichissant cette collection aussi esthétique qu'humoristique de coloris actuels et de motifs toujours plus décalés. On adore, sans réserve. Ce showroom de 3 étages se visite comme un musée...

À voir

Museo Bagatti Valsecchi *(zoom détachable, E4)* **:** *via Gesù, 5, ou via Santo Spirito, 10. ☎ 02-760-061-32. • museobagattivalsecchi.org • Ⓜ Montenapoleone ou S. Babila. Ouv jeu-dim 13h (10h w-e)-17h45. Entrée : 10 € ; réduc. Pour 25 €, la Case Museo Card donne la possibilité de visiter (dans les 12 mois !) le museo Bagatti Valsecchi, le museo Poldo Pezzoli, la casa Boschi di Stefano et la villa Necchi ; réduc.*

Un des joyaux méconnus de Milan. Au XIXe s, 2 frères avocats, Fausto et Giuseppe, décident de consacrer une partie de leur immense fortune à la transformation de leur lieu de vie en un palais de style Renaissance. Excentrique, certes, mais le résultat est tel qu'un historien non averti s'y laisserait prendre !

On visite donc une bonne quinzaine de pièces à la décoration hétéroclite et où le confort moderne a été banni (cherchez donc le téléphone !). La ***salle de la fresque*** présente une superbe peinture Renaissance d'Antonio Boselli provenant d'une église des environs de Bergame. Plus loin, la ***salle de la « Stufa valtellinese »*** (un poêle) recèle un impressionnant revêtement en bois datant du XVIe s, acheté puis transposé ici. Après avoir traversé les ***chambres*** des 2 frères, au décor trahissant un goût prononcé pour le solennel et le sacré, on découvre la belle ***bibliothèque*** et ses 2 globes – l'un terrestre et l'autre céleste – de 1579. Plus vaste pièce du musée, le ***grand salon*** brille de mille feux avec son lustre central à 8 torches et ses 4 grandes lampes sur pied. Quant aux murs de la ***salle à manger,*** ils ont été entièrement recouverts de tapisseries flamandes du XVIe s (à l'exception des jointures de toile peinte... mais on n'y voit que du feu !). On termine la visite par l'élégante ***galerie d'armes,*** encombrée d'armures et de hallebardes. Une visite envoûtante, à ne pas manquer.

Palazzo Morando *(zoom détachable, E4)* **:** *via Sant'Andrea, 6. ☎ 02-884-657-35. • costumemodaimmagine.mi.it • Ⓜ S. Babila ou Montenapoleone. Mar-dim 10h-17h30 (dernière admission à 17h). Fermé lun. GRATUIT (expos temporaires parfois payantes).*

Beau palais du XVIIIe s donné à la ville par la comtesse Caprara. Il accueille, au rez-de-chaussée (et parfois au 1er étage), des expos temporaires explorant le thème de la mode et du costume ; mais aussi, au 1er étage, un petit musée abordant l'évolution urbaine de Milan, principalement à travers une collection de tableaux du XIXe s. La visite permet de découvrir le faste de l'aménagement intérieur du palais. Admirez notamment le joli plafond XVIIIe s (rénové), ainsi que le couloir chinois (tendance orientale) avec son papier collé bleu. Quelques belles pièces de mobilier également et une galerie de portraits de famille.

Galleria d'Arte Moderna – GAM *(zoom détachable, E3)* **:** *via Palestro, 16. ☎ 02-884-459-47. • gam-milano.com • Ⓜ Palestro. En face des giardini pubblici. Mar-dim et certains j. fériés 10h-17h30. Fermé lun. Entrée : 5 € ; réduc ; gratuit le 1er dim du mois et les 1er et 3e mar à partir de 14h. Tourist Museum Card acceptée.*

Ce musée loge dans l'élégante villa Reale, demeure « de campagne » de la famille Belgioioso, construite à la fin du XVIIIe s dans le style néoclassique. Lorsque les Autrichiens détruisirent les remparts de Milan, la villa se retrouva à la vue de tous et perdit un peu de son mystère. Après son acquisition par Napoléon, Eugène de Beauharnais (le fils de Joséphine) y vécut de 1805 à 1814. Devenue propriété municipale en 1920, elle expose depuis lors des tableaux des XIXe et XXe s issus de différentes collections privées léguées à la ville.

Au rez-de-chaussée, les salons aux plafonds décorés en stuc par l'architecte Leopoldo Pollack accueillent des expositions temporaires. Au 1er étage, on ne manquera pas la magnifique ***salle de bal*** de style Empire, avec ses élégantes colonnes corinthiennes, ou la ***salle du Parnasse,*** qui était dédiée aux banquets. Dans les salles attenantes, on découvre la collection ***de peintures et de sculptures,*** plutôt hétéroclite et touffue, des néoclassiques aux symbolistes, en passant par la

peinture romantique, historique, naturaliste ou sociale. Arrêtez-vous notamment dans la salle dédiée au courant anti-académique de la ***Scapigliatura,*** qui exprimait, au milieu du XIXe s, désillusion et quête existentielle à travers une érosion des formes confinant au flou. Voir, en particulier, le sombre portrait de Luigi Arrigoni par Gaetano Previati. Dans la salle consacrée au peintre ***Hayez,*** intéressante succession de portraits d'Antonietta Negroni, à différents âges de sa vie.
Au 2e étage, la collection Grassi, assez éclectique, compte quelques pièces d'art oriental, des peintures flamandes, une série d'affiches et dessins de ***Toulouse-Lautrec,*** un Cézanne – *Les Voleurs et l'Âne,* modeste mais représentatif –, un ***Gauguin*** période Pont-Aven ainsi que des œuvres relativement mineures de Corot, Millet, Sisley ou Picasso. Viennent ensuite quelques toiles italiennes du Novecento signées Boccioni, Morandi, Balla ou Sironi, appartenant à la collection Vismara.
🍷 Dans la cour, le joli café ***LùBar*** vous attend pour une pause dans la verdure (voir plus haut).
– L'édifice voisin du musée est occupé par le ***Padiglione d'Arte Contemporaneo*** *(PAC),* qui accueille d'intéressantes expos temporaires d'art contemporain *(payant). Jeu-dim 10h-19h30 (22h30 mar et jeu). Programme sur • pacmilano.it •*

Giardini pubblici *(zoom et plan détachables, E-F3)* **:** Ⓜ *Palestro, Porta Venezia, Repubblica ou Turati ;* Ⓣ *nos 1, 9 et 33. Tlj 6h30-21h (22h mai, 23h30 juin-sept, 20h nov-fév). GRATUIT.* Dessinés au XVIIIe s, ces jardins publics étendus sur 17 ha sont le 2e poumon vert de Milan après le *parco Sempione,* propice à la sieste comme à un pique-nique sympa ! Ils abritent un ***planétarium*** *(• comune.milano.it/planetario/ •)* et le superbe ***musée d'Histoire naturelle*** (voir ci-après), qui s'avère une formidable visite en famille !

Museo di Storia naturale *(musée d'Histoire naturelle ; zoom détachable, E-F3)* **:** *corso Venezia, 55. ☎ 02-884-633-37. • comune.milano.it/museostorianaturale/ •* Ⓜ *Palestro. Tlj sauf lun 10h-17h30 (dernière admission à 16h30). Entrée : 5 € ; réduc ; gratuit moins de 18 ans et pour ts le 1er dim du mois et les 1er et 3e mar après 14h.* Tourist Museum Card *acceptée.*
Fondé en 1838, c'est le plus grand et riche musée du genre en Italie ! Derrière sa belle façade d'inspiration médiévale, il déroule 23 salles et une foule de vitrines montrant d'impressionnantes reconstitutions des milieux naturels de la faune et de la flore mondiales... et italiennes ! De l'insecte à l'éléphant, en passant par le pingouin, le gorille, le lion, l'hippopotame, le rhinocéros, l'élan, le lama, le chat sauvage, etc. ; certes, le procédé peut paraître désuet, mais l'ensemble se montre vraiment intéressant et didactique. Également de magnifiques squelettes de cachalot et de baleine, sans oublier la section des dinosaures, avec un terrifiant T-rex ! Et puis une superbe collection de fossiles, qu'on admire comme des œuvres d'art...

Villa Necchi-Campiglio *(zoom détachable, F4)* **:** *via Mozart, 14. ☎ 02-763-415-16. • casemuseomilano.it •* Ⓜ *Palestro. Mer-dim 10h-18h (dernière admission à 17h). Fermé lun-mar. Entrée (villa + jardin) : 14 €. Pour 25 €, la* Case Museo Card *donne la possibilité de visiter (dans les 12 mois !) la villa Necchi, le museo Bagatti Valsecchi, le museo Poldo Pezzoli et la casa Boschi di Stefano ; réduc. Visite guidée en anglais et italien seulement (livret en français fourni). Durée : 1h. Accès gratuit à la cafétéria.*
Une villa construite dans les années 1930 par l'architecte Piero Portaluppi, l'un des plus courus à Milan à l'époque, pour la famille Necchi, une riche famille d'industriels spécialisés dans la fabrication de machines à coudre (l'équivalent de la Singer) et de matériel de guerre durant la Première Guerre mondiale.
Les 2 sœurs héritières, Neda et Gigina, à l'origine du projet, laissèrent carte blanche à l'architecte pour aménager les 2 000 m² de la villa (jardin compris) : luxueuses boiseries, matériaux nobles, système de portes coulissantes visant à modifier les volumes des pièces à volonté, double plafond pour l'acoustique,

sculptures, toiles de maître et objets d'art, verres de Murano, meubles sur mesure, grosse cheminée en granit. Il y a même un ascenseur ! À l'extérieur, admirez la ***1re piscine privée de la ville.*** Bref, une villa dotée de tout le confort moderne. Les cuisines étaient même reliées par interphone aux différentes pièces de la maison et recouvertes de linoléum (un must pour l'époque...) afin d'en faciliter l'entretien par les domestiques ! Notez aussi la belle véranda toute drapée de vert (marbre vert, sofa vert) pour mieux rappeler le jardin.
Malheureusement, ce joyau Art déco fut fortement remanié par un autre architecte, Tomaso Buzzi, toujours à la demande des sœurs Necchi (dont l'une vécut ici jusqu'en 2001), dans un style néobaroque plus conforme aux goûts des familles aristocratiques qu'elles avaient coutume de recevoir. Il faut dire qu'après-guerre l'Art déco, jugé sobre et austère, était franchement passé de mode, tout particulièrement en Italie, où il rappelait trop les années fascistes. À l'étage, les chambres n'ont pas échappé à cette transformation, mais l'une d'elles, réservée aux invités, a gardé son mobilier d'origine. Toutes sont équipées de salles de bains somptueuses et rétro à souhait. La visite guidée, passionnante, permet de donner vie à cette demeure d'exception, propice à faire rêver tout amateur d'art et d'architecture. Les lieux ont servi de décor à 2 films : *Amore* de Luca Guadagnino, avec Tilda Swinton, sorti en 2009 ; *House of Gucci* de Ridley Scott, avec Lady Gaga, à l'écran en 2021.

Balade Liberty *(plan détachable, F3 et zoom détachable, E-F-3-4)* **:** pour admirer quelques-uns des plus beaux joyaux de ce style parent de l'Art nouveau (en bien plus extravagant), allons d'abord flâner au détour des ***vie Malpighi*** et ***Melzo*** *(plan détachable, F3),* levons nos têtes et ouvrons grand les yeux... Nez à nez avec la ***bibliothèque Venezia*** (via Frisi, 2), admirez les ornements de la façade principale. Ici, c'est l'arrondi qui a le dernier mot : cercles, volutes... associés à un certain goût pour la géométrie dans la manière d'agencer les formes. Les lignes horizontales sont soulignées, les rubans bien dessinés et les pétales de roses légèrement stylisés. Déjà s'annoncent les prémices de l'Art déco qui succédera au Liberty au milieu du XXe s. Voisine de la bibliothèque, au ***no 12*** de la *via Marcello Malpighi (plan détachable, F3),* voici la ***casa Guazzoni*** (1906), œuvre de l'architecte Bossi. Ce très bel immeuble en pierre de taille affiche des balcons grandioses, ornés de fer forgé et soutenus par des *putti* (angelots dodus). N'hésitez pas à entrer dans le hall, souvent ouvert, et décoré de fresques agrémentées d'une multitude de motifs floraux (qui dominent, comme souvent, l'ensemble de la façade).
Au ***no 3*** de la même rue, à l'angle de la *via Sirtori (plan détachable, F3),* se dresse la ***casa Galimberti*** (1905), l'un des plus beaux exemples milanais de style Liberty, chef-d'œuvre architectural qui évoque la célèbre Majolikahaus d'Otto Wagner, à Vienne. Son étonnante façade, que l'on doit aussi à Bossi, est presque entièrement recouverte de carreaux de céramique, sur près de 170 m². Des femmes aux étoffes vives font face à des hommes plus ou moins dénudés. Prenant la pose, dégustant une grappe de raisin ou effectuant un pas de danse, leurs silhouettes gracieuses ne sont pas sans rappeler les modèles de Mucha. Si le style se veut « antiquisant » (thèmes champêtres, fond doré), les lignes géométriques témoignent du caractère moderne de l'ensemble. Et, toujours, la touche de fer forgé torsadé aux balcons.
À 2 pas du métro Porta Venezia, non loin des jardins publics, ne manquez pas l'immeuble colossal, au ***no 42 viale Piave,*** à l'angle de la via Paolo Mascagni. Devenu le *Diana Majestic,* hôtel de luxe de la chaîne *Sheraton* (voir le *H Club Diana* dans la rubrique « Où boire un verre ? » ; *zoom détachable, F3,* ***109***), « sa majesté Diane » a tout pour plaire avec sa façade caractéristique de l'architecture fin de siècle. Ses balcons surchargés du point de vue décoratif (rond, volute, rectangle... toutes les formes géométriques y passent !) et sa monumentalité lui confèrent un air haussmannien. Les ornements végétaux (fleurs, fruits) n'ont pas disparu mais recouvrent discrètement les balcons et les dessus de fenêtres.

À la sortie des jardins publics, au pied du métro Palestro, sur le *corso Venezia* (nº 47 ; *zoom détachable, E-F4*), on peut admirer l'une des œuvres de Giuseppe Sommaruga, le ***palazzo Castiglioni*** (1901-1904). Volontairement peu travaillés, les surprenants blocs de pierre du rez-de-chaussée imitent la roche à l'état brut. Les autres décorations (stucs, colonnes et *putti* principalement) renvoient au style baroque (XVIIIe s). Dans le même secteur, vous trouverez au ***nº 8*** de la *via Cappuccini (zoom détachable, F4)* le ***palazzo Berri-Meregalli,*** tout de brique et de pierre sombre, avec loggia dissimulée dans les hauteurs et chéneaux soutenus par d'expressives statues d'enfants, qui semblent ployer sous l'effort.
Vous l'aurez compris, à Milan, les riches demeures ne manquent pas ! Cette fois-ci, allons plus au sud, vers le métro San Babila. Non loin de l'église baroque Santa Maria della Passionne et du conservatoire Giuseppe Verdi, au ***nº 11*** de la *via Vincenzo Bellini (zoom détachable, F4),* la ***casa Campanini*** (1904), du nom de son architecte, est un autre joyau. Sa porte d'entrée, encadrée de 2 grandes caryatides (statues féminines) donne le ton d'une façade jouant sur la floraison et la féminité : visages et corps de femme se mêlent aux éléments végétaux, notamment la feuille de vigne, que l'on retrouve pendant aux balcons ou ornant le portillon en fer forgé de l'entrée principale.

LE QUARTIER DES GARES : REPUBBLICA, GARIBALDI ET ISOLA

Rassemblant 2 des principales gares de la ville, voici un quartier aux identités multiples. Résidentiel, de part et d'autre du corso Buenos Aires, où se mêlent classe moyenne, communauté gay et populations récemment immigrées. Monumental, dans le cimetière du même nom, un lieu baroque et extravagant, à l'âme singulière.
En pleine mutation, enfin, dans le secteur Garibaldi et le quartier Isola, où l'on trouvait il y a peu encore entrepôts désaffectés et barres d'immeubles oubliées. Là se construit une nouvelle utopie urbaine, incarnée par les emblématiques immeubles végétalisés de l'architecte Stefano Boeri, voisinant avec le bouquet de buildings de la piazza Gae Aulenti, dont les courbes contemporaines marient le verre au métal. Autour, un immense jardin futuriste est sorti de terre, poussant presque aussi vite que les adresses branchées.

Où dormir ?

Auberge de jeunesse

🏠 ***Ostello Bello Grande*** *(plan détachable, F2,* ***10****)* ***:*** *via R. Lepetit, 33. ☎ 02-670-59-21. • info.lepetit@ostellobello.com • ostellobello.com • Ⓜ Centrale F.S. À 100 m de la gare. Nuitée en dortoir (4-6 pers) 27-45 € ; doubles 90-120 €.* Comme son grand frère près du Duomo, un immense *hostel* accueillant et fédérateur, cette fois-ci idéalement situé à 2 pas de la gare centrale. Dortoirs (mixtes ou féminins) impeccables, avec salle d'eau intégrée, prises, lumières individuelles et coffres. Plein de petits détails qui font la différence : fruits frais et légumes à dispo dans la cuisine, toit-terrasse, grande cour intérieure, snack-bar ouvert 24h/24, barbecue, hamac pour flemmarder, ping-pong, billard, etc. Accueil extra. On recommande chaudement !

De bon marché à prix moyens

🏠 ***Hotel Due Giardini*** *(plan détachable, F3,* ***24****)* ***:*** *via B. Marcello, 47. ☎ 02-295-210-93. • duegiardinihotel@libero.it • hotelduegiardini.it • Ⓜ Lima. Doubles avec sanitaires communs ou privés 80-95 €.* Pas mal de charme pour ce petit établissement 2 étoiles tenu par un couple affable et situé le long des agréables allées Benedetto Marcello, encadrant un long square arboré. Côté hôtel, les chambres, pas immenses mais fraîches et honnêtes, sont d'un confort variable, peut-être un peu sombres pour certaines. Le vrai plus du lieu, c'est sa délicieuse véranda du petit déj, donnant sur un jardin soigné dissimulé aux regards. La dépendance située à quelques rues nous a moins convaincu.

De prix moyens à chic

🏠 |●| ***Bio City Hotel*** *(plan détachable, F1,* ***36****)* ***:*** *via Edolo, 18. ☎ 02-667-035-95. • info@biocityhotel.it • biocityhotel.it • Ⓜ Sondrio. Situé env 600 m derrière la gare centrale. Doubles 100-200 €. Parking payant sur résa (2 places). Petit déj 12 €.* Comme son nom le présage, l'hôtel met en avant sa démarche « écoresponsable », avec des chambres sobres aux noms évocateurs (« Vallée de la lune », « Désert du Sahara »...), décorées avec de la peinture écolo et équipées de douches avec chromothérapie. Rien que ça ! Bon, y'a aussi la clim, ce qui est déjà moins *planet friendly...* Petit déj servi dans l'agréable véranda avec, bien sûr, uniquement des produits bio. Dommage que l'on soit assez excentré, dans un quartier sans grand attrait.

Hotel Stradivari *(plan détachable, G2, **22**) : via Stradivari, 4. ☎ 02-367-432-40. • info@hotelstradivari.com • hotelstradivari.com • Ⓜ Loreto. Double env 120 €, petit déj inclus. Parking à proximité (15 € pour 24h).* Si l'immeuble est tristounet, l'hôtel 3 étoiles, au 2e étage, se révèle à l'inverse moderne et fringant, à l'image de sa lumineuse salle de petit déj, qui annonce des chambres épurées aux tonalités d'aujourd'hui. Préférez toutefois celles côté cour, plus calmes. Si l'hôtel est un peu excentré, la bouche de métro au pied du bâtiment permet de gagner rapidement le centre.

NYX Milan *(plan détachable, E-F2, **23**) : piazza Quattro Novembre, 3. ☎ 02-221-755-00. • info@nyxmilan@leonardo-hotels.com • leonardo-hotels.fr • Ⓜ Centrale F.S. Doubles 99-180 € (plus cher en cas d'événements).* Face à la gare de Milano Centrale et à 2 pas du quartier futuriste d'Isola, cet hôtel de grande dimension (près de 300 chambres, réparties sur 11 étages !) à l'atmosphère jeune et ludique nous a tapé dans l'œil. *Street art* coloré et mobilier design donnent du pep's aux parties communes, où l'on trouve des bornes d'arcade pour s'amuser ainsi qu'une agréable cour. Quant aux chambres, réparties entre 4 catégories, elles s'avèrent modernes, lumineuses et confortables, équipées de la clim et pourvues d'un double vitrage. Certaines offrent de belles vues sur la gare ou la tour Pirelli, tout comme l'agréable terrasse du 5e étage, ouverte à tous. Buffet du petit déj pantagruélique (plusieurs formules possibles).

E.c.ho. Milano *(plan détachable, F2, **31**) : viale Andrea Doria, 4. ☎ 02-678-91. • starhotels.com • echo.mi@starhotels.it • Ⓜ Centrale F.S. ou Caiazzo. Doubles 150-200 €, voire beaucoup plus selon événement ; consulter leur site pour les meilleurs tarifs.* Idéalement situé, à 2 pas de la gare centrale. À 1re vue, c'est un bâtiment moderne sans charme aucun. Il cache pourtant bien son jeu, à commencer par sa démarche « écoresponsable ». Panneaux solaires éclairant les parties communes, mobilier en bois provenant de forêts « durables », sans compter l'agréable patio plein de verdure, campé face aux vestiges d'une villa Renaissance. Et les chambres ? Très confortables et décorées dans un esprit contemporain, à la fois sobre et fonctionnel. Resto, bar et location de vélos électriques. Accueil vite débordé, dommage.

Où manger ?

Sur le pouce

Mercato Centrale *(plan détachable, F2, **72**) : dans l'aile gauche de la gare Milano Centrale, entrée par la piazza Quattro Novembre. ☎ 02-379-284-00. • info@mercatocentrale.it • mercatocentrale.it • Tlj 7h-minuit. Ⓜ Centrale F.S. Ⓣ nos 5, 9 et 10.* Dans une aile de la sublime gare de Milano Centrale, une ribambelle de stands gourmands, dispersés entre les 2 étages d'un *street food market* vivant et coloré. Côté gastronomie, il y en a pour tous les goûts : *focacce, panini, pizze, pasta* ou raviolis chinois mais aussi burgers, steaks et poissons grillés, tous concoctés par des artisans de qualité. Bars à jus, vins ou bières pour accompagner le tout. Et pour le dessert, on se régale de *sfogliatelle* napolitaines, pâtisseries diverses ou glaces ! Un endroit aussi pratique que plaisant, à fréquenter entre 2 trains ou le temps d'une escale gourmande.

Eataly Milano Smeraldo *(plan détachable, D3, **86**) : piazza XXV Aprile, 10. ☎ 02-494-973-01.*

• eatalysmeraldo@eataly.it • Ⓜ Garibaldi F.S. Tlj 8h30-23h. Dans le quartier en vogue de Garibaldi, la célèbre épicerie fine italienne a pris la place du teatro Smeraldo, ancienne salle de concert, dont les stars vous accueillent à l'entrée. Sur 3 niveaux, c'est une incroyable profusion de victuailles triées sur le volet ! Également d'alléchants stands (*pizze,* pâtes, viandes, poissons, bar à vins, pâtisseries, sandwichs, glaces, café...), en forme de vrais petits restos spécialisés installés entre les rayonnages, dont les tarifs grimpent de bon marché à prix moyens avec les étages. Impec dès le petit déj, ou pour caler une vilaine faim à toute heure. Pour ceux qui ont un peu plus de moyens, rendez-vous au 2e étage chez ***Viva*** *(soir seulement),* l'adresse chic des lieux jouissant d'un gentil panorama... Enfin, la maison a aussi installé un ***kiosque*** sur la *piazza,* avec son agréable terrasse aux beaux jours. On aime !

Pescaria *(plan détachable, D2,* ***78****) : via Bonnet, 5. ☎ 02-659-93-22. • info@pescaria.it • Ⓜ Garibaldi F.S. Tlj 12h-minuit. Sandwichs et plats 11-18 €.* Un fast-food gourmet pour amateurs de poissons et fruits de mer, en salades, tartares, fritures ou sandwichs bien frais. Le tout servi dans des barquettes en carton et à arroser d'un large choix de vins, blancs principalement. On passe commande au comptoir de ce local lumineux avant d'aller se percher sur un tabouret en attendant son numéro ! Sert aussi l'*aperitivo* (selon les arrivages), mais soyez prévenu : c'est pris d'assaut en soirée !

Princi Café *(plan détachable, D3,* ***80****) : piazza XXV Aprile, 5. ☎ 02-290-608-32. • princi@princi.it • Ⓜ Garibaldi F.S. ou Moscova. Tlj 7h-22h. Snacks et plats 4-10 €.* On retrouve ici tous les ingrédients qui ont fait le succès de l'enseigne, également présente près du Duomo ou sur le corso Venezia : intérieur sobre et élégant, idéal pour un café ou combler un creux, avec *pizze al taglio,* salades et petits plats du jour à midi. Terrasse accueillante et intéressant *aperitivo,* avec pléthore d'amuse-gueules.

De bon marché à prix moyens

Voir aussi ci-dessus les multiples options offertes par l'enseigne ***Eataly Milano Smeraldo.***

Osteria del Treno *(plan détachable, E2,* ***62****) : via San Gregorio, 46-48. ☎ 02-670-04-79. • info@osteriadeltreno.it • Ⓜ Repubblica. Lun-ven midi et soir ; seulement le soir sam et le midi dim. Plats 5-8 € le midi, 9-16 € le soir.* Estampillée *Slow Food,* cette pittoresque *osteria* s'impose comme l'une des bonnes tables du quartier, logée dans les murs du cercle des cheminots. Salle intime avec son carrelage, ses photos du vieux Milan et ses tables en bois, où les retraités disputent de vives parties de cartes, sous l'œil amusé des hommes d'affaires et des touristes (de plus en plus nombreux). À moins que vous ne préfériez la petite pièce attenante, à toit ouvrant, à l'ombre de la végétation. Le midi, choix restreint et bon marché qu'on commande directement à la cuisine. Le soir, l'*osteria* fonctionne comme un resto, et la carte, saisonnière, devient plus inventive. Bon choix de vins au verre.

Sciatt à Porter *(plan détachable, D3,* ***43****) : viale Monte Grappa, 18. ☎ 02-634-705-24. • info@sciattaporter.com • Ⓜ Garibaldi F.S. Tlj 12h-minuit. Sciatt et autres grignotages 9-10 € ; jusqu'à 16-22 € pour un vrai plat.* Grand comptoir en bois et déco épurée sur les sols en béton. Le *sciatt,* c'est cette délicieuse boulette au fromage, frite et servie dans un cornet. Une spécialité de la région voisine de la Valtellina, simple, mais à goûter absolument ! Rassurez-vous, on y sert aussi de bons plateaux de charcuterie, des viandes ou de bonnes salades. Gardez de la place pour le dessert !

Bio.it *(plan détachable, E2,* ***53****) : via F. Confalonieri, 8 (autre entrée via de Castilla). ☎ 02-367-984-30. • milano@bio.it • Ⓜ Isola. Tlj à midi ; le soir jeu-dim. Plats 10-24 €.* Puisque le thème écolo a le vent en poupe dans le quartier, on opte ici pour un plat tout bio, tout bon. On vous explique même l'apport d'énergie et de vitamines pour chacun ! Cuisine italienne classique, plus élaborée le soir, dont l'addition fait le yoyo selon qu'on craque pour des pâtes, une pizza ou un plat de viande. La véranda jouit d'un emplacement de choix, au pied du Bosco verticale.

Il Tavolino *(plan détachable, E2,* ***59****) : via G. Fara, 23 (à l'angle avec la via Pirelli). ☎ 02-667-181-05. • info@altavolino.it • altavolino.it • Ⓜ Gioia. Tlj 12h-23h. Pizze 10-13 € ; plats 12-28 €.* Charmant petit resto à la sono feutrée, décoré d'affiches rétro et de bonnes bouteilles de vin italien. Large gamme de *pizze* aux ingrédients bien choisis, cuites juste derrière le comptoir et servies par une équipe rieuse et pro à la fois. Une adresse comme on les aime !

Guyot *(plan détachable, D2,* ***174****) : via A. da Brescia, 3. ☎ 02-872-371-03. • info@tavernaguyot.com • Ⓜ Monumentale ; Ⓣ n°s 2 et 4. Tlj seulement le soir, plus midi et soir le w-e. Résa conseillée. Plats 15-25 €.* Quelques marches à descendre pour atteindre cet antre chaleureux et secret, aux murs de brique couverts de râteliers à bouteilles. Dans l'assiette, de délicieux risottos, spécialité de la maison, aux saveurs renouvelées chaque semaine selon le marché et l'humeur du chef. Également une poignée de plats simples, genre carpaccio ou polenta... On s'est régalés ! Accueil gentil.

Chic

Ratanà *(plan détachable, E2,* ***87****) : via de Castillia, 28. ☎ 02-871-288-55. • info@ratana.it • Ⓜ Gioia ou Isola. Tlj midi et soir. Congés : 1re sem de janv, 3 j. à Pâques et 2 sem en août. Formule déj en sem 19 € ; plats 19-30 € ; carte env 60 €.* Installé dans une belle maison de ville, héritage industriel du siècle dernier, le lieu tranche avec son environnement futuriste. Expérience agréable que de manger à la campagne en pleine fièvre urbaine ! La cuisine, si elle peut d'abord dérouter, s'avère vite rassurante avec ses grands classiques milanais revisités. Et que dire de la merveilleuse terrasse ? Une très belle adresse, avec un accueil aux petits soins.

Antica Trattoria della Pesa *(plan détachable, D2,* ***66****) : viale Pasubio, 10. ☎ 02-655-57-41. • francisassi71@yahoo.it • Ⓜ Garibaldi F.S. Tlj sauf dim, midi et soir. Résa conseillée. Plats 14-38 €.* Cette institution datant de 1880, à la déco patinée de bois sombre, gravures et assiettes anciennes, charme par son atmosphère feutrée. On y sert une cuisine milanaise bourgeoise, à l'ancienne mais de bonne tenue, comme insensible aux modes. Petite curiosité : quand Hô Chi Minh émigra du Vietnam dans les années 1930, il séjourna quelque temps à Milan et travailla ici comme plongeur (voir la plaque à l'extérieur).

Où boire un café ? Où déguster un bon *panettone* ? Où manger une glace ?

Pavè *(plan détachable, F3,* ***61****) : via Carlo Felice Casati, 27. ☎ 02-379-054-91. • hello@pavemilano.com • Ⓜ Porta Venezia ou Repubblica. ♿ Tlj sauf mar 8h-19h (horaires restreints en été). Congés : 15 j. en août.* Un endroit cool, à l'image des jeunes proprios : meubles de récup, mezzanine pour déguster son cappuccino, et une baie vitrée derrière laquelle les talentueux pâtissiers bichonnent leurs gourmandises. Un tuyau : le *panettone* est à tomber ! Petite carte de sandwichs et de salades, à déguster en terrasse à la belle saison.

Panettone Vergani *(plan détachable, F2,* ***181****) : via Mercandate, 17. ☎ 02-454-976-06. • info@panettonevergani.it • Ⓜ Loreto. Tlj 7h30-19h (dim 7h-13h).* Les Milanais connaissent bien cette enseigne gourmande ouverte en 1944. On y savoure des *panettoni* moelleux déclinés en plusieurs versions. Et rien n'empêche d'en déguster juste une tranche au comptoir, accompagnée d'un *espresso,* pour seulement quelques pièces. Autre adresse : *corso di Porta Romana, 51 (M Crocetta).*

Zàini *(plan détachable, D2,* **73***) : via Carlo de Cristoforis, 5. ☎ 02-694-914-449. • zainimilano.decristoforis@zainispa.it • M Garibaldi F.S. Tlj 7h45 (9h w-e)-20h.* Ce petit comptoir appartient à un célèbre confiseur milanais, installé ici depuis... 1913 ! En plus des chocolats et autres douceurs, on trouve ici d'excellents cafés, que les gourmands pourront accompagner d'une mignardise. Idéal pour reprendre des forces après une balade dans le quartier d'Isola. Autre adresse, plus grande et cosy, du côté de la Porta Venezia *(viale Piave, 17).*

Artico Gelateria *(plan détachable, D2,* **135***) : via Luigi Porro Lambertenghi, 15. • info@gruppoartico.com • M Garibaldi F.S. Tlj 12h-23h.* Ce glacier connu des gourmands propose une belle variété de parfums, des plus classiques aux plus originaux : *stracciatella, gianduja,* croquants aux cerises amarena ou pistaches salées, on se régale à tous les coups ! Autre adresse près du Duomo (voir dans ce chapitre).

Où boire un verre ?

Mint Garden Café *(plan détachable, F3,* **122***) : via Casati, 12. ☎ 02-834-178-06. • info@mintgardencafe.it • M Porta Venezia. Tlj sauf lun 11h30-15h (15h30 w-e), 18h-minuit. Congés : 2 sem en août. Brunch dim.* Un fleuriste qui fait aussi café (ou l'inverse) et salon de thé. De la verdure sur la belle terrasse, pour une ambiance à la fois simple et raffinée, des sandwichs et petits plats le midi, des gâteaux à s'en lécher les doigts pour le 4-heures et un joli buffet (à base de bons produits) pour l'*aperitivo.*

Mono *(plan détachable, F3,* **121***) : via Lecco, 6. 📱 339-481-02-64. • reddave2903@gmail.com • M Porta Venezia. Tlj sauf lun 18h-1h (2h w-e) ; aperitivo tlj 17h-21h30.* Comme son enseigne l'indique, la déco de ce petit bar LGBTQ, dont la bonne ambiance déborde joyeusement sur le trottoir, semble dater d'avant l'invention de la stéréo. Une adresse rétro, dynamique et fréquentée par une clientèle bohème.

Bar Basso *(plan détachable, G3,* **117***) : via Plinio, 39. ☎ 02-294-005-80. • barbassomilano@gmail.com • M Piola ; bus n° 92. Tlj sauf mar 10h-1h15.* Avec son cadre un peu Art déco, un café qui fait partie de l'histoire de la ville puisque c'est le 1er (si l'on oublie les très sélects bars des grands hôtels) à avoir proposé des cocktails à Milan, dès 1947. Les créations maison sont toujours à la carte (le *Negroni Sbagliato* ou le *Mangia e Bevi* à base de crème glacée), et, quoique excentré, il reste le point de ralliement des designers pendant le Salon du meuble. Terrasse sur le boulevard.

Café Gorille *(plan détachable, E2,* **153***) : via G. de Castillia, 20. ☎ 02-688-76-27. • hello@cafegorille.it • M Isola. Tlj sauf lun 10h-minuit (1h ven-sam). Congés : 2 sem en août.* Un joli café encombré de longues tables en cèdre, à la déco vintage étudiée. Tout est donc fait pour que l'on y passe agréablement le temps, et l'on y trouve à boire, à manger, à lire, à écouter... Un havre de paix au cœur de ce quartier en pleine fièvre bâtisseuse. Bonne option aussi pour le brunch *(env 20 €).*

Deus Café *(plan détachable, D1,* **129***) : via G. Thaon di Revel, 3. ☎ 02-834-392-30. • info@deuscafe.it • M Zara. Tlj 17-1h (2h ven-sam). Aperitivo 18h-21h.* Dans le quartier désormais branché d'Isola, voilà un bar furieusement tendance, posté dans la rue des magasins de motos customisées et des vendeurs de vélos (à chacun son style... et son budget !). Le lieu est un concept en soi, à la fois boutique de fringues, atelier de réparation de biclous, échoppe de barbier (la sainte trinité du *hipster* !) et immense bar gagné par une certaine effervescence à l'heure de l'*aperitivo.* Grand patio avec terrasse, pour socialiser en plein air.

Où écouter de la musique ? Où danser ?

Autour de la Stazione Garibaldi, ambiance plutôt huppée avec quelques boîtes de nuit fréquentées par les milieux de la mode et du sport venus se faire voir. Dès le début de soirée, bistrots et restos bling-bling assurent l'animation le long du piéton corso Como.

♩ **Alcatraz** *(plan détachable, D1, **139**) : via Valtellina, 25. ☎ 02-690-163-52. • segreteria@alcatrazmilano.it • alcatrazmilano.it • Ⓜ Maciachini. Ouv ven-sam pour la partie discothèque et les soirs de concert et autres événements (voir leur site). Congés : juil-août. Entrée payante.* Vaste club aménagé dans un ancien entrepôt des années 1940. 2 salles, l'une pour des concerts de musiques actuelles (avec de grands noms ou des découvertes), l'autre pour le *dance floor* (1 800 m² quand même !). Grosse ambiance le week-end, avec une clientèle plutôt jeune.

♩ ***Tunnel*** *(plan détachable, F1, **170**) : via G. B. Sammartini, 30. 339-403-27-02. • khalednumero1@gmail.com • Ⓜ Sondrio. Ouv seulement le w-e, pour les soirées et concerts (voir leur page Facebook). Entrée payante (en fonction de l'affiche du soir).* Un club *underground* dans tous les sens du terme puisqu'il est, comme son nom l'indique, installé dans un ancien tunnel désaffecté de la gare centrale. Déco forcément postindustrielle avec murs de brique et gros tuyaux métalliques, pour une programmation aussi intéressante qu'exigeante ; groupes pointus en semaine et DJs internationaux le week-end.

Hollywood Rythmoteque *(plan détachable, D2, **171**) : corso Como, 15. 338-505-57-61. • info@discotecahollywood.com • discotecahollywood.com • Ⓜ Garibaldi F.S. Tlj sauf lun 23h-5h. Entrée : 15-25 €.* Quoique très classique dans sa déco comme dans sa musique, cette boîte reste l'un des passages obligés du Milan de la mode, du foot ou de la télévision (avec zone VIP de rigueur, évidemment !).

Où faire le plein de victuailles ?

Eataly Milano Smeraldo *(plan détachable, D3, **86**) : piazza XXV Aprile, 10. ☎ 02-494-90-73-01. • eatalysmeraldo@eataly.it • Ⓜ Garibaldi F.S. Tlj 8h30-23h.* Adepte du bien-manger et du kilomètre 0, cette épicerie fine format mégastore, affiliée au mouvement *Slow Food,* attire beaucoup de monde. Ici, on achète frais et sain, en privilégiant les produits régionaux italiens : pâtes, fromages, charcuterie, douceurs, vins... Difficile de ne pas craquer devant une telle profusion ! Plusieurs restos et cafés sur place (lire plus haut « Où manger ? »).

Où faire du shopping en joignant le futile à l'agréable ?

Cargo & Hightech *(plan détachable, D2, **143**) : piazza XXV Aprile, 12. ☎ 02-624-11-01. • cargomilano.it • Ⓜ Garibaldi F.S. Tlj sauf lun 11h-19h (19h30 w-e).* Sur 3 étages d'un ancien entrepôt dont la structure reste bien lisible, un *concept store* mélangeant pêle-mêle éléments de déco, arts de la table, vêtements, et un tas de bibelots aussi géniaux qu'idiots, le tout joliment présenté dans des recoins insoupçonnés : un vrai labyrinthe ! Tellement grand qu'on peut y passer facilement une demi-journée à musarder...

10 Corso Como *(plan détachable, D2, **111**) : corso Como, 10. ☎ 02-290-026-74. • 10corsocomo.com • Ⓜ Garibaldi F.S. Tlj 11h-19h30 (plus tard pour le resto).* Un *concept store* de créateurs hyper tendance et très cher, dans un grand espace mêlant béton, métal, verre et plantes. Pompes

LE QUARTIER DES GARES

et fringues évidemment hors de prix, mais il y a aussi des accessoires, objets et parfums. Également, à l'étage, une librairie couvrant les thèmes de la mode, du design, de l'architecture et de la photo, ainsi qu'une minuscule galerie présentant des expos temporaires sur les mêmes thèmes. ***Café-resto*** on ne peut plus chic, profitant d'une grande cour intérieure envahie par les plantes.

À voir

👥👥 ⓒ ***Casa-museo Boschi Di Stefano*** *(plan détachable, F3) : via Giorgio Jan, 15. ☎ 02-884-637-36. • casamuseoboschidistefano.it • Ⓜ Lima. Tlj sauf lun et certains j. fériés 10h-17h30 (dernière admission à 17h). GRATUIT.*

Antonio Boschi et sa compagne Marieda Di Stefano, couple féru d'art moderne italien, assemblèrent une collection de près de 2 000 œuvres qu'ils léguèrent en 1974 à la ville de Milan. Depuis 2003, elle est exposée dans cet appartement-musée situé dans un petit *palazzo* construit dans les années 1930 par Piero Portaluppi, l'architecte de la villa Necchi-Campiglio. Dès le hall de l'immeuble, on respire l'Art déco à plein nez ! Un style que l'on retrouve dans l'aménagement intérieur de la maison.

Le couloir du rez-de-chaussée présente la reconstitution de l'atelier de céramique où Marieda Di Stefano enseignait sa technique. Au 2e étage, vous retrouverez près de 300 œuvres, peintures, sculptures et meubles envahissant les 11 pièces de la maison : salle de bains, salon, chambre à coucher, etc.

Le couloir d'entrée donne le ton avec des toiles d'Umberto Boccioni et de Gino Severini, pionniers du mouvement futuriste. Rejoignez ensuite la ***salle du Novecento italiano,*** riche de nombreux artistes (Funi et sa *Baigneuse nue aux couleurs vives,* Montanari et son *Pescatore,* Marussig, Tozzi, Carrà et Casorati), puis accédez à la ***salle à manger dédiée à Sironi*** et ses peintures mystérieuses, telles *Le Songe* (1931), *Apparition* (1930) ou encore un lugubre château *(Castello).* La ***salle baptisée « Corrente »*** abrite les œuvres de Morandi et Filippo De Pisis, avec notamment des paysages brumeux et des vues abstraites de Venise. Dans le ***salon,*** place aux maîtres italiens du surréalisme, influencés par l'école de Paris : tableaux de De Chirico, dont les *Faiseurs de trophées,* et la saisissante *Annonciation* (1932) de Savinio, fascinante réinterprétation du thème classique, qui, par sa fenêtre bancale (peut-être ?), génère cet on-ne-sait-quoi d'angoissant... Les dernières salles, explorant des thèmes abstraits (l'espace, le nucléaire, l'informel), sont consacrées aux partisans du postcubisme. L'une d'entre elles est dédiée à Lucio Fontana, avec une vingtaine de tableaux explorant le thème de la spatialité.

👥👥👥 ***Cimitero monumentale*** *(plan détachable, C-D2) : piazzale Cimitero Monumentale. ☎ 02-884-656-00. • comune.milano.it • Ⓜ Monumentale. Tlj sauf lun 8h-18h (dernière entrée à 17h30) ; fermé à 13h certains j. fériés. Visites guidées gratuites (durée : 1h30), en italien, aux horaires d'ouverture habituels ; résa obligatoire env 1 sem à l'avance au ☎ 02-884-412-74 ou sur • dsc.visiteguidatemonumentale@comune.milano.it • Bureau d'info ouv mar-dim 9h30-17h.* ***Conseil :*** *pour se repérer, prendre en photo le plan à l'entrée du site.*

Voici un cimetière pas comme les autres et qui ne manque pas d'allure : on le dit le plus fou, le plus baroque et le plus lyrique d'Europe ! En 1837, afin de remplacer les nombreux cimetières excentrés, la ville de Milan entend se doter d'un unique site, assez grand pour tous ses citoyens. Le projet de Carlo Maciachini, architecte lombard célèbre, est validé en 1860. 5 ans plus tard, une fois le projet abouti, l'ensemble se divise en 3 zones : à gauche les non-catholiques, à droite les israélites, et dans la partie centrale (la plus spacieuse) les catholiques. Un dédale de tombeaux d'une superficie de 250 000 m². Ici, même pour les morts, on voit grand : imaginez le Père-Lachaise de Paris, décuplé dans son faste et sa démesure ! À lui seul, c'est un vrai dictionnaire des fantasmes, caprices, lubies...

des grandes familles de la bourgeoisie milanaise. Pléthore d'artistes italiens (architectes, écrivains, peintres, musiciens, sculpteurs) sont venus y trouver le repos, comme un prolongement de l'art dans l'éternité... Parmi les plus célèbres, on peut citer : l'architecte Beltrami, le chef d'orchestre Toscanini, le philosophe Cattaneo, le peintre Francesco Hayez, le poète Quasimodo et l'écrivain Manzoni dont on découvrit, en ouvrant son tombeau en 1960, la dépouille parfaitement conservée ! Miracle divin ou maîtrise parfaite de l'art de l'embaumement ? Dans l'allée centrale repose le dernier descendant de Mozart. Plus contemporain, le sociologue Filippo Turati et sa camarade militante féministe Anna Kuliscioff.
Le lieu, emblématique du tout-Milan du XIXe s, est aussi un ***extraordinaire musée de sculptures à ciel ouvert.*** Imposantes, les tombes sont de véritables œuvres d'art, conçues dans un large éventail stylistique : allant du classique (antique, byzantin) au contemporain (symbolisme, Liberty, Art déco) en passant par les plus spécifiques (roman lombard ou gothique pisan)... Les sépultures se parent de formes extravagantes : chapelles baroques, stèles antiques, temples grecs, pyramides et obélisques égyptiens, colonne de Trajan ou pseudo-tour de Pise sculptée des différentes étapes du chemin de croix du Christ...
L'édifice le plus monumental (c'est le cas de le dire) est sans nul doute l'immense ***Famedio, dit « temple de la Renommée »,*** qui marque l'entrée du cimetière avec ses nombreuses plaques commémoratives célébrant la gloire des grands hommes (Garibaldi, Cavour) de la nation. Son décor bichrome (blanc et rouge) et son style néomédiéval lui donnent des airs d'église romane. À l'intérieur, les décors valent le coup d'œil : marbre, céramiques, coupole à mosaïques, colonnes torsadées... Parmi les autres monuments incontournables, la ***chapelle Palanti,*** qui rend hommage aux 800 Milanais assassinés pendant la Seconde Guerre mondiale dans les camps de concentration nazis.
Côté sculpture, ne manquez pas, dans l'allée centrale, l'étonnante faucheuse ailée et barbue, qui, malgré sa beauté artistique, fait froid dans le dos ! Ailleurs, entre 2 allées, un pleureur encapuchonné, épée à la main, adopte une pose hiératique. Parfois, c'est une procession tout entière. Dans la tradition des gisants, une jeune femme nue, à la chevelure végétale, repose profondément sur son lit de bronze. Certaines œuvres donnent dans le colossal, à commencer, dans l'allée centrale, par ce groupe en bronze massif, un paysan labourant sur un roc de béton rouge en compagnie de ses 2 énormes bœufs, ou cette représentation sculptée de la ***Cène grandeur nature*** (tout simplement !), ce qui vous laisse imaginer la personnalité extravagante de l'occupant des lieux (Gaspare Campari, le fondateur du célèbre apéritif)... Au détour d'un tombeau, vous pourrez peut-être voir les 2 anges (parmi les nombreux représentés) amoureux, qui s'embrassent dans une union parfaite. Notre promenade au cœur du monumental s'achève : ce lieu singulier, où le temps semble suspendu, s'avère bien apaisant... à mi-chemin entre méditation philosophique et contemplation artistique.

Le quartier Isola

Pendant longtemps, le quartier Isola a été le repaire des petits malfrats fricotant avec la mafia locale. La plupart de ses immeubles anciens ont été construits entre 1860 et 1920. Ils étaient conçus pour accueillir la population ouvrière du sud de l'Italie venue apporter du renfort aux usines en plein rendement. C'est ici aussi que sont nées les 1res coopératives et par là même la conscience ouvrière.
Le quartier est aujourd'hui en pleine transformation urbaine et sociologique. Il accueille désormais artistes, étudiants et bobos de divers horizons, tout en conservant son caractère populaire et coloré. Enclave isolée par les rails des gares Garibaldi et Centrale (d'où son nom), Isola est devenu l'***emblème du renouveau urbain de Milan,*** profitant tout à la fois d'une politique de construction ambitieuse et de l'appétence pour les friches industrielles, hier jugées sordides et désormais tendance. Administration régionale et grandes industries technologiques

y installent leurs sièges (Google Italie, par exemple). On est ici à mille lieues du centre historique avec les petites rues pavées du quartier Brera, ses palais cossus, ses pinacothèques et son Duomo !

Outre ses habitations ouvrières et la ***chiesa Santa Maria alla Fontana,*** sur la place du même nom *(plan détachable, D1),* vestige du XVe s très bien conservée avec son magnifique cloître, le quartier n'a pas vraiment d'attrait culturel. Du côté de la Porta Nuova, ce sont les ***constructions de gratte-ciel*** qui ont explosé ces dernières années, transformant singulièrement la *skyline* d'Isola. L'une des 1res tours fut construite en 1955-1960 par l'architecte Gio Ponti, à qui l'on doit de nombreux édifices emblématiques du XXe s milanais. Culminant à 127 m, cette ***tour Pirelli,*** communément appelée *Pirellone,* était à l'époque l'une des plus hautes d'Europe. Son design élancé est toujours une référence (elle fut restaurée en 2002 après le crash d'un avion de tourisme). Plus récente (2011), la tour de plus de 161 m du ***palazzo Lombardia,*** siège de la Région Lombardie, fut construite par l'architecte sino-américain Pei. Quant à l'***Unicredit Tower,*** avec son interminable flèche (80 m), elle est, avec ses 231 m de hauteur au total, le plus haut gratte-ciel d'Italie, œuvre « durable » de l'architecte argentin Cesar Pelli. Un qualificatif que lui dispute le fascinant ***Bosco verticale*** (voir ci-après), voisin des lignes futuristes de la ***piazza Gae Aulenti,*** et qui incarne à lui seul le nouveau visage d'Isola. Aux pieds des tours, un immense et dépaysant ***jardin urbain*** a été aménagé, en même temps qu'une « bibliothèque des arbres » accueillant plus de 100 essences différentes.

QUESTION DE RESPECT

La tradition voulait qu'aucun édifice milanais ne puisse s'élever plus haut que la Madonnina, *juchée sur le toit du Duomo. Une règle scrupuleusement respectée jusqu'à l'érection du 1er gratte-ciel de la ville, la tour Pirelli, en 1960. Pour ne pas vexer la petite dame, on fit alors poser une réplique de sa statue au sommet du prétentieux immeuble. Une réplique désormais déplacée à chaque fois qu'un édifice plus grand sort de terre. La Madoninna reste donc la plus haut perchée !*

Une flopée de petits restos, ***bars branchés et boutiques vintage*** ont ouvert aux 4 coins d'Isola, le tout dynamisé par le développement du *street art* depuis le début des années 2000. Bref, voici un coin de Milan à découvrir absolument !

★★ ***Bosco verticale de Stefano Boeri*** *(plan détachable, E2)* **:** une idée originale de l'architecte Stefano Boeri, qui a envisagé l'ambitieux projet d'un « Milan bio », en commençant par la construction d'immeubles végétaux. Ont ainsi poussé 2 immeubles de 27 étages à proximité de la stazione Garibaldi, visibles de très loin avec leurs étages envahis par plus de 900 arbres (parfois de 6 m de haut !), 5 000 arbustes et 11 000 plantes. Ces végétaux, conifères sur les balcons nord et plantations méditerranéennes côté sud, ont été rigoureusement choisis en fonction de leur capacité à absorber le CO_2 et à réguler la température intérieure. À cela s'ajoute un système d'eaux usées réutilisées pour l'arrosage de cette forêt *(bosco)* verticale. Un projet écolo mais pas franchement social : le prix des appartements (de 80 à 110 m^2) démarrait à 660 000 €. Pas donné !

LE QUARTIER DE BRERA

Qu'il fait bon flâner dans les ruelles piétonnes de Brera ! Il y règne une ambiance à la fois pittoresque et chic, emprunte d'une vraie douceur de vivre. C'est un repaire d'étudiants, d'artistes, de chineurs et de brocanteurs en tout genre, venus respirer le parfum de la bohème. À 2 pas du bouillonnant quartier du Duomo, Brera est la destination idéale pour dîner dans une *trattoria* typique ou prendre l'*aperitivo* dans un bar branché. Côté musées, ne ratez pas la *pinacoteca* qui a donné son nom au quartier, qui est aussi le siège de l'Académie des beaux-arts et du palazzo di Brera (ancien collège jésuite).

Où manger ?

Sur le pouce

***Bab** (plan détachable, D-E3, **75**) : via San Marco, 34. ☎ 02-834-223-56. • bab.milano@gmail.com • Ⓜ Moscova. Tlj sauf dim, midi et soir. Compter 9-13 €.* Une petite indigestion de pâtes ? Cette adresse grande comme un mouchoir de poche mitonne une cuisine coréenne aux saveurs subtiles. On vient à la pause déjeuner y savourer une soupe ou des *kimbap* (petits rouleaux aux algues fourrés au riz). Accueil souriant.

|●| ***Artisti del Vegetariano** (zoom détachable, D4, **188**) : via Ponte Vetero, 15. 338-610-60-50. • info@artistidelvegetariano.com • Ⓜ Cairoli. Tlj 8h30-20h30. Compter 12-20 € selon appétit (prix au poids).* Ce comptoir coloré et appétissant élève la cuisine vegan au rang d'art ! On ne peut résister aux plus de 60 plats présentés chaque jour, renouvelés en fonction des saisons et de l'inspiration de la chef, Christina Biollo. *Parmigiana*, salades créatives, légumes panés ou farcis, tartes diverses et *tiramisù* végétal, le choix est vaste. À déguster sur place, sur l'une des tables hautes, ou à emporter dans les jardins ceinturant le castello Sforzesco, tout proche.

Prix moyens

|●| ***Sette Cucina Urbana** (zoom détachable, D4, **76**) : via dell'Orso, 2. ☎ 02-890-926-60. • settecucinaurbana@gmail.com • Ⓜ Montenapoleone. Tlj sauf le soir dim-lun. Plats 14-20 €.* Avec des horaires larges et des prix doux pour le quartier, ce café-resto a tout pour plaire, à commencer par de bonnes spécialités milanaises, dont la fameuse « oreille d'éléphant », tellement grande qu'elle déborde de l'assiette... Qu'on se rassure, il ne s'agit que du surnom de l'escalope milanaise ! Le chef est aussi un excellent pâtissier, alors gardez une place pour le dessert. Accueil vraiment adorable, qui suffit à réchauffer l'atmosphère de cet ancien réfectoire à la déco immaculée. Belle terrasse bordée d'arcades dans la cour.

|●| ***Fioraio Bianchi Caffè** (plan détachable, D3, **88**) : via Montebello, 7. ☎ 02-290-143-90. • info@fioraiobianchicaffe.it • Ⓜ Moscova ou Turati. Tlj sauf dim jusqu'à minuit ; aperitivo 18h-20h. Le soir, compter env 40 € pour un repas complet. Résa conseillée.* Un adorable café à l'ancienne, avec vieux carrelage, meubles rétro et déco... très fleurie ! Ce fleuriste – c'était il y a plus de 40 ans – s'est transformé au fil des années en bistrot cosy. Idéal pour prendre un verre ou goûter à une cuisine traditionnelle joliment modernisée. Touche d'insolite, le proprio propose toujours un service de déco florale.

|●| ***Salsamenteria di Parma** (zoom détachable, D4, **98**) : via Ponte Vetero, 11. ☎ 02-720-943-67. • info@grsp.eu • Ⓜ Lanza ou Cairoli Castello. Tlj*

midi et soir jusqu'à 23h. Plats 9,50-18,50 €. Ne confondez pas l'adresse avec une *salumeria* (charcuterie) : le nom de ce troquet de poche vient d'une spécialité de la ville de Parme, à savoir un plat de pâtes... au potiron. Également de grandes assiettes de charcuterie qui font de l'œil aux jambons pendus au plafond. Le tout s'accompagne d'une bolée de vin (non, non, ce n'est pas du cidre !), encore une spécialité d'Émilie-Romagne. Terrasse aux beaux jours.

Chic

|●| ***La Latteria*** *(plan détachable, D3,* ***63****) : via San Marco, 24. ☎ 02-659-76-53. Ⓜ Moscova ou Turati. Lun-ven midi et soir. Fermé w-e. Repas complet 40-45 €. CB refusées. Résa vivement conseillée.* Cette minuscule *trattoria* fait le plein midi et soir : les « bistronomes » semblent s'être passé le mot ! Ici, on travaille en famille et on sert des produits de saison, cuisinés maison, au gré d'un menu qui change tous les jours. Autrefois, les reporters du *Corriere della Sera* venaient y refaire le monde, quand leur journal logeait en face. Ambiance toujours animée et service gentil comme tout.

|●| ***Ristorante Convivium*** *(zoom détachable, D4,* ***175****) : via Ponte Vetero, 21. ☎ 02-864-637-08. • convivium1986@gmail.com • Ⓜ Lanza ou Cairoli Castello. Tlj midi et soir. Pizze 11-17 €, plats 14-29 € ; repas 35-45 €.* Atmosphère raffinée pour savourer en toute tranquillité un risotto maison, un ossobuco ou un bon cru lombard pioché dans la longue carte des vins. Accueil affable. Classe mais encore abordable !

|●| ***La Vecchia Lira*** *(plan détachable, D3,* ***64****) : largo La Foppa, 5. ☎ 02-659-91-36. • info@osteriavecchialira.it • Ⓜ Moscova. Tlj midi et soir sauf sam midi et dim. Résa conseillée. Compter 35-40 €.* Une *osteria* classique à la cuisine lombarde fort bien ficelée (charcuterie, risottos, pâtes fraîches, viande...) qui continue de séduire ses habitués, année après année. Belle carte des vins, à prix convenables pour une fois. Grande et agréable terrasse.

De chic à très chic

|●| ***Rovello 18*** *(zoom détachable, D3,* ***189****) : via Tivoli, 2. ☎ 02-720-937-09. Ⓜ Lanza. Tlj sauf lun, midi et soir. Compter 35-45 €. Résa conseillée.* Resto chic au cadre soigné, installé dans une belle maison ancienne avec poutres, marbres et décors peints. Carte alléchante égrenant des classiques venus de toute la Botte : *cacio e pepe, agnolotti del Plin, tagliatelle al ragù, vitello tonnato,* ils sont tous là ! Service attentionné et discret, rythmé par quelques notes de jazz. Bref, voici une adresse parfaite pour un dîner en amoureux. Excellente carte des vins.

|●| ***La Libera*** *(plan détachable, D3,* ***65****) : via Palermo, 21. ☎ 02-805-36-03. Ⓜ Moscova. ♿ Tlj sauf dim, le soir seulement. Congés : 16-18 avr, 14-16 août, 24-26 et 31 déc. Résa conseillée. Compter env 45 €.* Cette brasserie rétro bien connue en ville séduit par son ambiance chaleureuse, sur fond de musique jazzy... Dans l'assiette, des classiques du répertoire italien, du risotto à l'escalope milanaise en passant par les salades du chef. Seul bémol, la carte des boissons, hors de prix ! Service efficace et courtois.

Où déguster une glace ?

Cerdini & Quenardel *(zoom détachable, D4,* ***115****) : via Cusani, 10. ☎ 02-841-312-32. • info@cerdiniquenardel.com • Ⓜ Cairoli Castello. Tlj 11h-21h45 (23h w-e).* C'est l'histoire d'une famille de glaciers franco-italienne qui, après avoir régalé les Ardéchois, a tenté un retour aux origines, en ouvrant une échoppe à Milan. Pari réussi : fruits bio, lait de montagne, produits naturels... Les parfums évoluent avec les saisons en alliant puissance aromatique et originalité (onctueuse crème de marrons – d'Ardèche évidemment). Également des chocolats, macarons et du champagne (de la famille Quenardel), d'où un décor assez huppé. Petite terrasse pour en profiter.

Où boire un cocktail en mangeant une succulente pizza ?

Dry Milano (plan détachable, D3, **104**) : *via Solferino, 33. ☎ 02-637-934-14. • info@drymilano.it • Ⓜ Moscova. Tlj sauf lun 19h-2h. Pizze 9-18 € ; cocktails 14-16 €. Autre adresse : viale Vittorio Veneto, 28 ; mêmes horaires.* Vu l'affluence, mieux vaut réserver pour espérer poser une fesse dans ce lieu très prisé. Les cocktails sont fameux (parmi les meilleurs de la ville, paraît-il) et, si vous réussissez ensuite à attraper une table pour déguster une pizza moelleuse réalisée dans les règles de l'art, alors là... vous aurez atteint le Graal ! Bruyant, forcément, mais bon...

Où prendre l'*aperitivo* ?

Bar Brera (zoom détachable, D3, **108**) : *via Brera, 23 (à l'angle de la rue Fiori Chiari). ☎ 02-877-091. Ⓜ Lanza. Tlj jusqu'à 2h.* Grande terrasse (chauffée en hiver) à l'angle de 2 rues piétonnes pour ce bar de quartier devenu assez touristique qui propose néanmoins un buffet sympa pour l'*aperitivo* (18h-21h). Grand choix de charcuteries et de salades, pour boire son cocktail tranquillou. Populaire et convivial.

Voir aussi plus haut, dans « Où manger ? », l'*aperitivo* version intime du resto ***Fioraio Bianchi Caffè.***

Où faire du shopping ?

Fabriano Boutique (zoom détachable, D4, **141**) : *via Ponte Vetero, 17. ☎ 02-763-187-54. • faboutique01@fabriano.com • fabriano.com • Ⓜ Lanza. Tlj 10h-19h, sauf dim mat.* À l'origine, fabrique de papier dans les Marches (principal centre européen de papier depuis le XIIe s !), les boutiques *Fabriano* offrent depuis les années 2000 un éventail original et varié de papeterie aux couleurs flashy, alliant savoir-faire et modernité. Une belle idée de cadeau !

Cavalli e Nastri (zoom détachable, D4, **166**) : *via Brera, 2. ☎ 02-720-004-49. • cavallienastri.com • Ⓜ Montenapoleone. Tlj 10h30-13h30, 14h30-19h30.* Jolie boutique de vêtements, sacs, bagages ou bijoux de 2de main, tous vintage et griffés.

Où chiner ?

Il Segno del Tempo (zoom détachable, D3, **165**) : *via Fiori Chiari, 20. ☎ 02-720-936-61. • ilsegnodeltempo.com • Ⓜ Lanza. Tlj sauf dim 10h-19h.* Parmi les nombreux antiquaires de la rue, on craque particulièrement pour celui-ci, à l'univers fantastique et onirique. Faire d'un « simple bibelot » exotique ou scientifique une œuvre d'art, c'est le propre du cabinet de curiosités ! La boutique vaut le coup d'œil.

Il Cirmolo (zoom détachable, D3, **165**) : *via Fiori Chiari, 3. ☎ 02-805-28-85. • ilcirmolo.it • Ⓜ Lanza. En face du précédent. Tlj sauf dim 11h (15h lun)-19h.* Grande boutique spécialisée dans le rétro et le vintage ; drôle et éclectique.

À voir

Pinacoteca di Brera (zoom détachable, D3-4) : *via Brera, 28. ☎ 02-722-631. • pinacotecabrera.org • Ⓜ Lanza. ♿ Tlj sauf lun et certains j. fériés*

LE QUARTIER DE BRERA

8h30-19h15 (dernière admission à 18h). Entrée : 15 € ; nombreuses réduc, avec notamment l'entrée à 2 € pour les 18-25 ans, à 1 € mar-mer pour les plus de 65 ans ; gratuit moins de 18 ans. Résa obligatoire sur • breraboo king.or •

On ne peut passer à Milan sans visiter ce musée logé dans un ancien couvent fondé au XIVe s par l'ordre des Humiliés (ils ne devaient pas l'être tant que ça, vu le faste des lieux), devenu ensuite une école de jésuites, et qui renferme aujourd'hui une exceptionnelle collection de peintures. Comptez au moins 1h30 de visite, mais, pour les plus pressés, un fascicule distribué au guichet présente les œuvres majeures et permet de faire la visite au pas de charge. La plupart des œuvres sont des ***peintures religieuses,*** sujets d'étude de l'Académie des beaux-arts, qui occupe toujours le rez-de-chaussée.

À POIL, NAPOLÉON !

Dans la cour intérieure du palais de Brera, une statue de Napoléon tout nu (visez la taille de la feuille de vigne !) rappelle que la création de cette pinacothèque lui revient. De même, les œuvres d'art qui y sont exposées proviennent essentiellement des vols opérés par les grognards de l'Empereur dans les collections privées d'Italie du Nord et les églises...

Il y a 38 salles en tout, numérotées en chiffres romains sur les murs. Dans la salle IV, voir *Le Couronnement de la Vierge* de Nicolò di Pietro, un polyptyque aux détails délicats, aux couleurs et drapés étonnants. Dans la salle VI, remarquable et lugubre *Lamentation sur le Christ mort* de ***Mantegna,*** qui met en valeur le visage de Jésus grâce à un procédé de perspective inversée ; on s'arrêtera aussi devant l'émouvante *Pietà* de ***Bellini.*** Salle VII, 3 œuvres de ***Carpaccio*** aux rouges incomparables (on s'en serait douté !). Admirable perspective du *Miracolo di san Marco* du ***Tintoret*** (salle IX) et du *Christ mort* de Campi. Salle X, ce sont des fragments de fresques de ***Bramante,*** à la fois imposantes et délicates, qui retiennent l'attention. Notez la finesse des détails architecturaux en arrière-plan : logique quand on sait que ce peintre était surtout... un architecte !

CONTE DE FÉE SERVI SAIGNANT

Il était une fois une comtesse qui, pour des raisons de santé, ne pouvait manger de viande cuite. Pour la consoler, son cuisinier lui prépara de minces tranches de bœuf cru, finement assaisonnées. « Quelle intensité, ce rouge incandescent ! Je l'ai déjà vu quelque part... », se dit le cuisinier, pensif. C'était lors de la rétrospective du célèbre peintre, quelques mois avant, à Venise. Le carpaccio était né.

Dans la salle XVIII, le visiteur peut voir le travail de restauration des tableaux dans une grande cage en verre.

Ensuite, on arrive aux œuvres extraordinaires de ***Carlo Crivelli*** (salle XXII), peintre de la Renaissance : le triptyque en provenance du Duomo de Camerino et surtout *Le Couronnement de la Vierge,* au style très personnel. N'oublions pas, dans la salle XXIV, le très réaliste *Christ à la colonne,* œuvre attribuée aussi à Bramante, peint en 1490 pour l'abbaye de Chiaravalle (notez la corde serrant son bras gauche et les larmes sur ses joues), ainsi que l'exquis *Sposalizio della Virgine* (ou *Mariage de la Vierge*) du non moins exquis ***Raphaël*** (remarquez la ligne de fuite très appuyée). Salle XXVIII, superbe *Cène à Emmaüs* du ***Caravage*** (début du XVIIe s), qui joue avec les ombres et la lumière en mettant en évidence les détails les plus crus des visages. Salle XXXI, autre *Cène* de ***Rubens*** (1632), aux regards éloquents ; autant de chefs-d'œuvre témoignant du grand sens du détail et du relief de ces maîtres qui influencèrent longtemps le monde de la peinture. Plus de légèreté en salle XXXVI, avec les *vedute* vénitiennes (vues de peintures détaillées) de ***Canaletto*** et ***Guardi.***

Pour finir, dans la salle XXXVII, mention spéciale pour le tendre *Baiser* de **Hayez** (1859)... un chef-d'œuvre en clair-obscur du romantisme italien, considéré comme une allégorie du Risorgimento.
Un peu à part car intercalées au milieu du parcours, les salles IX, XV et XXIII sont consacrées à la ***peinture moderne.*** Elles exposent des œuvres provenant des donations Jesi et Vitali : ***Modigliani,*** Picasso, Braque ou Bonnard sont présents, tout comme les futuristes italiens, à l'image de ***Boccioni*** et de sa célèbre *Rixe dans la galerie...*
Après la dernière salle, joli café *Fernanda* pour faire une pause. Il a l'avantage de disposer de quelques tables dehors, sous les galeries du 1er étage.
Derrière le bâtiment, ravissant ***jardin botanique*** *(entrée via Gabba ; tlj sauf dim 10h-18h avr-oct, 9h30-16h30 nov-mars ; GRATUIT).*

Basilica San Simpliciano *(zoom détachable, D3)* **:** *piazza San Simpliciano, 7.* ☎ *02-862-274.* • *sansimpliciano.it* • Ⓜ *Lanza. Lun-sam 7h30-12h30, 16h-19h ; dim 7h30-12h, 15h-19h.* Élevée en 385 sur l'ordre de saint Ambroise, évêque de Milan, la basilique ne peut nier ses influences paléochrétiennes. Sa façade couleur brique (rehaussée de blanc ici et là) est ponctuée par 3 portails en pierre surmontés de petites croix blanches. Le style roman prédomine, dans un idéal de simplicité et d'authenticité. Le décor se fait rare et discret, à l'exception de quelques céramiques venant « remplir » les tympans. Et à l'intérieur ? Murs en brique, large nef, grande hauteur de plafond... et un même dénuement décoratif, à l'exception notable de l'abside du chœur, qui présente une fresque très colorée, véritable arc-en-ciel de couleurs primaires. Observez les anges, qui chantent la gloire de la Trinité : le Père, le Fils et le Saint-Esprit (la colombe). S'il appelle au recueillement, le lieu, loin d'être austère, est propice à la musique – d'ailleurs, d'excellents concerts y sont organisés.

Chiesa San Marco *(zoom détachable, D3)* **:** *piazza San Marco, 2.* ☎ *02-290-025-98.* Ⓜ *Turati. Tlj 7h-12h, 16h-19h. Concerts réguliers.* Ce joyau discret dédié à saint Marc (patron protecteur de Venise), étonne par sa façade néogothique de la fin du XIXe s. L'église, à l'origine un monastère, a subi plusieurs phases de construction, aux XIIIe, XVIe (nombreux remaniements baroques) et XIXe s. Elle se singularise par son campanile. Le portail en pierre blanche (et son tympan décoré de mosaïques) contraste avec le reste de la façade en brique rouge. Notez la curieuse rosace, qui dans un effet « cathédrale » vient sublimer l'ensemble. À l'intérieur, belles fresques ornant les différentes chapelles ainsi que le chœur. Parmi les anecdotes attachées au lieu, on dit qu'en 1770 Mozart y aurait séjourné 3 mois. En 1874, le *Requiem* de Verdi y est joué pour la 1re fois, pour célébrer l'anniversaire de la mort de l'écrivain Alessandro Manzoni.

LE QUARTIER DE CASTELLO E CORSO SEMPIONE

L'imposant château des Sforza abrite derrière ses murs épais plusieurs musées importants. La fameuse *Triennale Milano* se trouve, quant à elle, dans le vaste *parco Sempione,* véritable poumon vert de Milan. Dès les beaux jours, toute la ville semble se donner rendez-vous pour une sieste, une partie de foot sur ses pelouses ou un jogging le long de ses allées sinueuses. Non loin de là, autour de la *via Paolo Sarpi,* c'est le dépaysement assuré en plein Chinatown milanais ! À moins que vous ne préfériez prendre l'*aperitivo* dans l'un des nombreux bars de la piazza Sempione ? En son centre trône le monumental *arco della Pace,* construit en 1807 à la demande de Napoléon. Plus loin, vers l'ouest, émerge le nouveau quartier *City Life,* avec son immense *mall* en partie à ciel ouvert étendu au pied des *Tre Torri,* 3 orgueilleux gratte-ciel dessinés par des architectes de renom (Zaha Hadid, Arata Isozaki et Daniel Libeskind). Ça claque !

Où dormir ?

De bon marché à prix moyens

Meininger *(plan détachable, C1-2,* **8***) : via privata Giovanni Calvino, 11. ☎ 02-947-586-16. • welcome@meininger-hotels.com • meininger-hotels.com • Ⓜ Cenisio. En dortoir 4 lits 18-37 €/pers ; chambres 48-100 €. Petit déj 8 €.* Légèrement excentrée mais proche du métro, cette AJ reste la moins chère de Milan, et d'un excellent rapport qualité-prix. Capacité d'accueil impressionnante (268 lits !), dans ce grand bâtiment orange vif au style indus' moderne, très fonctionnel et livré avec tous les accessoires (snack-bar ouvert 24h/24, consigne, cuisine commune...). Dortoirs colorés et parfaitement équipés avec salle de bains pour tous, clim, casiers, prises et lumières individuelles. Accueil enthousiaste et pro. En dépannage, autre enseigne : *piazza Monte Titano (Ⓜ Lambrate)* aux prix comparables, mais c'est encore plus loin !

De prix moyens à chic

Hotel Losanna *(plan détachable, B2,* **16***) : via P. Della Francesca, 39. ☎ 02-366-847-03. • info@hotellosanna.com • hotellosannamilano.it • Ⓜ Gerusalemme ; Ⓣ n°s 1 et 19. Doubles 67-350 €.* Bordé par une rue commerçante mais tranquille, c'est un petit hôtel d'une grosse vingtaine de chambres fonctionnelles, bien équipées et aménagées sur une note contemporaine discrète. Éviter celles du rez-de-chaussée, trop proches de la porte et de la réception. Accueil adorable.

Concoct *(plan détachable, C2,* **7***) : via A. di Cambio, 8. 📱 346-639-03-26. • concoctmilano@gmail.com • concoctmilano.com • Ⓜ Monumentale ; Ⓣ n°s 10 et 14. Doubles et studios 85-200 € ; pas de petit déj.* Dans une ruelle paisible du quartier chinois, cette belle bâtisse couleur *cioccolata* abrite une dizaine d'appartements et studios lumineux, tous uniques, « concoctés » par des architectes et designers. Du contreplaqué au béton brut, avec courette ou vue sur les toits, chacun possède son charme propre ! En cas de coup de cœur pour l'un ou l'autre (ce qui risque d'arriver...), pensez à le spécifier en réservant. Très bon accueil.

Hotel 38 *(plan détachable, C3,* **17***) : via L. Canonica, 38. ☎ 02-331-47-51.*

• info@hotel38.it • hotel38.it • Ⓜ Monumentale ou Moscova ; Ⓣ nos 1, 12 et 14, bus nos 57 et 43 devant. Doubles 80-170 €. Garage sur place (20 €/nuit). Curieuse architecture pour ce bâtiment tout rouge, abritant une quarantaine de chambres pratiques et bien dotées. Mobilier moderne aux couleurs pimpantes. Le *lobby* et les parties communes sont eux aussi égayés par des tableaux contemporains chamarrés. Superbe jardin à l'arrière pour le petit déj. Accueil pro et dynamique.

Lancaster Hotel *(plan détachable, C3,* ***18****) : via A. Sangiorgio, 16. ☎ 02-344-705. • info@lancasterhotel.it • lancasterhotel.it • Ⓜ Domodossola ; Ⓣ nos 1, 10 et 19. Doubles env 120-130 €, mais prix variables, se référer au site avt tte résa.* Ce vénérable palais Liberty livre une trentaine de chambres confortables, plutôt vastes mais à la déco standardisée de style très classique. Du fonctionnel pour ronfler et *basta !* Les plus petites sont logiquement les moins chères. Accueil sympa et pro. Somme toute, une bonne adresse.

Très chic

Hotel Viu Milan *(plan détachable, C-D2,* ***20****) : via A. Fioravanti, 6. ☎ 02-800-109-10. • info@hotelviumilan.com • hotelviumilan.com • Ⓜ Monumentale ; Ⓣ nos 2, 4 10, 12 et 14. Doubles à partir de 250 € (prix variables selon saison, se référer au site). Garage sur place mais cher (40 €/nuit).* En plein cœur d'un quartier ancien aux constructions basses, ce haut bâtiment design aux murs végétaux détonne ! L'immense *lobby,* confortable et élégant, donne le ton. Tout comme les 124 chambres ultra-confort, d'allure sobre et classe. En choisir une dans les étages pour profiter de la jolie vue panoramique. Piscine sur le toit, avec *sundeck* pour bronzer et *rooftop bar* pour trinquer. Resto de chef sur place. Accueil aux petits soins.

Un peu plus loin

Camping

Camping Città di Milano *(hors plan détachable par A4,* ***30****) : via G. Airaghi, 61. ☎ 02-482-070-17. • info@campingmilano.com • campingmilano.it • ♿ Du centre, M2 jusqu'à Garibaldi, puis M5 jusqu'à San Siro Stadio, puis bus n° 80 jusqu'à Quinto Romano. Env 1h de trajet (plus rapide en voiture). Réception 8h30-minuit. Selon saison, 35-40 € pour 2 avec petite tente et voiture ; loc de bungalows 70-100 € pour 2.* Un camping de près de 250 places posé à côté d'un parc aquatique en plein air (réduc à ce dernier pour les campeurs). Vaste pelouse plantée d'arbres (donc ombragée) avec, d'un côté, des enclos renfermant des chèvres, des moutons, des ânes et des volatiles. Sympa pour les enfants (d'autant qu'on laisse parfois les animaux gambader librement dans le camping !), moins au niveau de l'éventuelle odeur en été... Petite plaine de jeux aussi, ping-pong. Sanitaires corrects. Bar, pizzeria. Un peu bruyant à cause des voies express situées pas loin. Les prix sont élevés, mais c'est le camping le plus proche de Milan.

Où manger ?

De très bon marché à bon marché

La Ravioleria Sarpi *(plan détachable, C2-3,* ***67****) : via P. Sarpi, 27. 📱 331-887-05-96. • amministrazione@zetaquadro.com • Ⓜ Monumentale ; Ⓣ nos 2, 4, 12 et 14. Tlj 10h30-22h. Portion env 3 €.* En plein cœur du quartier chinois, c'est un petit comptoir vitré sur rue, laissant voir une cuisine proprette et fumante, d'où sortent de succulents raviolis, frais comme tout, au bœuf ou au porc. Également des « crêpes » chinoises, à dévorer aussi sur le pouce. Dans le même genre et juste à côté, voir aussi **Mo** *(Sarpi 25, face à Cantine Isola,* ***118****),* qui propose de délicieux baos confectionnés avec de la farine bio.

Pizzium *(plan détachable, C2,* ***69****) : via G. C. Procaccini, 30.*

☎ 02-336-076-23. • info@pizzium.com • Ⓜ Gerusalemme ; Ⓣ nos 10 et 19. Tlj midi et soir. Résa conseillée w-e. Pizze 7-12 €. À l'entrée, le four à bois ronronne allègrement et débite en continu des *pizze* napolitaines généreusement garnies, servies dans une jolie petite salle avec briques apparentes, vieux carrelage et mobilier vintage. Accueil dynamique et sympa. Une adresse très animée en soirée.

Starita *(plan détachable, C3,* ***60****) : via Gherardini, 1. ☎ 02-336-025-32. Ⓜ Domodossola. Ⓣ nos 1 et 10. Tlj sauf lun 12h-15h, 19h-23h. Pizze 8-12 €.* Cadre à la new-yorkaise pour l'une des bonnes pizzerias de la ville, recette napolitaine (la maison est née en 1901 au pied du Vésuve), utilement positionnée dans le secteur des bars du corso Sempione. Pas besoin de chercher loin pour combler un creux en sortie d'*aperitivo* ! Essayez donc la *pizza frita,* l'une des généreuses spécialités de la maison.

Prix moyens

Faccio Cose Vedo Gente *(plan détachable, B2,* ***89****) : via Fauchè, 35. ☎ 02-496-676-41. • info@facciocosevedogente.com • Ⓜ Gerusalemme ; Ⓣ nos 1, 14 et 19. Tlj 18h30-minuit, plus 12h30-15h w-e. Résa obligatoire. Plats 9-16 € ; carte env 35 €.* Jolie petite salle cosy et soignée, à la déco discrètement orientée rock. Et le fond sonore aussi ! À la carte, spécialités de tartares de bœuf, de poisson ou végé ; délicieux et étonnants mélanges de saveurs. Voir aussi l'ardoise du jour et ses bons petits plats (pâtes, salades...), et autres desserts. Service *veloce.* Une excellente adresse pour ne pas se ruiner.

Chic

Il Santo Bevitore *(plan détachable, C2,* ***91****) : via A. Aleardi, 22 (angle via Bertini). ☎ 02-331-33-50. • santobevitore.mi@gmail.com • Ⓜ Gerusalemme ; Ⓣ nos 10 et 19. Tlj sauf sam midi et dim. Résa obligatoire. Plats 16-26 €.* Petit resto de quartier chaleureux, élégant et cosy, où l'on pousse les murs pour accueillir les habitués jusqu'en mezzanine. Dans l'assiette, cuisine de saison savoureuse et originale, qui puise son inspiration dans le sud de la Botte. Service décontract' mais pro. On s'est régalés !

Où faire une pause café ?
Où déguster une glace, une pâtisserie ?

Pasticceria Martesana *(plan détachable, C2-3,* ***93****) : via P. Sarpi, 62. ☎ 02-669-866-34. • sarpi@martesanamilano.com • Ⓜ Gerusalemme ; Ⓣ nos 1, 10 et 19. Tlj 8h-20h.* Depuis plus de 50 ans, le rendez-vous des gens du quartier, à toute heure. Petits chocolats, viennoiseries, gâteaux, etc., accompagnent à merveille le bon cappuccino. À côté du comptoir, quelques tables pour se poser.

Torrefazione Moka Hodeidah *(plan détachable, C2,* ***95****) : via P. Della Francesca, 8. ☎ 02-342-472. • info@hodeidah.it • Ⓜ Gerusalemme ; Ⓣ no 10. Tlj sauf dim 7h (8h sam)-19h.* On aime bien ce café historique ouvert en 1946, encore dans son jus. La douce odeur ne trompe pas : ici, on torréfie les meilleurs cafés, originaires du monde entier. À déguster debout au comptoir, en grignotant quelques bricoles sucrées.

Il Massimo del Gelato *(plan détachable, B-C2,* ***105****) : via L. Castelvetro, 18. • info@ilmassimodelgelato.it • Ⓜ Gerusalemme ; Ⓣ nos 1 et 19. Tlj sauf lun 12h-23h ou minuit.* De succulentes glaces aux parfums crémeux classiques, avec une large variété de chocolats bien goûteux ! Excellents sorbets aux fruits de saison. Une adresse qui mérite le déplacement.

Gusto 17 *(plan détachable, C3,* ***127****) : via Cagnola, 10. • info@gusto17.com • Ⓜ Domodossola. Ⓣ nos 1 et 10. Tlj 12h-23h.* Juste un comptoir, stratégiquement placé à 2 pas du parco

Sempione. Une des meilleures crèmes glacées de Milan. Lire plus loin le descriptif de la maison mère, dans le chapitre « Porta Ticinese e Navigli ».

Où boire un verre ? Où prendre l'*aperitivo* ? Où danser ?

Cantine Isola *(plan détachable, C2, **118**) : via P. Sarpi, 30. ☎ 02-331-52-49. • cantineisola@gmail.com • Ⓜ Monumentale ; Ⓣ nos 2, 4, 12 et 14. Tlj 10h-22h. Congés : mai.* Un caviste-bar à vins à l'ancienne, désormais en plein cœur du quartier chinois. Petit local tout en longueur, envahi de bouteilles jusqu'au plafond. La belle sélection de vins italiens au verre se boit au comptoir, en grignotant un morceau. Accueil gentil et terrasse de poche pour profiter de l'ambiance plus que dépaysante de la rue.

LibrOsteria *(plan détachable, C-D3, **123**) : via C. Cesariano, 7. ☎ 02-992-477-06. • librosteria@gmail.com • Ⓜ Monumentale ou Moscova. Tlj sauf dim 10h-2h, aperitivo 18h (w-e 19h30)-21h.* Un bar-bouquiniste, en voilà une bonne idée ! Fidèle à sa devise et à ses 2 passions (« vieux crus, bouquins rajeunissants »), c'est une adresse bien dans ses baskets, à l'image de sa clientèle étudiante, qui déborde allègrement sur la place. Ambiance décontract' et plats joliment présentés. À l'intérieur, bibliothèque hétéroclite où les amateurs retrouveront leurs classiques préférés en italien, parfois dédicacés. Une pépite !

Les bars du corso Sempione *(plan détachable, C3) : entre la piazza Sempione et la via F. Melzi d'Eril. Ⓜ Cadorna ou Gerusalemme ; Ⓣ nos 1 et 10.* Dans cette petite portion du *corso*, judicieusement placés à la sortie du parco Sempione, une grappe de grands bars animés déploient leurs vastes terrasses pour un copieux *aperitivo*. Pas toujours très raffiné mais il y a foule ! Parmi ceux-ci, le **Bhangra-Bar** *(plan détachable, C3, **119** ; corso Sempione, 1 ; ☎ 02-349-344-69 ; • info@bhangrabar.it • ; tlj 17h (15h dim)-2h)* affiche une ambiance indienne décalée, pour une clientèle jeune. Également le **Jazz Caffè** *(plan détachable, C3, **178** ; corso Sempione, 8 ; ☎ 02-336-040-39 ; • booking@jazzcafe.it • ; tlj sauf lun jusqu'à 1h ou 2h)* et son ambiance plus tranquille, qui plaît aux quadras. Enfin, le classique **Duomo dal 1952** *(plan détachable, C3, **119** ; piazza Sempione, 5 ; ☎ 02-480-172-24 ; • prenotazioni@duomodal1952.com • ; tlj 8h-23h (23h30 w-e) ; aperitivo 18h-22h30)*, très international, concentre pas mal de suffrages. Allez-y à l'instinct !

Fifty Five *(plan détachable, B2, **112**) : via P. Della Francesca, 55. ☎ 02-349-366-16. • info@55milano.com • Ⓜ Gerusalemme ; Ⓣ nos 1, 14 et 19. Tlj sauf lun 18h-3h.* Installé sous le plafond voûté d'un ancien atelier de carrosserie automobile, un vaste bar avec canapés et rayonnages chargés de revues de déco, mode et design... C'est presque toujours plein et pour cause : on y sert un *aperitivo* monstre ! Terrasse sur le toit aux beaux jours. Le week-end, la pression monte et le *dance floor* est alors pris d'assaut.

Il Gattopardo Café *(plan détachable, B2, **113**) : via P. Della Francesca, 47. ☎ 02-345-376-99. • info@gattopardomilano.com • Ⓜ Gerusalemme ; Ⓣ nos 1, 14 et 19. Mar-sam minuit-4h30.* Installé dans une ancienne église, ce temple de la nuit milanaise vaut le détour, ne serait-ce que pour son décor grandiose ! On y danse toujours sur de vieux tubes jusqu'au bout de la nuit... Presque en face, le patron a aussi ouvert le resto-bar-club chic **La Bullona** *(plan détachable, B2, **177** ; via P. Della Francesca, 64 ; ☎ 02-336-076-00 ; • info@bullona.com • ; tlj 20h-3h, tenue correcte exigée et résa vivement conseillée)* dans une ancienne gare des *Ferrovie Nord Milano*.

Old Fashion Club *(zoom détachable, C3, **133**) : via Alemagna, 6. ☎ 02-805-62-31. • info@oldfashion.it • Ⓜ Cadorna ; Ⓣ nos 1 et 19. À l'entrée du parc, sur le flanc gauche*

CASTELLO E CORSO SEMPIONE

de la Triennale Milano. Tlj sauf lun-mer 23h30-5h. Agréablement située dans le parc Sempione, une boîte chic qui tourne depuis 1933 et ne désemplit pas ! Elle a même été déclarée lieu d'importance historique par la commune. Vaut surtout pour son grand jardin *(ouv mai-sept),* où l'on danse en plein air sur de la musique électro, hip-hop ou 90's... Quelques stars se cachent parfois dans la foule, à vous de les débusquer ! Venir tôt et s'armer de patience.

À voir

Castello Sforzesco *(zoom détachable, D4) :* *piazza Castello.* ☎ *02-884-637-03.* • *milano castello.it* • *comune.milano.it/cultura* • Ⓜ *Cairoli, Cadorna ou Lanza ;* Ⓣ *n°s 1, 2, 4, 12 et 14. Tlj 7h-19h30. Accès à la cour GRATUIT. Pour les musées : tlj sauf lun 10h-17h30 (dernière admission à 17h). Entrée avec résa obligatoire : 5 € ; réduc ; gratuit moins de 18 ans et pour ts le 1er dim du mois et les 1er et 3e mar à partir de 14h.* Tourist Museum Card *acceptée. Audioguide en français (malheureusement incomplet : intro sur le* castello *et visite du* museo d'Arte antica *seulement ; 45 mn) : 5 €.* ***Visites guidées des créneaux*** (merlate) ***et toits*** *avec l'association* Ad Artem *(infos et résas :* ☎ *02-659-77-28 ;* • *adartem.it* • *; tarif : 17 €, réduc ; durée : 1h30 ; en italien ou anglais seulement) : celle de la* ghirlanda *(guirlande) suit les passages souterrains...*

> ### À BAS LE *CASTELLO* !
> *Lors de l'occupation napoléonienne, Bonaparte envisagea de se construire un immense complexe en son honneur : un palais entouré de nombreux bâtiments administratifs, de thermes, d'un théâtre, d'un musée, d'un panthéon... Pour cela, il avait besoin de place. Il demanda donc la destruction totale du castello Sforzesco. Heureusement, le projet ne vit jamais le jour et seuls les murs du bastion ont disparu. La rue entourant le castello a toutefois pris le nom de foro Buonaparte, juste pour satisfaire son ego !*

Forteresse militaire au XIVe s sous les Visconti, partiellement démoli durant la République ambrosienne (1447-1450), le château prend sa forme définitive vers 1450 avec l'arrivée des Sforza, ducs de Milan, qui en font leur résidence. Du XVIe au XIXe s, le *castello* devient une caserne où se succèdent les troupes d'occupation. Il est finalement rendu aux Milanais à la fin du XIXe s à l'occasion de l'unification de l'Italie. Ce quadrilatère en brique de 200 m de côté, limité à chaque extrémité de sa façade par 2 tours cylindriques, abrite aujourd'hui plusieurs musées que l'on peut parcourir d'une traite. Si vous voulez tout voir, réservez une belle plage horaire dans votre programme : les musées présentent des collections conséquentes, et une multitude de salles à traverser !

– ***Museo d'Arte antica*** *(musée d'Art ancien)* **:** présente une riche collection de sculptures datant de l'Antiquité tardive à la Renaissance. Près de 2 000 œuvres, qui en font le plus important recueil du genre en Lombardie. On passe d'abord sous l'***arco della Pusterla dei Fabbri,*** ancienne porte médiévale de la ville, avant de contempler le ***monument funéraire de Bernardo Visconti*** : un élégant sarcophage sur colonnettes, sculpté de bas-reliefs et surmonté d'un cavalier (XIVe s). Aussi de nombreux éléments architecturaux provenant d'églises milanaises et lombardes. Le tout sous des plafonds grandioses décorés de fresques à l'époque de Sforza. D'ailleurs, levez bien haut votre museau dans la ***sala delle Asse,*** la plus importante du château : le décor de forêt touffue du plafond est l'œuvre de ***Léonard de Vinci.*** Ces 18 plantureux mûriers peints en trompe l'œil sont une allusion au duc Ludovic Sforza, « le More » (mûre et More se disent tous 2 *moro* en italien). Sous sa gouvernance, Léonard de Vinci fut 18 ans durant « l'homme à tout faire » du *castello.* Une récente restauration de la fresque a fait apparaître des dessins préparatoires du maître.

– ***Armeria*** *(armurerie)* **:** belle collection d'armes datant du Moyen Âge tardif au XVIIIe s : armures, pistolets, mousquets, épées, lances, casques...

– ***Museo dei Mobili e delle Sculture lignee*** *(musée des Meubles et des Sculptures en bois)* **:** regroupe 6 siècles d'histoire du meuble du XVe au XXe s. Superbes cabinets marquetés, secrétaires sculptés, commodes ciselées et coffres rustiques. Le tout parsemé d'objets d'art : statues religieuses, calice, mappemonde, assiettes, et ce curieux automate en bois à tête de diable, brrr !

« JEUNE FILLE OBSCÈNE »

Le musée d'Art ancien livre un bas-relief du XIIe s, provenant d'une porte de la ville, qui représente une jeune fille se rasant le pubis. Autrement dit, une prostituée (les autorités exigeaient ce geste d'hygiène)... mais il s'agirait, par dérision, de la femme de Barberousse, qui assiégea Milan en 1162 ! Au XVIe s, l'archevêque de Milan ordonna le retrait de cette sconcia fanciulla *(« jeune fille obscène ») de la porta Tosa (*tosa *signifiant « jeune fille » en patois milanais, et* tonsa *« rasée »), qui devint la glorieuse porta Vittoria au XIXe s.*

– ***Pinacoteca*** *(pinacothèque)* **:** rassemble près de 1 500 chefs-d'œuvre de l'art lombard du Moyen Âge au XVIIIe s. Bergognone, Le Bramantin, Bernardino Luini (élégant *Hercule et Atlas* en bichromie, *salle 21*), Vincenzo Foppa (étonnante *Vierge au livre, salle 21*), Marco d'Oggiono (curieuses *Noces de Cana* en arc de cercle, où les convives boivent dans des gobelets presque en plastique, *salle 21*), ***Giovanni Bellini*** (inhabituelle *Vierge à l'Enfant* portant un citron, *salle 22*), Giulio Cesare Procaccini, ***Andrea Mantegna*** (*Vierge à l'Enfant,* dont Jésus – pâlot – semble ausculté par sa mère, *salle 22*), Corrège, ***le Tintoret*** (belle *Tête virile, salle 25*), Titien, Pietro Belotti (un *Gai Buveur* avec sa pipe coincée dans son chapeau, pour rigoler un peu, *salle 26*) et ***Giambattista Tiepolo*** sont quelques grands noms parmi d'autres. Et pour ceux qui ne sont pas encore allés à Venise, voir les 2 grands tableaux de ***Canaletto*** qui en offrent un bel avant-goût ! Également quelques sculptures, dont la belle *Madonna Taccioli* de Bambaïa *(salle 21).*

– ***Museo delle Arti decorative*** *(musée des Arts décoratifs)* **:** c'est le plus important d'Italie ! Il rassemble une vaste section de céramiques, de faïences, de verrerie et de petits bronzes, mais aussi des ivoires, des tapisseries, des ustensiles de liturgie et autres objets d'art modernes.

– ***Museo degli Strumenti musicali*** *(musée des Instruments de musique)* **:** évoque d'abord le travail de lutherie, dont Crémone et Milan demeurent les villes emblématiques. Puis, une foule de mandolines, de guitares, de violons, de flûtes et de pianos. Voir notamment la célèbre viole incrustée de nacre du luthier milanais Giovanni Grancino. Également une riche collection d'instruments du monde.

– ***Museo archeologico*** *(Musée archéologique)* **:** présente – au sous-sol – les principales cultures qui se sont succédé en Lombardie, du Néolithique à la romanisation, à travers de beaux objets mis au jour dans des nécropoles. Superbe vase rituel en forme de 3 canards (VIe s av. J.-C.), casques et protections de guerrier en bronze, épées en fer... Aussi une ***section égyptienne*** montrant statuettes funéraires, sarcophages, momies humaines et animales, amulettes, hiéroglyphes, etc.

– ***Museo Pietà Rondanini* :** le saint des saints du *castello* ! Là, dans une aile ouverte sur la grande place d'Armes *(cortile delle Armi),* est exposée la magnifique sculpture de ***Michel-Ange,*** sa dernière œuvre restée inachevée. Le travail laisse à la pierre une épaisseur rugueuse et, en regardant attentivement, on se rend compte que la disposition initiale a été modifiée afin de rendre l'œuvre encore plus émouvante. On dit que Michel-Ange y travaillait encore 4 jours avant sa mort !

– Le castello Sforzesco renferme encore la ***biblioteca Trivulziana*** *(lun-ven 10h-15h, sur rdv seulement),* qui recèle de précieux volumes comme le *libretto di appunti* de Léonard de Vinci. Sans oublier la ***collection de gravures « Achilles Bertarelli »*** *(mar-jeu 10h-15h, sur rdv seulement),* les ***Archives photographiques*** *(mar-jeu 10h-14h, sur rdv seulement),* la ***Bibliothèque archéologique et numismatique*** *(sur rdv seulement)* et la ***Bibliothèque d'art*** *(mar-ven 10h-16h30).*

Museo d'Arte e Scienza (zoom détachable, D4) **:** *via Q. Sella, 4. ☎ 02-720-224-88. • museoartescienza.com • Ⓜ Cairoli ou Lanza ; Ⓣ nos 2, 12 et 14. Lun-ven 10h (14h mar et jeu)-18h. Entrée : 10 € ; réduc.* Construit autour d'un laboratoire privé d'expertise d'œuvres d'art *(visite sur rdv),* ce musée instructif et sympa propose 3 parcours, au carrefour de l'art et de la science. La ***1re section*** présente 2 petites expos dédiées à ***Léonard de Vinci*** : l'une montrant ce qu'il réalisa au cours de son séjour à Milan (ses plans de machines de guerre, notamment !), l'autre portant sur son fameux *Traité de la peinture,* qui eut une grande influence sur la manière de peindre aux siècles suivants. Au sous-sol, le ***2e parcours*** est dédié aux techniques permettant de distinguer les œuvres d'art authentiques des copies : « stations interactives » pour voir, toucher, sentir, utiliser certains outils (loupe, microscope, lumière de Wood...) et finalement différencier les vraies pièces des contrefaçons. Enfin, la ***3e section*** abrite une collection d'objets bouddhiques et africains...

Parco Sempione (zoom et plan détachables, C-D3-4) **:** *Ⓜ Cairoli, Lanza, Cadorna. Ⓣ nos 1, 10... Tlj 6h30-21h (22h mai ; 23h juin-sept).* Inauguré en 1893, cet immense parc de presque 40 ha est le point de ralliement du tout-Milan les week-ends ensoleillés. À chacun son style, sportif ou décontract', l'*aperitivo* dans les bars du corso Sempione (sortie nord du parc) mettra tout le monde d'accord. Même avec un *Spritz* dans le nez, ne confondez pas la tour métallique qui s'élève au bout du parc *(plan détachable, C3)* avec un relais télécom. Il s'agit de la ***Torre Branca,*** un observatoire dessiné en 1933 par le maître du design local, Gio Ponti. *Ascension 6 € ; horaires très variables selon saison ; rens sur • museobranca.it •*

Triennale Milano (zoom détachable, C3) **:** *viale Alemagna, 6. ☎ 02-724-342-00. • triennale.it • Ⓜ Cadorna ; Ⓣ nos 1, 10 et 19. ♿ Au bord du parco Sempione. Tlj sauf lun 11h-20h. Entrée : 10 € (musée), env 16 € avec expos temporaires ; réduc. Programmation du moment sur le site internet, malheureusement peu lisible.*
Conçu par l'architecte rationaliste Giovanni Muzio, le Palazzo dell'Arte accueille depuis 1933 la fameuse *Triennale di Milano,* une foire internationale consacrée au design née à Monza en 1923. En dehors de cet événement majeur et incontournable, l'institution Triennale Milano – qui a une vie intense – propose aussi un riche programme d'expositions et événements, ainsi qu'un intéressant musée consacré au design italien, parfois appelé ***Triennale Design Museum.***
Présentées dans la vaste rotonde du rez-de-chaussée, éclairée de lumière naturelle, les collections du musée se composent de centaines de pièces iconiques retraçant les grandes heures du design italien. L'exposition étant souvent renouvelée, il est difficile de détailler ici son contenu. Peut-être aurez-vous la chance d'admirer le fauteuil *Lady* (1951) de ***Marco Zanuso,*** la chaise *Superleggera* de ***Gio Ponti*** (1952), les luminaires futuristes de ***Gino Sarfatti,*** le sofa-lèvre *Bocca* (1970), inspiré d'une œuvre de Salvador Dalí *(Mae West Lips Sofa),* ou encore le miroir *Ultrafragola* (1970), signé ***Ettore Sottsass.*** Une chose est sûre, les amateurs de mobilier moderne seront comblés.
– Par ailleurs, de nombreuses ***expos temporaires*** font vivre le lieu tout au long de l'année (encore plus durant la Triennale !), explorant la création design contemporaine et son rapport aux autres arts tels que la photo ou le cinéma. Généralement, cela se passe à l'étage et à l'arrière du bâtiment mais là encore, difficile de s'avancer sur le long terme. Belle librairie-boutique au rez-de-chaussée.
– Côté parc, admirez les *Bagni Misteriosi* (« Bains mystérieux ») de ***Giorgio De Chirico*** : ces statues grandeur nature à moitié immergées dans la fontaine située en face au musée se révèlent saisissantes de réalisme !

Triennale Design Café : *au rdc (côté parc) de la Triennale Milano.* Adresse qui vaut beaucoup pour sa charmante terrasse, ouverte sur le parco Sempione. Le lieu idéal pour boire un café et grignoter ! Des DJ's animent le lieu les week-ends.

Fondazione Achille Castiglioni (zoom détachable, C-D4) **:** *piazza Castello, 27. ☎ 02-805-36-06. Résas en ligne : • info@achillecastiglioni.it •*

fondazioneachillecastiglioni.it • Ⓜ *Cadorna. Visite guidée (1h, parfois en français) sur rdv uniquement mar-ven à 10h, 11h et 12h. Entrée : 15 € ; réduc.*
Né en 1918, Achille Castiglioni a d'abord formé avec ses frères Livio et Pier Giacomo un cabinet d'architectes du côté de la porta Nuova. Mais l'insuffisance de projets architecturaux conduit les frangins Castiglioni à développer des objets design pour des fabricants italiens soucieux de relancer leur activité après-guerre. En 1952, Livio choisit de faire cavalier seul, et à la mort prématurée de Pier Giacomo en 1968, ne reste qu'Achille aux commandes du cabinet. Collaborant pour la fabrication de ses objets avec les grands industriels du secteur, comme *Flos* (• *flos.com* •), *Zanotta* (• *zanotta.it* •) et *Alessi* (• *alessi.com* •), il a travaillé dans cet atelier de 1962 jusqu'à sa mort, en 2002. Le lieu est aujourd'hui le siège d'une fondation indépendante créée en 2011 par ses héritiers. Ce créateur, réputé pour sa drôlerie et son bon sens, créa des objets du quotidien non seulement design, mais aussi pratiques. Connaissez-vous la célèbre ***lampe Arco,*** créée en 1962 ? C'est lui ! Fabriquée encore aujourd'hui par *Flos* et très souvent imitée, cette lampe affiche toujours un franc succès dans de nombreuses salles à manger. Quant au fameux ***cendrier spirale,*** réalisé en 1971 avec du fil de fer par *Alessi,* c'est lui aussi ! Et vous avez certainement déjà croisé aussi son ***tabouret Mezzadro*** (1957), inspiré d'un siège de tracteur agricole et toujours produit par *Zanotta...*
La visite guidée (parfois en français) s'avère très instructive. En parcourant les 4 pièces de l'atelier, on découvre les prototypes d'Achille, ses modèles, ses planches à dessin, son mur à idées... Vivement conseillé !

Acquario civico *(plan détachable, D3) : viale Gerolamo Gadio, 2. ☎ 02-884-657-50. • acquariodimilano.it •* Ⓜ *Lanza ;* Ⓣ *n°s 3, 4, 12 et 14. Au bord du parco Sempione. Tlj sauf lun 10h-17h30 (dernière admission à 16h30). Entrée : 5 € ; réduc ; gratuit moins de 18 ans (sauf en cas d'expo temporaire) et à partir de 14h les 1er et 3e mar du mois.* Tourist Museum Card *acceptée.*
Le 3e plus vieil aquarium d'Europe, construit pour l'Exposition internationale de Milan en 1906. Il s'articule en rotonde et présente des bassins où l'on découvre faune et flore méditerranéennes, puis des lacs et fleuves nationaux, après une escale colorée en mer Rouge. Petit jardin avec tortues et poissons rouges. Bref, une visite rapide.

Via Paolo Sarpi *(plan détachable, C-D2-3) :* longue d'un petit kilomètre, cette agréable rue piétonne est la colonne vertébrale du Chinatown de Milan. Si ce quartier a accueilli des immigrés de la province du Zhejiang dès les années 1920, cela ne fait qu'une quinzaine d'années qu'il est à presque 100 % chinois... jusqu'aux enseignes des boutiques en sinogrammes !

ADI Design Museum *(plan détachable, D2) : piazza Compasso d'Oro, 1 (entrée par via Ceresio, 7). • adidesignmuseum.org •* Ⓜ *Monumentale ou Garibaldi F.S. ;* Ⓣ *n°s 2, 4, 12 et 14. Tlj sauf lun 10h30-20h (dernière entrée à 19h15). Entrée : 12 € ; réduc ; gratuit moins de 10 ans.*
Créé en 2021, ce musée de design est lié à l'*Associazione per il Disegno Industriale* (ADI), organisme milanais gérant depuis 1964 l'attribution du *Compasso d'Oro* (Compas d'or), un prix prestigieux – l'équivalent du Pritzker Prize en architecture – récompensant tous les 2 ans les créations design les plus innovantes. Le musée s'est installé dans un ancien bâtiment industriel de plus de 5 000 m², qui fut un temps un dépôt de trams à cheval (!) avant de devenir une centrale électrique. Destiné avant tout aux fans de design, ce musée est le complément idéal à la Triennale Milano (voir plus haut).
– L'***exposition permanente*** retrace une partie de l'histoire du design italien – soit de 1954 à aujourd'hui – à travers la présentation chronologique et détaillée de toutes les œuvres de design lauréates du Compas d'or, ou tout au moins candidates. On découvre ainsi, scrupuleusement classés par années, une foule d'objets, meubles, véhicules, décors ou même bâtiments, accompagnés d'une multitude de dessins, plans, articles de presse ou pubs vintage. On peut par exemple citer la

calculatrice électronique Olivetti d'***Ettore Sottsass*** (1959), la machine à café *Pitagora* des frères ***Castiglioni*** (1962), le téléviseur portable *Donay* de ***Marco Zanuso*** (1962), la lampe *Atollo* de ***Vico Magistretti*** (1979) ou encore la nouvelle Alfa Romeo *Giulia* (2018). Certains objets vont forcément vous rappeler des souvenirs !
– À cette chronologie foisonnante et éclectique s'ajoutent des ***expositions temporaires*** qui s'attachent à présenter des créateurs emblématiques ou des thèmes liés à l'histoire du design.
Le petit ***café*** offre une pause bienvenue avant de jeter un œil à la librairie-boutique.

Un peu plus loin

Stadio Giuseppe Meazza, dit San Siro *(hors plan détachable par A3) : piazzale A. Moratti. ☎ 02-404-24-32. • sansirostadium.com • À 6 km à l'ouest du Milan. Ⓜ S. Siro Stadio. Visites (porte n° 8) tlj 10h-18h ; sous réserve de variation les jours de match ou d'événement ; dernière admission 30 mn avt fermeture. Entrée : 30 € ; réduc. Attention : certaines parties du stade sont parfois fermées à la visite – sans sommation – en cas d'événement ; dans ce cas, le prix du billet est trop élevé !*

TIFOSI

Les supporters de football en Italie portent ce nom bizarre, qui signifie « malade du typhus » ! On comprend mieux quand on sait que les symptômes sont : grosse fièvre, accélération du pouls et... forte soif !

Construit en 1926 et agrandi à l'occasion du Mondial 90 pour accueillir 80 000 personnes, ce temple du football, cher à l'*Inter Milan* et au *Milan AC,* est une grande fierté de l'Italie... menacée de disparaître ! L'affluence n'étant plus ce qu'elle était, les 2 clubs et la municipalité se sont mis d'accord pour abandonner l'enceinte mythique au profit d'un nouveau stade à construire, plus petit, plus moderne, et supposément plus rentable. L'annonce a provoqué une bronca digne des derbys les plus chauds. On en reparle en 2025 !
En attendant, la visite débute par le ***museo di San Siro ou museo Inter Milan,*** retraçant la vie des 2 clubs à travers une foule de maillots de joueurs célèbres, mais aussi quelques reliques : coupures de presse, objets divers... Ensuite, direction les ***vestiaires*** (aujourd'hui, ça ne sent plus le fauve !), où la jeunesse italienne ne peut s'empêcher de toucher le maillot de ses joueurs fétiches en versant une larme ! Puis, on emprunte le ***tunnel*** permettant l'accès au ***terrain,*** histoire de fouler un petit bout de cette pelouse mythique. Là, sur le banc de touche, on est saisi par les mensurations énormes de l'édifice, un peu comme des *Playmobil* dans un évier ! L'émotion s'achève par la visite des ***tribunes*** aux sièges colorés, qui vibrent d'effervescence les jours de match ! Enfin, sortie par la ***boutique...***
Pour nos routards « footeux » qui désirent assister à un match : programme et achat des billets (une place au stadium, ça vaut de l'or !) sur les sites des 2 équipes : • *inter.it* • et • *acmilan.com* •

LE QUARTIER MAGENTA

Dans ce quartier résidentiel tranquille et plutôt chic, vous croiserez surtout des Milanais qui, au hasard, sacrifient au rite du shopping le long du *corso Vercelli.* Et aussi quelques touristes, le nez dans leur plan, à la recherche de la fameuse *chiesa Santa Maria delle Grazie,* qui abrite la célébrissime *Cène* de Léonard de Vinci. Balade agréable dans les petites rues qui entourent la sublime *basilica di Sant'Ambrogio,* un gentil petit coin du Milan ancien que rajeunissent les étudiants de l'université du coin.

Où dormir ?

Prix moyens

B & B Hotel Milano *(zoom détachable, C4, **33**) : via degli Olivetani, 4. ☎ 02-481-010-89. • mi.santambrogio@hotelbb.com • hotelbb.com • Ⓜ S. Ambrogio ; Ⓣ n° 16. Doubles 80-140 €.* Certes, c'est un hôtel de chaîne, mais il est bien placé et propose des tarifs raisonnables. Plus de 90 chambres, fonctionnelles et bien équipées. Déco standardisée dans un style contemporain simple, efficace et sympa, avec marbre au sol. Très bon accueil (francophone sur demande).

De chic à très chic

Antica Locanda Leonardo *(zoom détachable, C4, **15**) : corso Magenta, 78. ☎ 02-480-141-97. • info@anticalocandaleonardo.com • anticalocandaleonardo.com • Ⓜ Conciliazione ou Cadorna ; Ⓣ n° 16. Double env 150 €.* Proche de la célèbre *Cène* de Léonard de Vinci, un petit hôtel cosy installé dans un vieil immeuble de caractère, au fond d'un paisible patio. Joli salon où flottent des notes de musique, avec des fenêtres à la française laissant apercevoir un charmant jardinet. Une petite vingtaine de chambres confortables, soignées et affichant un style très classique : de-ci, de-là du vieux parquet, des meubles patinés, parfois une terrasse ou un balcon sur le jardin ou le patio... Également 2 apparts. Accueil charmant et pro.

Où manger ?

De bon marché à prix moyens

Zibo *(zoom détachable, C5, **110**) : via Caminadella, 21. ☎ 02-359-994-63. • info@zibocuochi.com • Ⓜ S. Ambrogio. Mar-sam, midi et soir. Fermé lun-dim, la 1re sem de janv et 3 sem en août. Résa obligatoire le soir et sam midi. Sandwichs et plats 9-14 €.* Jolie petite salle cosy, mobilier dépareillé et ambiance vintage sous des éclairages indus' tamisés. Dans l'assiette, c'est une dînette simple mais super goûteuse, mitonnée avec des produits de qualité, « kilomètre 0 ». Surtout des sandwichs gourmets et des raviolis maison, déclinés aussi en formule végé. À arroser d'une bière ou d'un verre de vin. On s'est régalés !

Bebel *(zoom détachable, C4, **132**) : via San Vittore, 3. ☎ 02-481-28-24. • info@bebel.it • Ⓜ S. Ambrogio. Tlj sauf dim et sam midi. Pizze 7-12 € ; plats 10-22 €.* Le bon vieux resto italien, classique, solide, à nappes épaisses aux couleurs vives, accueillant les employés du coin le midi et pris d'assaut par les familles le soir.

Immersion garantie ! Plats délicieux, c'est sûr, mais n'oubliez pas de garder de la place pour le(s) dessert(s), frais du matin : ils sont à tomber... Terrasse à l'arrière, dans la cour.

Da Zero *(zoom détachable, D4,* ***114****) : via B. Luini, 9. ☎ 02-835-291-89. • info@cominciadazero.com • Ⓜ Cairoli ; Ⓣ nos 16 et 19. Tlj midi et soir. Résa conseillée. Pizze 6-14 €.* De belles *pizze* aux bords rebondis, garnies d'ingrédients de qualité tendance *Slow Food,* puisés en priorité dans le terroir milanais (d'où le nom). Le tout est cuit au feu de bois par une armada de pizzaiolos déchaînés. Cadre moderne, discret, mais on n'est pas là pour ça ! Service efficace. Une pizzeria qui ne désemplit pas, et qui a l'avantage d'être ouverte aussi à midi.

De chic à très chic

Boccondivino *(zoom détachable, C4,* ***71****) : via Carducci, 17. ☎ 02-866-040. • info@boccondivino.com • Ⓜ Cadorna ou S. Ambrogio ; ♿ Ⓣ nos 16 et 19. Lun-sam midi et soir (sauf sam midi). Fermé dim. Résa obligatoire. Menus 35-75 € ; carte env 45 €.* Une *enoteca* rustique qui a pignon sur rue depuis 1976. À la carte, plats goûteux dans la plus pure tradition milanaise, mijotés avec des ingrédients de qualité sélectionnés dans le terroir local. Très bon plat du jour (servi le midi uniquement) ; le soir, en revanche, c'est beaucoup plus cher. Belle carte des vins, forcément. Service stylé.

Aimo e Nadia Bistro *(plan détachable, C4,* ***96****) : via M. Bandello 14. ☎ 02-480-262-05. • info@bistroaimoenadia.com • Ⓜ Conciliazione ou S. Ambrogio. Tlj sauf dim-lun 12h-15h, 19h-23h. Résa obligatoire. Plats 20-35 € ; menus déj 35-45 € ; menus dégustation 75-130 €.* Une galerie de design accueillant un restaurant gastronomique : quoi de plus *milanese* ? Ravissante cour intérieure, sous la vigne, entre plantes vertes et installations d'art. Féerique le soir à la lueur des lampions ! Côté cuisine, une précision sans faille : fraîcheur, saveurs, couleurs, délicatesse, parfums, tout y est. Et dans l'ancienne fabrique attenante de cravates, exposition de créateurs du monde entier.

Où boire un café ? Où déguster une pâtisserie, une glace ?

Caffetteria Leonardo *(zoom détachable, C4,* ***128****) : via A. Saffi, 7. ☎ 02-439-03-02. • sureshshazna@gmail.com • Ⓜ Cadorna ; Ⓣ nos 1 et 19. Tlj 7h30 (8h w-e)-20h30.* Gentil petit café tout cosy, rendez-vous des habitants du quartier tout au long de la journée. Délicieuses pâtisseries maison, à accompagner d'un bon café. Bien au petit déj ou pour une pause gourmande entre 2 visites. Quelques salades et autres bricoles à dévorer le midi. Terrasse ensoleillée.

Pasticceria di Lillo *(plan détachable, C4,* ***130****) : via V. Monti, 47. ☎ 02-481-32-33. • info@milanoamodomio.it • Ⓜ Conciliazione ; Ⓣ nos 1 et 19. Tlj sauf lun 7h30-19h (13h30 dim).* Derrière sa déco boisée et ses sourires bienveillants, c'est une bonne petite pâtisserie de quartier, au décor immuable. Le lieu idéal pour bien commencer la journée avec un *caffè-cornetto* au comptoir, au coude à coude avec les habitués. Quelques en-cas salés à midi.

Gelato Fatto con Amore *(zoom détachable, C-D4,* ***131****) : corso Magenta, 30. • sms.corsomagenta@gmail.com • Ⓜ Cadorna ; Ⓣ nos 16 et 19. Tlj sauf lun 12h-22h.* Classiques glaces crémeuses et sorbets de saison, concoctés avec des produits de qualité. Peu de parfums, mais des saveurs absolument renversantes ! Petit banc pour se poser devant.

Chocolat *(zoom détachable, C4,* ***90****) : via Boccaccio, 9. ☎ 02-481-005-97. • boccaccionovemilano@chocolatmilano.it • Ⓜ Cadorna ; Ⓣ nos 1 et 19. Tlj 7h30 (8h sam, 10h dim)-1h.* Le royaume du chocolat et son palais des glaces ! Il y en a pour tous les goûts : chocolat fondant, au rhum, à l'orange... En hiver, on sirote une délicieuse *cioccolata calda* accompagnée d'une pâtisserie (également excellente)... au chocolat ! Agréable petite mezzanine au-dessus du comptoir. Une valeur sûre.

Où boire un verre ? Où sortir ?

🍸 ***Bar Magenta*** *(zoom détachable, C4, **103**)* **:** *via Carducci, 13. ☎ 02-805-38-08. • p.marchesi@barmagenta.it • Ⓜ Cadorna ; Ⓣ nos 16 et 19. Tlj 7h-2h.* Ouvert en 1907, cet étonnant café a conservé son style Liberty d'origine : boiseries, lustres Tiffany, superbe horloge suspendue, bar en marbre... Si le cadre en jette, l'ambiance détendue est celle d'un bistrot de quartier, où les habitués commandent nonchalamment leur *come da sempre*, « comme toujours ». Buffet pantagruélique à l'*aperitivo* et du monde jusque tard pour siroter des verres en terrasse ou sur le trottoir.

À voir

Chiesa Santa Maria delle Grazie (zoom détachable, C4) **:** *piazza Santa Maria delle Grazie, 2. ☎ 02-467-61-11. • cenacolovinciano.org • Ⓜ Cadorna ou Conciliazione ; Ⓣ n° 16. 2 lieux en réalité : l'**église** lun-sam 9h-12h20, 15h30-17h50, dim 15h30-17h50 ; mais surtout, dans le réfectoire attenant, La Cène de Léonard de Vinci mar-dim 8h15-19h (dernière admission à 18h30). Fermé lun, 1er janv, 1er mai et 25 déc.* ***Attention, résa du ticket obligatoire 2-3 sem min à l'avance (2-3 mois en été et à Noël) par tél ou sur le site internet.*** *Si vous ne parvenez pas à réserver par tél ou sur le site internet, présentez-vous à la billetterie (tlj sauf lun 8h-18h45), dès l'ouverture, pour connaître les créneaux horaires des désistements du jour (ça marche !) ou en demandant directement aux groupes qui attendent leur tour de visite sur le parvis : les billets étant achetés longtemps à l'avance, il n'est pas rare qu'une ou plusieurs pers ne viennent pas ! Entrée : 15 € (13 € + 2 € pour la résa) ; réduc ; gratuit moins de 18 ans (mais 2 € de résa). Temps de visite limité à 15 mn et 30 pers max.*

Construite au XVe s, l'église se distingue par son dôme Renaissance à 16 pans entouré d'une galerie et soutenu par des arcs monumentaux. Bramante est l'auteur de cette petite merveille de finesse et d'équilibre, et aussi de l'harmonieux cloître. Cette église et la célèbre ***Cène*** *(Cenacolo Vinciano)* de ***Léonard de Vinci*** sont classées au Patrimoine de l'Unesco depuis 1980. Peinte dans le réfectoire de l'ancien couvent dominicain (sur la gauche de l'église), elle fournissait aux moines un sujet de méditation fort à propos pendant les repas ! Cette grande fresque (9 x 5 m environ) est l'œuvre la plus illustre du Maestro après *La Joconde*, et, pour l'histoire de la peinture de la Renaissance, est aussi importante que la chapelle Sixtine de Michel-Ange ou les chambres du Vatican de Raphaël : elle a tout de suite bouleversé les peintres de l'époque, qui s'en inspirèrent largement. L'artiste y utilisa une ***technique de peinture dite « à sec »,*** innovation majeure permettant de retoucher l'œuvre au fil du travail... avec

LÉONARD DILETTANTE ?

De Vinci était doué, si doué qu'il toucha à tout, sans aucune cohérence entre ses œuvres. Au total, il n'acheva qu'une dizaine de tableaux et encore moins de statues. Il dessina plein de plans sans ériger un seul bâtiment. Il conçut de nombreuses machines géniales sans en construire une seule. François Ier lui demanda de dessiner une nouvelle capitale pour la France, Romorantin... mais il mourut après 2 ans de travail. À la fin de sa vie, il dit : « J'ai perdu mon temps. »

pour contrepartie de rendre le résultat beaucoup plus instable que la technique « à frais » : 20 ans seulement après sa réalisation, les observateurs constataient déjà des dégradations !

Réalisée à la fin du XVe s, *La Cène* se montre d'une modernité déconcertante. Tout d'abord, Judas est inséré au milieu des autres apôtres et non en bout de table : nouvelle innovation de Léonard. Les apôtres sont groupés par 3 avec le Christ au centre et à sa droite un trio d'exception : Jean, le préféré, Judas, le traître, et Pierre, le bâtisseur de l'Église. Léonard de Vinci a choisi l'instant précis où Jésus annonce qu'il va être trahi, contrairement à l'habitude de l'époque (Jésus désignant Judas comme le futur traître). Pierre, qui porte un couteau – symbole de son ambiguïté, puisqu'il reniera Jésus avant de se repentir –, se penche inquiet vers Jean pour lui demander d'interroger Jésus sur l'identité du traître. Ironie ? Thomas (le disciple sceptique qui voudra toucher les plaies du Christ ressuscité pour y croire) a le doigt levé.

Admirez l'importance des mouvements des mains, la finesse des visages et de leurs expressions, agitation à droite, surprise à gauche. La parole du Christ semble toucher les apôtres les uns après les autres, comme l'onde d'un caillou à la surface de l'eau. La tête du Christ est plus petite que celle des autres, quoiqu'elle figure dans le même plan, ce qui donne cet effet d'arrondi.

LA VENGEANCE DE LÉONARD

Il commença son chef-d'œuvre, La Cène, *en 1494. Le prieur n'arrêtait pas de houspiller l'artiste. D'ailleurs, en 1497, la fresque n'était toujours pas achevée. Harcelé sans cesse, Léonard emprunta le visage dudit prieur pour peindre... Judas ! Voilà pourquoi le clergé respecta si peu l'œuvre.*

Derrière lui, 3 fenêtres, illustrant certainement la Sainte-Trinité. Tout est fait pour concentrer l'énergie sur le Christ au milieu de la table. Regardez bien : il semble au centre d'un arc de cercle formé par les apôtres alors que la table est droite ! Les couleurs, les volumes, les émotions, le réalisme et les choix de ***mise en scène*** font de cette fresque une œuvre d'exception, en avance sur son temps, souvent imitée mais jamais égalée. Un chef-d'œuvre qui a traversé les siècles et dont on peut ressentir l'impact encore aujourd'hui.

En sortant, courte exposition sur le ***parcours de l'œuvre*** (miraculeusement rescapée après l'effondrement de la voûte dans les bombardements de 1943) jusqu'à aujourd'hui.

Casa degli Atellani – La Vigna di Leonardo *(maison des Atellani – La Vigne de Léonard de Vinci ; zoom détachable, C4)* **:** *corso Magenta, 65. ☎ 02-481-61-50. • vignadileonardo.com • Ⓜ Cadorna ; Ⓣ n° 16. À gauche en sortant de la chiesa Santa Maria delle Grazie. Tlj sauf lun 9h-18h (dernière admission à 17h45). Entrée : 10 € ; réduc. Audioguide en français inclus (35 mn, passionnant !). Lieu parfois réservé pour des événements : appeler pour être sûr.*

Cette maison – l'une des plus prestigieuses de son époque – a été construite à la fin du XVe s sur ordre de Ludovico Sforza, duc de Milan. Il voulait ainsi récompenser la fidélité des Atellani, famille de courtisans et de diplomates originaire de la Basilicate. En tout, 4 lignées se sont succédé dans cette demeure, dont le dernier proprio fut le grand industriel Ettore Conti, bien connu pour avoir tenu tête à Mussolini. Quand il rachète la maison en 1919, son épouse n'a qu'un mot : « taudis » ! La restauration est alors confiée à Piero Portaluppi, célèbre architecte milanais de la villa Necchi-Campiglio. Le résultat ? Une vraie merveille !

Dans son travail de restauration, Portaluppi a eu à cœur de rendre hommage aux différentes époques architecturales représentées dans ce millefeuille historique de palais. Voyez, une fois traversé le superbe ***patio*** *(cortile)*, les fresques de la ***salle des Zodiaques,*** dans un style Renaissance, et les sentences en latin célébrant le courage, reconstituées dans le marbre (« Le destin guide les volontaires, et traîne les réticents » qu'on se le dise !). Devises auxquelles semble répondre, dans un

coin du plafond, celle des Conti eux-mêmes (« Faire sans dire », en français dans le texte). Le sol demeure une référence de l'art mosaïque.
Puis on passe dans la ***salle des portraits,*** livrant 14 médaillons d'illustres membres de la famille Sforza, croqués par Luini, disciple de Léonard de Vinci. Il s'agit de copies, réalisées, une fois de plus, par le talentueux Portaluppi, les originaux ayant été cachés chez les Sforza par peur du vol ! Les mosaïques du sol semblent s'entrelacer en « P » – pour rappeler l'initiale de leur créateur ? Jetez un œil, ensuite, aux majestueux ***escaliers*** de 1922, qui portent le blason de chaque famille ayant habité les lieux. Admirez les vestiges des fresques florales du peintre Francesco di Giorgio Martini, qui se trouvaient à l'origine sur la façade extérieure de la maison, ainsi que l'impressionnante carte de Milan au XVIIIe s.
La visite se poursuit dans le magnifique ***salon d'Ettore Conti*** *(studio)* aux murs recouverts de boiseries. Féru d'art, d'architecture et d'histoire, Conti finança en 1946 une partie des travaux de réfection du Duomo de Milan, partiellement détruit pendant la guerre. L'homme d'affaires est d'ailleurs enterré dans l'une de ses chapelles... aux côtés de la famille Atellani !
Enfin, on se promène dans le joli ***jardin des Délices*** *(giardino delle Delizie),* jadis grand lieu mondain de la Renaissance, au fond duquel s'épanouissent quelques pieds de la fameuse ***vigne de Léonard de Vinci.*** À l'origine, le verger occupait plus de 8 000 m^2 !
Au fil du temps, la vigne fut rognée par les constructions voisines. L'architecte Portaluppi en préserva quelques ceps, qui malheureusement partirent en fumée lors d'un incendie dans les années 1930, avant d'être recouverts sous les débris des bombardements de 1943. Mais c'était sans compter la pugnacité d'un groupe de scientifiques admirateurs du Maître, qui reconstituèrent l'ADN de cette vigne, pour en replanter ici quelques pieds en 2015, que vous pourrez admirer en bout de parcours ! Une visite passionnante, loin des foules, dans un lieu d'exception.

IN VINO VERITAS

Leonardo reçut ce vignoble des Sforza, en cadeau pour la réalisation de La Cène. *Bonne pioche : passionné par la vigne (et la dégustation !), il y étudia de près, avec son génie habituel, la constitution des ceps et les techniques de conservation. Ses observations, brillantes, sont toujours pertinentes aujourd'hui. Le Maestro tenait beaucoup à sa vigne : après la prise de Milan par les Français, elle lui fut confisquée 5 ans, puis rendue, avec excuses officielles et dédommagement ! Portée sur son testament, elle fut léguée à son plus fidèle serviteur.*

☗ Ceux conquis par l'endroit pourront passer la nuit dans l'une des 6 suites *Atellani Apartments* en rêvant à Leonardo *(170-400 € selon appart et saison, visite de la vigne incluse, pas de petit déj inclus. ☎ 340-951-91-26. 📱 375-528-99-22 ; • info@atellaniapartments.com • atellaniapartments.com •).*

Chiesa di San Maurizio al Monastero Maggiore *(zoom détachable, D4)* **:** *corso Magenta, 13. ☎ 02-864-500-11. Ⓜ Cadorna ; Ⓣ nos 16 et 19. En théorie, ouv mer-dim 10h-17h30.*
Érigée en 1509 par Gian Giacomo Dolcebuono sur un ancien site carolingien, cette église, autrefois couvent de bénédictines, dissimule derrière sa façade austère et tristounette une incroyable profusion décorative. Ici prime le mélange des genres, et le style néomédiéval (voyez la voûte et ses croisées d'ogives) va puiser dans le répertoire classique (stucs dorés, colonnettes en marbre). Un mur divise l'église en 2, séparant ainsi la partie réservée aux fidèles avec l'autel, de celle destinée aux religieuses avec ses chaires en bois. Murs et plafonds sont recouverts de ***fresques*** aussi superbes qu'émouvantes, précieux témoignages de l'école lombarde du XVIe s. Peintes pour l'essentiel par Luini et ses fils, elles étonnent par leur douceur, d'un naturel à couper le souffle. Les drapés, les gestes, la pose des

personnages, la fraîcheur des visages, l'intensité des regards... tout est sujet à admiration ! Les chapelles latérales, dont certaines sont consacrées à des familles de la noblesse milanaise, figurent des paysages ou des thèmes bibliques : arche de Noé, *Ecce Homo,* Descente de croix, Résurrection... Et n'oubliez pas de jeter un œil aux magnifiques orgues d'époque.
Derrière l'église en sortant (rue Bernardino Luini), observez le clocher : c'est l'unique vestige d'un ancien cirque romain du IIIe s apr. J.-C., époque à laquelle Milan était le siège de l'empereur Maximien. Le cirque, démantelé, a entièrement disparu, mais sa tour a été recyclée en clocher au VIIIe s. Pratique !

Museo civico archeologico *(zoom détachable, D4)* **:** *corso Magenta, 15. ☎ 02-884-452-08. • museoarcheologicomilano.it • Ⓜ Cadorna ; Ⓣ n°s 16 et 19. Bâtiment voisin de la chiesa di San Maurizio. Mar-dim 10h-17h30 (dernière admission à 16h30). Fermé lun, 1er janv, 1er mai et 25 déc. Entrée : 5 € ; réduc ; gratuit le 1er dim du mois et les 1er et 3e mar à partir de 14h.* Tourist Museum Card *acceptée.*
Cet intéressant musée occupe l'ancien couvent San Maurizio, qui jouxte sa fameuse église (voir plus haut). Également un bâtiment moderne que l'on atteint en traversant le jardin-cloître flanqué d'une tour carrée (le campanile de l'église) de l'ancien cirque romain et d'une autre, octogonale, appartenant à l'enceinte médiévale... Présentation moderne et didactique de magnifiques objets archéologiques découverts lors de fouilles à Milan et dans la région.

Dans le bâtiment ancien
– Au ***rez-de-chaussée,*** superbe collection de fragments statuaires provenant de la *Mediolanum* romaine (voir la maquette de la ville à cette époque), dont une tête de Jupiter colossale et massive, un Hercule bodybuildé et vêtu d'une feuille de vigne... maousse ! Également une foule de beaux objets du quotidien : aiguille en os, lampes en terre cuite, vaisselle en bronze, bouteilles en verre, bijoux, matériel rituel découvert dans des tombes... Étonnant plat cultuel en argent de Parabiago dont la déco montre Cybèle, la déesse mère gréco-romaine (IVe s). Et puis encore des stèles, de jolis petits bronzes votifs...
– Le ***sous-sol*** abrite une petite collection d'objets bouddhiques inattendue, évoquant les relations jadis entre l'Orient et l'Occident... Aussi des expos temporaires.

Dans le bâtiment moderne
– Au ***rez-de-chaussée,*** belle petite section consacrée à la colonie romaine de *Caesarea Maritima* (Israël) et à sa nécropole cosmopolite : verres, urnes funéraires, bijoux en or, curieuses grosses lampes à huile, étonnants petits miroirs en forme d'étoile et cerclés de terre cuite, sarcophage en plomb...
– Le ***1er étage*** est consacré au haut Moyen Âge (VIe-XIe s), période qui succède à l'Antiquité. Là, superbes bijoux et autres parements d'habits en or et en argent, fragments de boucliers, épées... Aussi un ossuaire, source d'étude des maladies humaines : rhumatismes, tuberculose, goutte, syphilis...
– Au ***2e étage,*** la section étrusque livre de très beaux objets en bronze : vases, cruches, bijoux, épingles à cheveux, ex-voto... Également des urnes funéraires en *terracotta* et de jolis vases en céramique provenant de nécropoles.
– Au ***3e étage,*** en pleine section grecque, on est frappé par les traits simples de cette statuette de femme (2400-2100 av. J.-C.) en marbre des Cyclades, à la signification inconnue ! Superbe collection de vases attiques (V^e s av. J.-C.) de toutes formes et aux décors variés (mythologie, scènes de guerre...), élégantes statuettes de femmes en terre cuite, dont certaines articulées comme des pantins, bijoux en or et en pâte de verre, petites céramiques fines utilisées pour la toilette, curieux masques de théâtre, magnifiques casques en bronze...

Museo nazionale Scienza e Tecnologia Leonardo da Vinci *(zoom détachable, C4-5)* **:** *via San Vittore, 21. ☎ 02-485-551. • museoscienza.org • Ⓜ S. Ambrogio. Mar-ven 9h30-17h, w-e et j. fériés 9h30-18h30 (dernière admission 1h avt fermeture). Fermé lun. Entrée : 10 € ; réduc.*

Cet ancien monastère du XVIe s compte 3 niveaux consacrés aux sciences et techniques qui ont façonné notre culture occidentale, évoquées à travers de riches collections d'objets. C'est le plus grand musée du genre en Italie. À l'étage, la ***galleria Leonardo da Vinci*** rassemble maintes copies de documents sur les recherches du Maître, et de nombreuses maquettes de machines – souvent pittoresques – construites d'après ses plans : canon à plusieurs gueules, grues de levage, presses d'imprimerie à bras, roues à aubes, et la fameuse machine volante... qui ne vola jamais ! Ensuite, la très belle section consacrée à l'***Espace*** *(Spazio)* montre de vieux télescopes, des globes terrestres du XVIIe s et du matériel spatial étonnant comme ces combinaisons de vol... Puis on enchaîne sur les ***télécommunications*** : du télégraphe optique à la télévision, en passant par la radio, le téléphone, etc., évoqués par une foule d'objets souvent étranges. Le sous-sol, dédale de couloirs parsemés d'incroyables machines – véritables monstres d'acier –, est dédié à la ***métallurgie*** et aux ***énergies.*** À l'extérieur, voir la reconstitution de la ***vieille gare*** abritant des locomotives à vapeur et leurs wagons. Et ne ratez pas non plus la visite du ***sous-marin Enrico Toti,*** en service dans la marine italienne dès 1967. Enfin, l'immense ***pavillon aéronaval*** est construit autour d'un navire en bois de 52 m de long, le brigantin *Ebe,* lancé en 1921. Juste à côté, impressionnante reconstitution de la timonerie du paquebot transatlantique *Conte Biancamano* (1925). Sans oublier la jolie collection d'avions anciens à l'étage et le catamaran hydrofoil *Prada* conçu pour disputer l'America's Cup dès 2013...

Basilica di Sant'Ambrogio *(zoom détachable, C4-5)* **:** *piazza San Ambrogio, 15. ☎ 02-864-508-95. • basilicasantambrogio.it • Ⓜ S. Ambrogio. Lun-sam 7h30-12h30, 14h30-19h ; dim et j. fériés 8h-13h et 15h-19h.*

L'un des chefs-d'œuvre de l'art roman lombard et milanais en particulier, d'abord dédié aux martyrs chrétiens Gervais et Protais, puis au très populaire saint Ambroise dès sa mort en 397. Né à Trèves (Allemagne), saint Ambroise fut envoyé à Milan en tant que gouverneur afin d'apaiser les tensions entre ariens (une secte chrétienne dissidente) et catholiques, à la mort de leur évêque. Pour les ariens, Jésus n'était qu'un humain à travers lequel Dieu s'était exprimé, tandis que les catholiques s'attachaient à la notion de Sainte-Trinité (Père, Fils et Saint-Esprit), considérant donc Jésus non comme humain, mais comme Dieu. Le charisme de saint Ambroise, ardent défenseur de l'orthodoxie trinitaire, fut tel que la population fit de lui son nouvel évêque. De l'église originelle construite à partir de 379, il ne reste que bien peu, et la structure actuelle de cette basilique – en brique rouge – est essentiellement romane (XIIe s). Une partie des pierres provient des murs de l'enceinte romaine et du cirque.

À l'extérieur

Ce qui frappe d'abord, c'est cet immense et magnifique ***atrium*** roman à colonnades qui précède l'entrée de l'église, elle aussi très originale car formée d'un narthex surmonté d'une galerie, et tous 2 surmontés de 3 arcs superposés, avec une très belle vue sur les 2 clochers. Admirez donc les magnifiques chapiteaux des colonnes de l'atrium, représentant des animaux domestiques et des créatures fantastiques ou monstrueuses. À voir aussi : l'imposante porte en bois sculpté avec ses 2 belles têtes de lions en guise de poignées.

À l'intérieur

– Structure à ***3 nefs*** soutenues par 2 volées de colonnes avec de très beaux chapiteaux ; le tout soutenant des voûtes en brique. Sur le 2e pilier à gauche, beau fragment de fresque du XIIIe s avec un portrait de saint Ambroise. Voir aussi cette curieuse colonne antique détachée dans la nef centrale et surmontée d'un serpent de bronze noir qui aurait été forgé par Moïse lui-même ! Belle *chaire* sculptée, chef-d'œuvre de l'art roman lombard (XIIe s) qui intègre un sarcophage romain du IVe s ciselé de bas-reliefs ; le tout surmonté d'un aigle d'or.

– ***Les chapelles*** *(nef de droite)* **:** elles sont toutes jolies et intéressantes, mais on notera particulièrement la 1re en entrant avec une magnifique fresque représentant une *Déposition* du XVIe s (attribuée à Gaudenzio Ferrari, l'un des peintres milanais les plus en vue de l'époque) et une très belle représentation maniériste de saint Ambroise interdisant l'entrée de la basilique à l'empereur Théodose. Dans la 2e chapelle, superbes peintures de Tiepolo (XVIIIe s).

– ***Le chœur :*** magnifique autel plaqué d'or ouvragé dit « de Volvinius », chef-d'œuvre de l'art carolingien, entouré de 4 colonnes d'origine, elles-mêmes surmontées de magnifiques stucs du IXe s. Le tout formant un « ciborium » monumental de toute beauté qui, dans sa partie haute, met en scène saint Ambroise recevant l'hommage de 2 évêques, Gervais et Protais. Au fond de l'abside centrale, grandiose mosaïque datant des VIe et VIIIe s mais largement remaniée aux XVIIIe-XIXe s, représentant le Christ entouré de saints et de martyrs milanais.

– La ***crypte*** contiendrait les squelettes de saint Ambroise, Gervais et Protais, dans une châsse en argent et cristal du XIXe s. Surtout, ne pas rater le ***musée du Trésor*** *(au fond de la nef de droite ; entrée : 2 €)* : mosaïques originales du IVe s dans la petite chapelle San Vittore, dont la 1re représentation de saint Ambroise sur la gauche. Également un triptyque de Bernardino Zenale avec saint Jérôme, saint Ambroise et la Vierge à l'Enfant. Et un fragment de mosaïque et pâte de verre de la même époque représentant l'agneau mystique, une fresque du XVe s de Bergognone, peintre milanais, illustrant le petit Jésus parmi les docteurs, et de beaux fragments de fresques du XIIIe s.

– ***Les chapelles*** *(nef de gauche)* **:** dans la 1re chapelle en entrant, magnifiques fonts baptismaux du XIXe s du sculpteur Lombardi, belle fresque du XVe s de Bergognone représentant le Christ, et illustration baroque (XVIIe s) du paradis dans la coupole du plafond.

Sur la place, en sortant de la basilique, à droite, vous ne manquerez pas... la ***colonne du diable,*** reconnaissable aux 2 trous qu'elle présente dans sa partie basse. La légende veut que le diable, tentant de transpercer saint Ambroise et le manquant, ait troué la colonne de marbre en 2 endroits, qui correspondent à ses 2 cornes. Il se serait ensuite transformé en soufre, une odeur que nos chanceux lecteurs à l'imagination fertile pourront sentir en approchant leur nez des trous !

LE QUARTIER PORTA TICINESE E NAVIGLI

Si ce vieux quartier populaire traînait, jusque dans les années 1990, une réputation peu flatteuse, il est aujourd'hui devenu l'un des épicentres de la « *movida* » milanaise. Au long du *corso di Porta Ticinese* s'alignent les petites boutiques branchées. De l'autre côté des voies ferrées de la porta Genova, d'anciennes usines accueillent désormais les grands noms du Milan de la mode (si vous vous baladez par là, jetez un coup d'œil au futuriste Armani Teatro, via Bergognone). Et c'est peut-être bien ici que, d'*aperitivo* en club électro, Milan vit le plus la nuit, notamment sur les berges des Navigli, jolis et derniers canaux d'un réseau autrefois beaucoup plus important. Dans la journée, les amateurs de *street art* s'useront les yeux sur les murs d'un quartier qui a su conserver sa fibre popu, voire un brin militante.

Où dormir ?

De bon marché à prix moyens

Combo *(plan détachable, C6, **34**)* **:** *ripa di Porta Ticinese, 83. ☎ 02-366-809-30. • hello.milano@thisiscombo.com • thisiscombo.com • Ⓜ Porta Genova F.S. En dortoir (3-6 lits) 27-40 € ; doubles env 110-130 € ; triples et familiales. Réception ouv 24h/24.* Au cœur du quartier le plus animé de Milan, cet *hostel* nouvelle génération a tout pour plaire. Sa quarantaine de dortoirs et chambres (près de 200 lits en tout) se nichent dans un grand bâtiment rouge, organisé autour d'une jolie cour avec tables et chaises où il fait bon buller. Les dortoirs au look épuré et zen, avec futons individuels et parois d'intimité, sont tous équipés de casiers, prises et lumières individuelles, et pour la plupart dotés de salles de bains privées. Même confort dans les doubles et familiales, propices à des séjours plus longs. Cuisine commune colorée et avenante, équipée avec du matériel dernier cri. Quant aux café-bar et restaurant, ils se répartissent entre une grande verrière et un adorable jardin. Bref, l'endroit est tellement cool que les locaux y viennent pour faire une pause ou télétravailler.

De prix moyens à chic

Cocoon B & B *(plan détachable, C5, **27**)* **:** *via Voghera, 7. 📱 349-860-60-14. • miabuzzi@yahoo.com • cocoonbb.com • Ⓜ Porta Genova F.S. ; Ⓣ n° 9. ♿ Doubles 95-115 €.* Dans une rue calme et pourtant proche de l'animation nocturne du quartier des Navigli. Derrière la façade rouge de sa jolie maison, un ancien bâtiment industriel de la fin du XIXᵉ s, Mia – architecte francophone – a aménagé plusieurs belles chambres, confortables et décorées avec goût. Petit déj servi dans une salle ouverte sur le joli jardin. Excellent rapport qualité-prix-accueil pour cet exquis *B & B*. On recommande !

Art Hotel Navigli *(plan détachable, C6, **28**)* **:** *via A. Fumagalli, 4. ☎ 02-894-38. • info@arthotelnavigli.com • arthotelnavigli.com • Ⓜ Porta Genova F.S. Doubles 150-200 €.* Si la façade de cet hôtel moderne est peu avenante, son intérieur est plus sympa, parsemé de peintures et d'œuvres colorées d'artistes contemporains. Une centaine de chambres spacieuses, lumineuses et confortables, certaines avec petite terrasse privée. Agréable toit-terrasse, Spa et cour-jardin. Canal et animation à 2 pas. Service accueillant et efficace.

Hotel Milano Navigli *(zoom détachable, D5,* ***37****) : piazza San Eustorgio, 2. ☎ 02-365-537-51. • info@hotelmilanonavigli.it • hotelmilanonavigli.it • Ⓜ Porta Genova F.S. ; Ⓣ nos 3 et 9. Doubles 100-170 €.* Tout proche de l'effervescence des Navigli et pas loin de l'hypercentre historique, c'est un hôtel moderne aux chambres tout confort et nickel. Déco contemporaine sobre, égayée par quelques touches de couleur. Les plus chères sont dotées d'un balcon ouvert sur la place de la basilique Sant'Eustorgio.

De chic à très chic

Maison Borella *(zoom détachable, C6,* ***32****) : alzaia Naviglio Grande, 8. ☎ 02-581-091-14. • mail@hotelmaisonborella.com • hotelmaisonborella.com • Ⓜ Porta Genova F.S. ; Ⓣ nos 3 et 9. Doubles 175-300 €.* Le temps semble s'être arrêté dans ce boutique-hôtel installé dans une pittoresque maison du XVIIIe s au bord du Naviglio Grande, le plus animé des canaux milanais (excellente insonorisation). Une trentaine de belles chambres élégantes, au confort douillet. Vue bucolique sur le canal pour certaines. Resto chic sur place, le *Bugandé.* Accueil pro.

Où manger ?

De très bon marché à bon marché

Pizzeria del Ticinese *(zoom détachable, D5,* ***54****) : corso di Porta Ticinese, 65. ☎ 02-894-029-70. Ⓜ S. Ambrogio ; Ⓣ no 3. Tlj sauf lun 12h-minuit. Pizze 7-14 €.* Avec sa bonne odeur de feu de bois, on se sent attiré par ce petit resto qui utilise de la farine intégrale sans gluten et de l'eau filtrée pour concocter ses *pizze* fines, à garnitures copieuses et de qualité *ottima* ! Aussi quelques bons petits plats du jour pour varier les plaisirs, du genre lasagnes, *melanzane, cotoletta alla milanese...* À dévorer sans compter sur des tables en marbre vert. Clientèle d'habitués et accueil charmant.

Trattoria Madonnina *(plan détachable, D6,* ***81****) : via Gentilino, 6. ☎ 02-894-090-89. • locbaloc@gmail.com • Ⓜ Porta Genova F.S. ; Ⓣ nos 3, 9 et 15. ♿ Tlj sauf lun-mar soir et dim. Congés : août et Nouvel An. Résa conseillée. Menus 15-18 € à midi ; compter env 30 € le soir. Plats 9-15 €. Café offert sur présentation de ce guide.* Une *trattoria* typique affichant une déco bien dans son jus : affiches d'autrefois, nappes à carreaux et bibelots sur le vieux buffet en bois. À la carte, renouvelée quotidiennement, une poignée de plats tout simples, frais, bons et pas chers. Quelques tables sur l'arrière, sous la treille de la jolie terrasse. Accueil joyeux. Une valeur sûre !

De bon marché à prix moyens

Trattoria Aurora *(plan détachable, C5,* ***45****) : via Savona, 23 (angle via Cerano). ☎ 02-832-31-44. • trattoria.auroramilano@gmail.com • Ⓜ Porta Genova F.S. ; Trams : nos 10 et 14. Tlj midi et soir. Plats 10-16 € ; repas complet 25-30 €.* Superbe décor façon bouillon parisien pour cette adresse historique tout en boiseries, miroirs et baies vitrées. Rien de chic ni de guindé par ici, mais une adresse populaire où l'on se régale d'une généreuse cuisine aux accents piémontais : risotto aux herbes, *vitello tonnato, agnolotti del Plin,* osso-buco... Desserts généreux à défaut d'être délicats. Et puis le gros plus, c'est la vaste terrasse extérieure sous la tonnelle, fréquentée à midi par une foule d'habitués. Un classique !

Trattoria della Gloria *(plan détachable, C6,* ***82****) : via Mario Pichi, 5 (angle via Borsi). ☎ 02-454-747-10. • trattoriadellagloria@gmail.com • Ⓜ Porta Genova F.S. ; Ⓣ no 3. Mer-dim 12h-15h, 19h30-minuit. Fermé lun-mar. Résa conseillée. Plats 9-19 €.* Il venait de la côte amalfitaine, elle du Frioul ; ils se sont rencontrés à Milan...

C'est un beau roman, une belle histoire, cette adresse familiale, dont la petite salle vibre aux conversations des habitués ! Au menu, de bons petits plats maison qui suivent le fil des saisons, tout en se baladant, vous l'aurez compris, du nord au sud de l'Italie. Bref, un régal de l'accueil à l'assiette.

Drogheria Milanese *(zoom détachable, D5,* ***183****) : via Conca del Naviglio, 7. ☎ 02-581-148-43. • drogheriamilanese@gmail.com • Ⓜ S. Ambrogio ; Ⓣ nos 2 et 14. Tlj 19h-1h plus dim 12h30-15h30, 19h-1h. Résa obligatoire. Plats 13-24 €.* Un endroit animé et chaleureux, où la jeunesse dorée milanaise aime se retrouver autour de grandes tablées braillardes ! Jolie déco à mi-chemin entre l'épicerie fine et la cantoche classe, à grand renfort de mobilier vintage. Les ingrédients sont frais et les plats bien tournés : viandes, burgers, tartares, *mezze*... Service rodé et avenant. Une adresse plutôt branchée.

Cantina della Vetra *(zoom détachable, D5,* ***56****) : via Pio IV, 3 (angle piazza della Vetra). ☎ 02-894-038-43. • bistrot@cantinadellavetra.it • Ⓜ S. Ambrogio ou Missori ; Ⓣ n° 3. ♿ Tlj. Résa conseillée. Plats 16-30 €.* Donnant sur les briques rouges de l'église San Lorenzo et les peintures murales autour, un resto posé devant un petit square où jouent les gamins du quartier. Cadre boisé à l'ancienne pour une ambiance animée autour des grandes tables en bois ou sur la mezzanine qui les surplombe. Appétissants *antipasti* et petit choix de généreuses spécialités du nord de l'Italie. On peut aussi y venir pour le brunch du dimanche. Agréable terrasse aux beaux jours.

Chic

Nebbia *(plan détachable D6,* ***94****) : via Evangelista Torricelli, 15. ☎ 02-827-815-57. • info@nebbiamilano.com • Ⓜ Porta Genova, puis 10-15 mn à pied ; Ⓣ n° 3. Mer-dim, midi et soir. Fermé lun-mar. Compter env 40 €.* Un resto tendance, installé dans un joli local au décor immaculé. Les jeunes proprios, Federico Fiore et Mattia Grilli, y proposent une cuisine de marché originale et inspirée, évoluant au fil des saisons. Une bistronomie *alla milanese* qui réinvente joyeusement les codes de l'*osteria* traditionnelle. Judicieuse sélection de vins, terrasse plaisante et accueil soigné. Bref, une franche réussite !

Erba Brusca *(hors plan détachable par C6,* ***146****) : alzaia Naviglio Pavese, 286. ☎ 02-873-807-11. • info@erbabrusca.it • Ⓜ Abbiategrasso, puis 10-15 mn à pied. Tlj le soir, plus le midi le w-e. Résa obligatoire. Menus dégustation 37-49 €.* Cette petite maison en bord de canal livre, à l'arrière, une charmante terrasse en bois, ouverte sur un potager. Ici, les produits maison – frais et de saison – sont à l'honneur, en plus de ceux soigneusement choisis chez les petits producteurs locaux. Telle est la genèse de cette formidable cuisine, aux saveurs aussi originales qu'inattendues. C'est sûr, on reviendra !

Joe Cipolla *(zoom détachable, C6,* ***57****) : via Casale, 4. ☎ 02-581-143-63. • info@sevengroup.it • Ⓜ Porta Genova F.S. Tlj seulement le soir, sauf dim. Congés : 2 sem en août. Résa conseillée. Carte env 40 €.* Cadre rustique et chaleureux : nappes à carreaux, murs couverts de bois parsemés de photos noir et blanc... Si vous aimez la viande, vous voilà servi : entrecôte argentine, contre-filet de bison, *ribeye* de Nouvelle-Zélande, côtes de sanglier... Le tout débité et grillé en salle, puis présenté avec soin et servi en quantité pantagruélique, avec des vins bien tanniques. Petits appétits s'abstenir. On s'est régalés comme des ogres !

Où boire un café ? Où déguster une pâtisserie, une glace ?

Pasticceria Gattullo *(zoom détachable, D6,* ***147****) : piazzale di Porta Lodovica, 2. ☎ 02-583-104-97. • info@gattullo.it • Ⓜ Porta Genova F.S. ; Ⓣ n° 9. Tlj sauf lun 7h-21h (20h30 dim).* On recommande ce grand bar-pâtisserie, largement fréquenté par les gens du quartier à toute heure, pour des pauses gourmandes et jusqu'au buffet copieux de l'*aperitivo*. Bref, une bonne adresse à dimension variable. Accueil aux petits soins.

Pasticceria Viscontea *(zoom détachable, C5,* ***185****)* **:** *via E. de Amicis, 39. ☎ 02-394-300-81. • info@viscontea milano.it • Ⓜ S. Ambrogio ; Ⓣ nos 2 et 14. Tlj 7h-21h.* Pâtisserie traditionnelle au cadre élégant, bien connue des becs sucrés du coin pour ses fameuses *torte*. Le matin, on aime y grignoter un *cornetto* tout chaud au comptoir, accompagné d'un cappuccino. Rien de tel pour attaquer la journée !

Gusto 17 *(plan détachable, C5,* ***148****)* **:** *via Savona, 17. • info@gusto17.com • Ⓜ Porta Genova F.S. ; Ⓣ nº 9. Tlj 12h-23h.* Glaces artisanales, succulentes et aux parfums aussi originaux qu'étonnants. Et si l'idée d'un mélange de saveurs vous effleurait, discutez-en avec le patron ; il est fort à parier qu'il le réalisera quelques jours après... Quel bonheur !

Avgvsto *(plan détachable, C5,* ***92****)* **:** *viale Coni Zugna, 54. Ⓜ S. Agostino ; Trams : nos 10 et 14. Tlj sauf lun 9h-21h (plus tard w-e).* Élue meilleur glacier de Milan en 2022, cette adresse attire les foules. Quand vous aurez goûté à ses incroyables crèmes glacées et sorbets de saison, vous comprendrez pourquoi ! Options vegan et sans lactose.

Où boire un verre ?

Le soir, en particulier en fin de semaine, les ***quais du naviglio Grande*** (et dans une moindre mesure du naviglio Pavese) se convertissent en un interminable bar, les terrasses à touche-touche bruissant du brouhaha joyeux des conversations. Ne reste qu'à se dégoter une table, ce qui n'est pas toujours évident...

Bistrots et microbrasserie

Mag Café *(plan détachable, C6,* ***120****)* **:** *ripa di Porta Ticinese, 43. ☎ 02-395-628-75. Ⓜ Porta Genova F.S. ; Ⓣ nº 9. Tlj 7h30-1h30.* Réputé pour ses cocktails d'anthologie, un adorable petit bar prolongé d'une grande terrasse sympa sur le canal, toujours bondée de jeunes gens. Bien aussi le matin à l'heure du café ou pour grignoter un petit quelque chose quand l'envie vous prend. On recommande !

Rita *(plan détachable, C6,* ***179****)* **:** *via A. Fumagalli, 1. ☎ 02-837-28-65. Ⓜ Porta Genova F.S. Tlj sauf dim 18h-2h.* Comptoir en « U », mobilier moderne en bois clair, bouteilles partout et musique électro pour cet excellent bar à cocktails, dont la préparation est théâtralisée par des barmen expansifs. Terrasse couverte sur rue, à 2 pas du canal. Quel succès !

La Vineria *(zoom détachable, C6,* ***184****)* **:** *via Casale, 4. ☎ 02-832-424-40. • info@la-vineria.it • Ⓜ Porta Genova F.S. Tlj 16h-2h (minuit ven, 1h dim).* Curieux petit local où s'alignent plusieurs cuves en inox, que le patron ponctionne généreusement pour remplir ses ballons. À accompagner de *taglieri* de charcuterie et de fromage, *bruschette*... Terrasse dans la rue piétonne. Vous pouvez même venir avec vos bouteilles vides *(avt 20h)* pour emporter du vin ou de l'huile en souvenir ! Une bonne adresse, pas chère.

Pico Brew Station *(plan détachable, C-D6,* ***158****)* **:** *via Ascanio Sforza, 63. 380-590-44-34. • info.picobrew@gmail.com • Ⓣ nº 3. Tlj 17h30-1h (2h w-e).* Cette microbrasserie basée dans les environs de Milan a ouvert son propre bar au bord du *Naviglio Pavese*. Une douzaine de cuvées maison, d'une fraîcheur remarquable, sont proposées à la pression, la sélection évoluant au gré des envies et des saisons. Le décor intérieur, évoquant un estaminet, est forcément éclipsé par la terrasse, posée face au canal. Quelques planches de fromages à grignoter (l'un des associés est du métier !) pour éviter le delirium tremens. Une adresse jeune et attachante.

L'*aperitivo*

🍸 🍽 ⛱ ***Fonderie Milanesi*** *(plan détachable, D6,* ***186****)* **:** *via Giovenale, 7. ☎ 02-365-279-13. • info@fonderiemilanesi.it • Ⓜ Porta Genova F.S. ; Ⓣ n°s 9 et 15. Tlj sauf lun 19h-2h (1h dim) ;* aperitivo *19h-21h. Résa obligatoire ou venir à l'ouverture.* Au fin fond d'une friche industrielle un brin excentrée, cette ancienne fonderie abrite désormais un fabuleux bar-resto à la déco indus' et vintage. Plusieurs salles flanquées d'un agréable jardinet-terrasse où il fait bon siroter des canons en picorant allègrement dans le copieux buffet. Service parfois débordé, mais *aperitivo* d'anthologie !

🍸 ⛱ ***Officina Milano*** *(plan détachable, D6,* ***186****)* **:** *via Giovenale, 7. 📱 392-860-00-00. • info@officinamilano.eu • Ⓜ Porta Genova F.S. ; Ⓣ n°s 9 et 15. Tlj 19h-1h30 plus brunch dim 12h-16h ;* aperitivo *19h-21h. Cocktail env 12 €. Résa conseillée ou venir à l'ouverture.* Dans la même friche que les *Fonderie Milanesi* (voir précédemment), un autre bar installé dans d'anciens entrepôts, cette fois reconvertis en douillet club à l'anglaise. Éclairé par de savants éclairages et une large baie vitrée, le décor mêle statues allégoriques, vieux phonographes, fauteuils moelleux, motos rutilantes, miroirs et portraits de famille. L'armée de mixologistes, installée derrière un bar aux allures de retable, déroule une carte de cocktails créative, complétée par quelques classiques. Agréable terrasse pour les beaux jours. À voir absolument !

🍸 ***Bottega del Vino La Coloniale*** *(zoom détachable, C5,* ***140****)* **:** *corso Genova, 19. ☎ 02-581-023-46. • loreda@lacoloniale.com • Ⓜ S. Agostino ; Ⓣ n° 2. Tlj 10h-21h30.* Popu et conviviale, voilà une *enoteca* qui met toutes les générations d'accord, des trentenaires remuants aux retraités fringants. La maison assume un petit côté désuet avec sa collec' de photos d'habitués punaisée aux murs et sa collection de trophées dédiée au Milan AC. Une foule joyeuse déborde sur le trottoir à l'heure de l'*aperitivo,* ravie de goûter à l'immense choix de crus de la *cantina.* Et tout le monde trinque debout, à moins de compter parmi les rares élus à avoir décroché une table.

🍸 🍽 ***Tongs*** *(zoom détachable, C5,* ***102****)* **:** *via Vigevano, 19. ☎ 02-454-956-81. • tongsmilano@gmail.com • Ⓜ Porta Genova F.S. Congés : 12-24 août. Tlj sauf dim-lun 18h-1h (2h ven-sam) ;* aperitivo *18h-21h.* Un bar d'une réjouissante simplicité avec son mobilier dépareillé en formica, ses bouquins à partager sur les étagères et surtout son généreux *aperitivo.* Inutile de s'éterniser trop tard en revanche, les fêtards rejoignant ensuite d'autres horizons.

🍸 🍽 ***Le Biciclette*** *(zoom détachable, C5,* ***124****)* **:** *via G. B. Torti, 2. ☎ 02-581-043-25. • info@lebiciclette.com • Ⓜ S. Ambrogio ; Ⓣ n°s 2 et 14. Tlj 18h-1h (1h30 ven-sam, minuit dim). Aperitivo 18h-21h, brunch (oct-avr) dim 12h-16h. Résa conseillée.* Dans un ancien magasin de pièces détachées pour cycles, voilà un bar qui en jette d'emblée : terrasse verdoyante, guirlandes lumineuses... À l'intérieur, toujours tendance, on oscille entre contreplaqué brut, luminaires indus' et coin salon, avec, évidemment, des vélos accrochés un peu partout, côtoyant les œuvres de jeunes artistes.

🍸 🍽 ⛱ ***Yguana Café*** *(zoom détachable, D5,* ***106****)* **:** *via Papa Gregorio XIV, 16 (angle piazza della Vetra). ☎ 02-894-041-95. • rtulana@yahoo.it • Ⓜ S. Ambrogio ou Missori ; Ⓣ n° 3. Tlj 12h-15h, 17h30-2h ;* aperitivo *17h30-22h.* Dans la grande salle à la déco tropicale ou en terrasse, on aime l'ambiance animée, agrémentée de musique électro. D'autant que le buffet est varié et bien fourni, occupant toute la longueur du comptoir. Très belle terrasse, idéale pour prendre le frais les soirs d'été.

Où danser ?

Après cet *aperitivo,* la nuit vous réserve encore bien des surprises dans le quartier des Navigli !

🍸 💃 ***Bobino Club*** *(plan détachable, C5,* ***137****)* **:** *piazza Genova, 4. ☎ 02-365-590-70. • contact@bobino.it • bobino.*

it • Ⓜ *Porta Genova F.S. Tlj 7h30 (17h30 dim)-3h (15h30 lun). Entrée gratuite.* Installée dans une aile de la gare de *Porta Genova,* voici une adresse étonnante : café le jour et club festif la nuit ! En fin de semaine, concerts live et DJs sets électro alternent dans la salle des pas perdus. Rafraîchissant.

The Rocket Club *(plan détachable, B6,* ***136****) : alzaia Naviglio Grande, 98.* ☎ *333-331-38-17.* • *eventi@therocket.it* • Ⓜ *Porta Genova F.S. Jeu-sam 23h30-5h.* Au cœur d'une zone d'entrepôts (et pas franchement bien indiqué...), c'est un bar-boîte à la déco plutôt classique, mais à la musique oscillant entre rock indie et électro. Bien vérifier la programmation avant de se déplacer.

Achats

Salvatore + Marie *(zoom détachable, C5,* ***162****) : via Vigevano, 33.* ☎ *02-894-221-52.* Ⓜ *Porta Genova F.S. Tlj sauf lun mat et dim 10h30-13h, 15h30-19h30.* Tenue par un Italien et une Irlandaise, cette boutique expose, dans un bel espace lumineux, les créations uniques du couple, et celles de jeunes designers italiens. Luminaires, mobilier, objets de déco et vêtements, le tout joyeux et coloré.

À voir. À faire

Basilica di San Lorenzo Maggiore *(zoom détachable, D5) : corso di Porta Ticinese, 35.* ☎ *02-894-041-29.* • *sanlorenzomaggiore.com* • Ⓜ *S. Ambrogio ou Missori ;* Ⓣ *n° 3. Lun-ven 8h-12h30, 15h-18h30 ; w-e 9h-13h, 15h-19h. Entrée de la cappella Sant'Aquilino : 2 €.*
Édifiée au IVe s et plusieurs fois modifiée, elle a conservé son plan octogonal d'origine, un formidable dôme aux volumes magnifiques (le plus grand de Milan !) et 2 belles mosaïques paléochrétiennes. Pour admirer ces dernières, poussez donc – au fond à droite – la porte qui mène à la très sereine ***cappella Sant'Aquilino*** *(chapelle Saint-Aquilin).* La mosaïque située dans la niche à droite du chœur représente Jésus sans barbe, comme c'était la coutume avant le VIe s, et les apôtres sous un ciel d'or qui symbolise la lumière divine. Au bas de cette saynète, un sceau rempli de poissons, symbole des 1ers chrétiens. À l'opposé, sur la gauche du chœur, voici la 2e mosaïque, certes en moins bon état, mais intéressante à voir, car on distingue le dessin préparatoire en dessous. Celle-ci représente un épisode bucolique de campagne avec moutons, une allégorie de Jésus bon berger... Les autres mosaïques, trop abîmées, ont été remplacées au XVe s par de jolies fresques de style lombard : rondeur des personnages, douceur ambiante. Là, au fond de la *cappella Sant'Aquilino,* juste derrière l'autel où repose le sarcophage de saint Aquilin, un escalier mène aux ***fondations romaines*** de cette chapelle (IIe s). La plupart des pierres proviennent des anciennes arènes de Milan...
En sortant, notez aussi la rangée de ***16 colonnes corinthiennes*** en marbre (ancien temple du IIe s) s'élevant devant la façade de la basilique, qui faisaient probablement partie des thermes construits par Maximien et furent transportées sur les *navigli* au IVe s. Sur le parvis, également la ***statue de l'empereur Constantin*** qui décréta à Milan la liberté du culte chrétien. Les amateurs de photos insolites se réjouiront quand le tramway serpente entre les colonnes et la basilique San Lorenzo Maggiore, avant de s'engouffrer sous la ***porta Ticinese medievale...***

Porta Ticinese medievale *(zoom détachable, D5) : corso di Porta Ticinese (angle via Molino delle Armi).* Ⓜ *S. Ambrogio ou Missori ;* Ⓣ *n° 3.* Construite au XIIe s à proximité de la basilica di San Lorenzo Maggiore et de sa colonnade antique, cette porte demeure l'un des derniers vestiges des fortifications médiévales de Milan. Les lieux sont diablement photogéniques !

Basilica di Sant'Eustorgio (zoom détachable, D5) **:** *piazza San Eustorgio, 1. ☎ 02-581-015-83. ● santeustorgio.it ● Ⓜ Porta Genova F.S. ; Ⓣ nº 3. Tlj 7h30 (8h40 dim)-12h, 15h30-18h30.*

Du nom du 1er évêque de Milan, c'est un superbe ensemble monumental qui succéda au XIIe s à l'une des toutes 1res églises de la ville, où auraient été baptisés dès l'an 51 les 1ers chrétiens de Milan, bien avant la légalisation de cette religion nouvelle. Elle est d'ailleurs construite sur un cimetière chrétien qui, à l'époque, était relégué à l'extérieur de la ville romaine... De style architectural hétéroclite en raison de ses différentes phases de construction et remaniements, elle présente la particularité d'avoir le campanile (de style lombard) le plus haut de Milan. Un rescapé de la domination espagnole, qui considérait que tous les clochers proches du quartier général militaire devaient être rasés afin d'éviter... l'espionnage !

À l'intérieur, plan à 3 nefs, soutenues par des colonnes massives. Les chapelles latérales sont toutes d'époques différentes. Voir notamment la ***chapelle Visconti*** (4e à droite), dont la fresque de la lunette conte la légende de saint Georges à cheval, sauvant la princesse et piétinant le dragon (XIVe s). Au-dessus du chœur, ne pas manquer non plus la superbe ***croix suspendue*** de Bernardo Daddi (XIVe s), typique de l'iconographie toscane médiévale, où Jésus est représenté les yeux clos et la tête tombante. Juste en dessous, admirer les détails de l'***ancona della Passione,*** un polyptique en marbre sculpté de style lombard du début du XVe s. Posé sur le maître-autel, il représente 9 épisodes de la Passion du Christ.

L'église contient aussi – au fond du transept de droite – un ***énorme sarcophage romain,*** renfermant les ***reliques des Rois mages,*** offertes par Constantin. Chaque année, le jour de l'Épiphanie, l'évêque vient faire la messe, puis il prend la tête d'une grande procession... Enfin, la ***crypte*** révèle quelques vestiges d'époque romaine.

En sortant de la basilique, un passage à droite mène à la ***chapelle Portinari*** et au ***Musée diocésain*** (voir plus bas). Et puis jetez aussi un œil au ***cimetière paléochrétien*** qui s'étend sous la basilique et la place... Le soir, les illuminations accentuent encore le charme imposant de l'édifice.

Cappella Portinari – Museo della Basilica di Sant'Eustorgio (zoom détachable, D5) **:** *piazza San Eustorgio, 3. ☎ 02-894-026-71. ● chiostrisanteustorgio.it ● Ⓜ Porta Genova F.S. ; Ⓣ nº 3. Mar-dim 10h-18h (dernière admission à 17h30). Fermé lun. Résa obligatoire. Porte juste à gauche de la basilica di Sant'Eustorgio. Entrée : 6 € ; 10 € avec le Musée diocésain et le cimetière paléochrétien ; réduc ; gratuit moins de 18 ans. Feuille explicative en français.*

Jouxtant la basilique, cette chapelle fut achevée en 1468 par l'architecte florentin Michelozzo à la demande du banquier Portinari, agent de la banque des Médicis à Milan. Cette chapelle abrite aujourd'hui les reliques du moine dominicain *saint Pierre de Vérone.* Là, en son centre, voici donc ce magnifique ***tombeau en marbre*** reposant sur 8 colonnes, flanquées chacune de 8 statues allégoriques féminines des 7 vertus, posées sur des animaux. Remarquez la Charité qui allaite 2 bébés en même temps, la Prudence à 2 visages pour ne rien rater de ce qui se passe derrière, la Justice, la Foi, l'Espérance, la Force, la Tempérance... Mais quelle est donc la 8e ?! Une vertu ni théologale ni cardinale mais qui répond à la règle des dominicains : l'Obéissance (regardez la corde autour de son cou). Tout autour, également les superbes ***fresques de Vincenzo Foppa,*** illustrant la vie et les miracles du saint, finalement tué d'un coup de sabre sur le crâne (voir sa statue sur le parvis de la basilique). L'ensemble est dominé par une élégante ***coupole*** qui culmine à 30 m. La chapelle est aussi précédée d'une jolie ***sacristie,*** dont le simple mobilier en bois sert de vitrine d'exposition au trésor de la basilique : reliquaires, crucifix, calices...

Museo diocesano (Musée diocésain ; zoom détachable, D5) **:** *piazza San Eustorgio, 3. ☎ 02-894-200-19. ● chiostrisanteustorgio.it ● Ⓜ Porta Genova F.S. ; Ⓣ nº 3. Porte juste à gauche de la basilica di Sant'Eustorgio. Mar-dim 10h-18h*

(dernière admission à 17h30). Fermé lun. Entrée : 8 € ; 10 € avec la chapelle Portinari et le cimetière paléochrétien ; réduc ; gratuit moins de 18 ans.
Dans un bâtiment résolument contemporain et qui épouse les vestiges de l'ancien cloître de la basilique, voici plus de 700 œuvres offertes par de riches collectionneurs privés, en particulier celles d'archevêques milanais qui avaient une nette préférence pour l'école vénitienne des XVe et XVIe s... N'y manquez pas la ***collection Crespi,*** montrant de nombreuses peintures sur bois sur fond d'or du XVe s, de toute beauté ! Voir aussi cet étonnant *San Giuseppe col Bambino* de ***Guido Reni,*** rare vision de Jésus dans les bras de son papa (XVIIe s)... Également des ***objets de culte*** : reliquaires, calices, crucifix et autres ostensoirs des siècles derniers. Et ne manquez pas non plus les œuvres du XXe s, dont la collection intéressante des esquisses préparatoires des portes de la cathédrale de Milan par l'artiste ***Lucio Fontana.***

🛉🛉 ***Navigli*** *(plan détachable, D6) :* Ⓜ *Porta Genova F.S. ;* Ⓣ *nos 2, 3, 9, 10 et 14.*
Au sud du *centro storico,* un ancien quartier populaire pittoresque et haut en couleur, très animé le soir au moment de l'*aperitivo.* Côté ouest de la vaste piazza XXIV Maggio (arc de triomphe), le ***bassin de la Darsena,*** ancien port fluvial de Milan, s'ouvre sur le ***naviglio Grande*** (vers Abbiategrasso) et, au sud, le ***naviglio Pavese*** (vers Pavie). Construits à l'époque des Visconti, ils avaient pour fonction d'acheminer les produits agricoles depuis la campagne pour nourrir les Milanais (naviglio Pavese) et aussi de porter des blocs de marbre pour la construction du Duomo, selon un système hydrographique conçu par Léonard de Vinci (naviglio Grande). À l'époque, le réseau complet faisait le tour de l'enceinte des remparts et, bien que 2 canaux seulement aient subsisté, ils portent toujours le nom de *cerca Navigli.* Continuellement et intensément utilisés, les canaux ont pour la plupart été recouverts, petit à petit, à partir des années 1930, pour des raisons d'hygiène d'abord, puis pour des questions pratiques (installation des lignes de tramway). On parle aujourd'hui d'en rouvrir certains...
Il faut se promener le long des quais, traverser les petites passerelles et pousser de lourdes portes – lorsque c'est encore possible à cause des codes – pour découvrir d'adorables cours traversantes verdoyantes, avec leur vie populaire intense. Si le naviglio Pavese a été fortement détruit durant la dernière guerre, le naviglio Grande est sans doute celui qui a le plus de charme : vous y verrez des maisons milanaises typiques avec leurs coursives extérieures et leurs façades colorées. Au ***no 4,*** très beau patio s'ouvrant sur des ateliers d'artistes. À la hauteur du ***no 16,*** un insolite lavoir médiéval...
Aujourd'hui, le quartier des Navigli est réputé pour sa fameuse ***brocante mensuelle*** *(mercato dell'Antiquariato),* ses ateliers d'artistes et ses quelques galeries d'antiquaires, souvent établis dans d'anciennes usines rénovées. Sans oublier ses restos, ses bars et sa vie nocturne intense. Au début du mois de juin, la fête locale, ***festa del Naviglio,*** transforme le quartier en un lieu de rassemblement où s'exprime la liesse populaire ; miniconcerts de jazz, marchés divers, compétitions et jeux aquatiques au rendez-vous.

🛉 ***Chiesa Santa Maria dei Miracoli presso San Celso*** *(zoom détachable, D5) : corso Italia, 37. ☎ 02-583-131-87. • santamariadeimiracoliesancelso.it • Ⓜ Missori ou Crocetta ;* Ⓣ *no 15. Tlj sauf jeu et dim mat 10h-12h, 16h-17h30 (18h dim).* Construite dès la fin du XVe s, cette église est précédée d'un vaste atrium planté de colonnes, à la mode antique. Façade maniériste en marbre de Carrare du XVIe s, dont on détaille les statues et les bas-reliefs. À l'intérieur, il faut prendre le temps de découvrir toutes les toiles qu'abritent nefs, chœur et chapelles : un vrai petit musée de peintures italiennes de la Renaissance et du baroque, dont une *Sainte Famille* de Pâris Bordone, une *Pietà* de Giulio Cesare Procaccini, un *Martyre de sainte Catherine* de Giovanni Battista Crespi, une *Madonna con Bambino e Santi* d'Ambrogio Bergognone, une *Conversion de saint Paul* du Moretto...

Du côté de la porta Genova

Armani / Silos (plan détachable, B-C6) **:** *via Bergognone, 40. ☎ 02-916-300-10. • armanisilos.com • Ⓜ Porta Genova F.S. ; Ⓣ nº 14. Uniquement sur résa. Mer-dim 11h-19h (nocturne certains soirs aux beaux jours ; se renseigner). Fermé lun-mar. Entrée : 12 € ; réduc.*
Armani a installé son royaume dans un ancien silo industriel, repensé par le célèbre architecte japonais Tadao Ando, où était autrefois entreposées des céréales pour Nestlé. Dans ce vaste espace de 4 500 m² répartis sur 4 niveaux, le couturier a réuni plus de ***600 vêtements et 200 accessoires*** sur un parcours dont les thèmes varient régulièrement... On découvre avec émerveillement les centaines de modèles haute couture, superbement mis en scène. La magnificence des tissus et matières, la qualité des coupes, le choix des couleurs et la délicatesse des finitions ne manqueront pas de vous séduire, y compris si vous n'êtes pas féru de mode. Au dernier étage, on peut compulser les nombreuses ***archives digitalisées*** et se poser devant l'intéressant ***film documentaire*** sur le génial créateur, son univers, ses défilés, ses pubs... Également des expos temporaires. Boutique d'une grande sobriété et café sur place.

MUDEC – Museo delle Culture (musée des Cultures ; plan détachable, B6) **:** *via Tortona, 56. ☎ 02-549-17. • mudec.it • Ⓜ Porta Genova F.S. ; Ⓣ nº 14. Tlj 9h30 (14h30 lun)-19h30 (22h30 jeu et sam) ; dernière admission 1h avt fermeture. GRATUIT, sauf expos temporaires : 12-15 € ; réduc.* Construit sur d'anciennes usines sidérurgiques, ce récent musée de 17 000 m² a pour vocation la rencontre des cultures, le dialogue entre artistes et monde extérieur... On aime aussi son architecture, notamment la place centrale couverte à l'étage, qui fait penser à un atrium romain version contemporaine. De là, on accède à la ***collection permanente*** comprenant plus de 200 œuvres et objets qui proviennent des fonds propres de la ville de Milan, acquis depuis le XIXᵉ s et dispatchés en 7 sections thématiques. La ***salle 1*** évoque le *cabinet de curiosités (camera delle meraviglie),* ancêtre des musées actuels, regroupant des objets exotiques et/ou bizarres collectés par les classes supérieures du XIXᵉ s : coquillages rares, crocodile et requin naturalisés, défense d'éléphant, automate à tête de diable, céramiques chinoises... Dans la ***salle 2,*** ces tissus africains, boomerang australien, chapeau asiatique, céramiques et pierres taillées sud-américaines furent collectés vers 1840-1880 par des explorateurs et des voyageurs milanais. Ceux-ci donnèrent naissance à l'*ethnographie,* en même temps qu'au musée d'Histoire naturelle de la ville. Avec ses lances, ses haches et son amas de bracelets utilisés comme bijoux et monnaie d'échange, la ***salle 3*** suggère la *colonisation de l'Afrique* et ses spoliations. Puis, la ***salle 4*** évoque le *commerce avec l'Asie,* à travers quelques belles chinoiseries rapportées par des marchands. Les *1res Expositions universelles* (1850-1900) sont abordées ***salle 5,*** comme un moyen pour certaines nations – tel le Japon – de se faire connaître en Europe. Il fut vite suivi par d'autres pays d'Asie, dont les productions inondèrent le marché des objets d'art et des antiquités : soieries, céramiques, calligraphies, armures de samouraï... La ***salle 6*** raconte la destruction partielle des collections ethnographiques lors des bombardements de la Seconde Guerre mondiale... vite suivie – ***salle 7*** – d'un renouveau de la production artistique marquant de nouveaux échanges interculturels. À l'image de cette *Femme nue* aux influences ethniques, peinte par Picasso. Également de superbes objets africains, sud-américains...
– Chouette ***boutique*** qui regorge de cadeaux et souvenirs sympa.

Laboratori Scala Ansaldo (plan détachable, B5-6) **:** *via Bergognone, 34. ☎ 02-433-535-21. • servizi@civita.it • Ⓜ Porta Genova F.S. ; Ⓣ nº 14. Sur résa seulement (s'y prendre à l'avance, au moins 2 j. avt), visite guidée mar et jeu (1h15) parfois en français (sinon italien ou anglais). Tarif : 25 €.* C'est ici, dans cet immense atelier anciennement industriel, que sont construits tous les décors de l'illustre *teatro alla Scala,* occupant quotidiennement près de 150 personnes. La visite s'immisce au cœur du bâtiment, sur des passerelles suspendues, au plus près du sujet. Passé les maquettes d'opéras célébrissimes – point de départ du travail des décorateurs –, on observe leur activité, découpée par spécialités : dessin, peinture, sculpture, menuiserie et ferronnerie. Il faut 3 à 4 mois pour construire le décor complet d'un spectacle et ceux qui naissent sous vos yeux sont dédiés à la saison en cours. Également un atelier pour la confection des costumes de scène et de leurs accessoires. Près de 40 000 vêtements y sont conservés dans les dressings, et plusieurs vitrines montrent des costumes historiques portés par des artistes renommés... Une visite passionnante !

LE QUARTIER PORTA ROMANA

Autour de cette porte du XVIe s, vestige de la 2e enceinte construite après la destruction de la ville par Frédéric Barberousse au XIIe s, s'étend un vaste quartier résidentiel, plutôt chic. À seulement 3 stations de métro du Duomo, on y débusque, çà et là, quelques hébergements abordables, de bonnes tables d'habitués, des bars sympa, et, pour se faire chouchouter... de superbes thermes construits sur des ruines archéologiques ! Changement de décor au sud du quartier, par-delà la ligne de chemin de fer, où d'anciennes friches industrielles se rêvent un nouvel avenir avec, comme figure de proue, la très branchée fondation Prada. Le coin accueillera les athlètes des J.O. d'hiver de 2026, qui se dérouleront entre Milan et Cortina d'Ampezzo.

Où dormir ?

Auberges de jeunesse

🏠 🍸 ***Yellow Square Milan*** *(zoom détachable, F6,* ***12****)* **:** *via Serviliano Lattuada, 14. ☎ 02-823-966-03. • lattuada@yellowsquare.it • yellowsquare.it • Ⓜ Porta Romana. En dortoir (4-8 lits, mixte ou féminin) 25-40 €/pers ; doubles 70-140 €.* Cette petite chaîne d'*hostels* qui a essaimé dans les grandes villes italiennes est réputée pour son sens de l'accueil. Pensez donc, en plus de dortoirs pimpants (avec salle de bains, prises, casiers et rideaux d'intimité) et de chambres rivalisant avec celles d'un 3-étoiles, on y trouve une vaste cuisine commune, pas moins de 3 bars, un snack pour grignoter, des terrasses, un billard, un club pour les fiestas et même... un salon de coiffure. Bref, voici l'adresse idéale pour faire des rencontres. Le tout à 10 mn de métro seulement du Duomo !

🏠 🍽 ***Madama Hostel + Bistrot*** *(plan détachable, F6,* ***9****)* **:** *via Benaco, 1. ☎ 02-367-273-70. • info@madamahostel.com • madamahostel.com • Ⓜ Lodi T.I.B.B. En dortoir (4-8 lits) env 25 €/pers ; doubles 85-120 € ; petit déj inclus.* Sans doute l'*hostel* le plus stylé de Milan (et l'un des moins chers). Déjà, il squatte un ancien commissariat (*madama* étant l'équivalent de « keuf » en argot milanais), lui-même installé dans un *palazzo* Liberty flanqué d'un superbe *mural.* La bâtisse comptait même un hammam aux bains de marbre, reconverti en salle commune ! Bref, le lieu a de la gueule, sa déco aussi, entre le sobre, le déjanté, l'indus' et les dessins façon B.D. qui envahissent les murs. Côté confort, rien à redire, les dortoirs sont vastes, avec salle de bains intégrée, prises individuelles et casiers. Doubles sympa aussi, avec de vrais efforts de déco. Cuisine commune, bien sûr, et, cerise sur le *panettone,* un bistrot qui fait tout à la fois café, bar (pas mal de choix à la pression) et resto (le midi,) avec une carte changeante de burgers et plats du jour *(7-12 €).* Nombreuses soirées, animations, concerts... Atmosphère relax et branchée.

🏠 ⛱ ***Babila Hostel*** *(zoom détachable, F4,* ***35****)* **:** *via Conservatorio, 2A. ☎ 02-365-884-91. • info@babilahostel.it • babilahostel.it • ♿ Ⓜ S. Babilla. En dortoir (4-8 lits) 25-35 €/pers ; doubles 70-130 € ; familiales.* Au cœur d'un quartier résidentiel paisible, c'est un vieil édifice pittoresque en brique. Selon vos moyens, chambres et dortoirs bien équipés et nickel. Déco sobre : parquet, murs blancs et quelques petites pointes de couleur pour égailler l'ensemble. Resto-bar et terrasse panoramique pour rencontrer des routards du monde entier. Accueil pas toujours au beau fixe.

Prix moyens

Hotel Five *(plan détachable, F6, **39**) : corso Lodi, 4 (angle via Salmini). ☎ 02-583-133-31. • info@hotelfive.it • hotelfive.it • Ⓜ Porta Romana ; Ⓣ n° 9. Doubles 100-200 €.* Juste en retrait du *corso* et à 2 pas du métro, hôtel d'une vingtaine de chambres, petites certes, mais plutôt confortables et dotées d'une déco moderne, un rien tapageuse. Accueil pro et sympa.

Chic

Hotel Bianca Maria *(zoom détachable, F4, **40**) : viale Bianca Maria, 4. ☎ 02-834-275-00. • info@biancamariapalace.com • biancamariapalace.com • Ⓜ S. Babilla ; Ⓣ n°s 9, 12 et 27. Double env 190 €. Parking 25 €/nuit.* Ce bâtiment moderne abrite près de 90 chambres confortables et à la déco actuelle. Tons discrets et chics du moment : gris, chocolat, bleus... Les chambres sur l'arrière sont un brin plus calmes (passage du tram au lieu des voitures). Accueil pro. Restaurant et bar sur place.

BB Hotels – Aparthotel Bocconi *(plan détachable, D6, **41**) : via P. Teulié, 7. ☎ 02-583-108-82. • bocconi@bbhotels.it • bbhotels.it • Ⓜ Porta Romana ; Ⓣ n°s 9 et 15. Apparts (2-5 pers) 70-225 €.* En retrait de la rue, une dizaine d'appartements tranquilles, modernes et confortables. Cuisine, salon et mezzanine pour certains. Les plus grands, au dernier étage, disposent même d'une terrasse privée. Bon accueil.

Où manger ?

De très bon marché à bon marché

Panificio Davide Longoni *(plan détachable, F5, **83**) : via Tiraboschi, 19. ☎ 02-916-380-69. • paniciolongonimonza@hotmail.com • Ⓜ Porta Romana ; Ⓣ n° 9, bus n° 62 devant. Tlj sauf lun 8h (8h30-15h dim)-21h. Plats 7-12 €.* L'un des boulangers stars de Milan, qui a eu l'heureuse idée d'installer quelques tables dans sa boutique design, et surtout une gentille petite terrasse verdoyante. À dévorer : des petits plats simples et des salades, mais aussi de délicieuses parts de pizza et de *focaccia,* cuites dans le même four que le pain. Sans oublier les fameuses pâtisseries... Autre antenne au *Mercato Centrale,* dans la gare centrale de Milan.

Bar Quadronno *(zoom détachable, E5, **79**) : via Quadronno, 34. ☎ 02-583-266-12. • info@barquadronno.it • Ⓜ Crocetta. Tlj 7h30 (9h sam)-2h.* Panini 6-14 €. Une « paninothèque » historique, ouverte depuis 1964. Majestueux bar tout en bois couronné de bouteilles, et une poignée de tables pour bâfrer un délicieux *panino* d'une liste longue comme le bras. Le tout dans une bonne ambiance de bistrot de quartier (c'est aussi un bar-tabac). L'endroit a vraiment du charme.

Giannasi 1967 *(plan détachable, F6, **149**) : piazza B. Buozzi, 2. ☎ 02-583-211-14. Ⓜ Porta Romana. Tlj sauf dim 8h30-20h30. Moins de 10 €.* C'est un kiosque en brique planté depuis des lustres sur une placette, bien connu des gens du coin pour ses poulet-frites et fritures, à engloutir sur les bancs alentour. Une adresse simple mais correcte, qui dépanne à toute heure du jour.

Prix moyens

Sottobosco *(plan détachable, F6, **194**) : piazza S. Luigi, 5. ☎ 02-392-895-10. • sottobosco.mi@gmail.com • Ⓜ Lodi. Tlj sauf lun et dim soir. Formule midi 10 € (plat du jour, eau et café). Plats 10-22 € ; compter 30-35 € le soir.* C'est l'adresse idéale pour déjeuner en sortant de la Fondazione Prada, située à quelques minutes à pied seulement. Déco agréable dans la salle, aménagée dans une ancienne boucherie (photos au mur). Cuisine soignée tendance *Slow Food,* qui sert le meilleur des recettes lombardes dans de la vaisselle de famille : *vitello tonnato, rigatoni al ragù,* viandes extra-fondantes, sélection de fromages exquis... En prime, l'accueil s'avère vraiment adorable. Un sans-faute !

Trattoria Trippa *(zoom détachable, F6,* ***169****) : via G. Vasari, 1. 327-668-79-08. • info@trippamilano.it • Porta Romana ; T nº 9. Tlj sauf dim et j. fériés, le soir seulement. Résa en ligne obligatoire. Plats 13-20 €.* Une salle chaleureuse aux accents vintage, avec vue sur les fourneaux et la brigade qui s'agite ! Dans l'assiette, savoureuse cuisine du cru labélisée *Slow Food,* qui revisite les standards lombards sans perdre le fil des saisons. Juste quelques plats à la carte, chaque jour renouvelés selon l'arrivage de produits frais et de belle qualité. Service attentif et sympa. C'est sûr, on reviendra !

Osteria dell'Acquabella *(plan détachable, E6,* ***84****) : via San Rocco, 11. ☎ 02-583-096-53. • prenotazioni@acquabella.it • Porta Romana. Tlj sauf dim-lun midi. Résa conseillée. Plats 10-20 €.* On a un gros faible pour cette petite *osteria* dotée d'une longue salle chaleureuse et joliment vintage, sans se la jouer. Dans l'assiette, cuisine milanaise rustique et goûteuse. De quoi régaler une clientèle locale exigeante. On a aussi été séduit par le bon rapport qualité-prix. Bref, foncez !

La Bettola di Piero *(zoom détachable, E5,* ***85****) : via Orti, 17. ☎ 02-551-849-47. • bettoladipiero@gmail.com • Porta Romana ou Crocetta. Tlj sauf dim. Résa conseillée. Plats 13-28 €.* C'est une petite salle, coupée de la rue par des rideaux à carreaux rouges et blancs ; un tissu que l'on retrouve sur les tables. Côté fourneaux, des spécialités typiques et soignées, aux bonnes saveurs du terroir lombard : *risotto alla milanese,* osso-buco, etc. Service souriant et plein d'attentions.

Où boire un café ?
Où déguster une pâtisserie, une glace ?

Pavè Break *(zoom détachable, E5,* ***167****) : via della Commenda, 25. ☎ 02-836-300-74. • office@pavemilano.com • Crocetta. Tlj sauf mar 7h30-15h30 (8h-13h w-e).* Dernière adresse en date de l'un de nos boulangers milanais préférés, une grande salle bien dans l'air du temps : tables en bois, chaises vintage, lampes de bureau... Très bonnes pâtisseries, que l'on accompagne d'un *espresso.* Aussi des *panini,* salades et plusieurs petits plats du jour tout simples. Une adresse impec à toute heure !

Gelateria Artigianale nº 22 *(plan détachable, F6,* ***173****) : corso Lodi, 22. Porta Romana. Tlj 11h30-22h.* On est séduits par les saveurs exquises des sorbets de saison et des glaces crémeuses, qu'on va savourer sur le carré de pelouse voisin (ou petit banc devant). Excentré mais délicieux, avec un bon sens de la crème chantilly.

Pavè Gelati & Granite *(zoom détachable, E4,* ***61****) : via C. Battisti, 21. • hello@pavemilano.com • S. Babila ; T nºs 12, 19 et 27. Tlj 13h (14h w-e)-19h.* Ce célèbre boulanger milanais propose, dans un local grand comme un mouchoir de poche, de délicieuses glaces artisanales aux parfums savamment élaborés (chocolat blanc caramélisé, citron vert ou miel-muscade). Également des *granite* de saison.

Où boire un verre ? Où danser ?

Mom Café *(zoom détachable, F5,* ***125****) : viale Monte Nero, 51. ☎ 02-599-015-62. Porta Romana ; T nº 9. Tlj 18h-minuit (2h jeu-sam, 23h dim).* Il y a foule par ici, et jusque dans le jardin public voisin dès qu'il fait beau ! Déco vintage, mobilier en formica, et barils de pétrole en guise de tables sur le trottoir. Sans parler du buffet de l'*aperitivo* aussi riche que varié. Et, comme pas mal de Milanais qui nous en ont indiqué le chemin, on s'y sent tout simplement bien… Incontournable.

Lacerba Milano *(zoom détachable, E5,* ***195****)* **:** *via Orti, 4.* ☎ *02-545-54-75.* • *info@lacerba.it* • Ⓜ *Porta Romana. Tlj sauf dim 18h-0h30. Aperitivo 19h-21h.* Cette adresse réputée pour ses *aperitivi* animés cache un étonnant décor, constitué de jolies fresques cubistes et d'un bric-à-brac envahissant le moindre espace, à l'image de cette collection de mignonettes pendues au plafond. Excellents cocktails, préparés de main de maître par des barmen virevoltants et sympa. L'établissement possède aussi un restaurant où le poisson est à l'honneur, mais il y règne une ambiance bien plus sage.

Enoteca Il Cavallante *(zoom détachable, F6,* ***187****)* **:** *via L. Muratori, 3.* ☎ *02-541-073-25.* Ⓜ *Porta Romana ;* Ⓣ *nº 9. Lun-ven 18h30-1h. Fermé w-e. Résa conseillée.* Dans cette rue bien connue des noctambules, un chaleureux bar à vins aux murs couverts de casiers à bouteilles. Belle sélection de crus lombards et du pays, à accompagner de *taglieri* de charcuterie et de fromage, d'un carpaccio de bœuf ou de poisson… Accueil tout sourire. Une adresse comme on les aime !

Plastic *(hors plan détachable par E6,* ***138****)* **:** *via Gargano, 15.* Ⓜ *Brenta ou Corvetto. Ouv ven-dim dès 23h. Entrée : 10-25 € (consommation incluse).* Ouverte depuis 1980, peut-être bien la plus connue des boîtes de la ville, fréquentée par toutes les stars de passage à Milan (« le meilleur club européen », estimait Andy Warhol, jamais en retard d'un superlatif !). Installé dans un ancien entrepôt avec une déco très travaillée, une programmation musicale à l'avenant et une sélection plus que rigoureuse à l'entrée…

Achats

Il Salvagente Fashion Outlet *(plan détachable, F-G4,* ***192****)* **:** *via F. Bronzetti, 16.* ☎ *02-761-103-28.* Ⓜ *S. Babilla ;* Ⓣ *nºs 9, 12 et 27. Tlj 10h15 (15h lun)-19h30 (dim et fêtes 11h-19h).* Boutique bien connue des Milanais coquets qui ne veulent pas se ruiner ! Vaste choix de vêtements, d'accessoires et de chaussures de marques italiennes et internationales à prix cassés.

Penelope – Mercatino dell'Usato *(plan détachable, F4,* ***193****)* **:** *via M. Melloni, 6.* ☎ *02-396-805-88.* Ⓜ *S. Babilla ;* Ⓣ *nº 9. Tlj sauf lun 10h (15h dim)-19h30.* Une incroyable caverne d'Ali Baba dédiée aux arts décoratifs des années 1950-1960 : luminaires, meubles, fauteuils, petits objets du quotidien, bijoux fantaisie… Étonnant et pour toutes les bourses !

À voir. À faire

QC Terme Milano *(zoom détachable, E-F6)* **:** *piazzale Madaglie d'Oro, 2.* ☎ *02-551-993-67.* • *termemilano.com* • Ⓜ *Porta Romana ;* Ⓣ *nº 9. Tlj 9h30-23h (minuit w-e). Entrée : 52-56 € (formule moins chère à l'heure du déj, env 38 €) ; soins en supplément.* Installé dans un vieux bastion des fortifications espagnoles, ce superbe bâtiment Liberty abrite piscine, sauna, hammam et tables de massage. Également des jacuzzis dans le beau jardin cerné par les murailles en brique et même un autre construit au cœur des ruines archéologiques ! Resto et café sur place. Bref, un endroit superbe et original pour se faire chouchouter.

Fondazione Prada *(plan détachable, F6)* **:** *largo Isarco, 2.* ☎ *02-566-626-12.* • *fondazioneprada.org* • Ⓜ *Lodi T.I.B.B. ;* Ⓣ *nº 24. Tlj sauf mar 10h-19h. Dernière admission 1h avt fermeture. Résa sur Internet. Entrée : 15 € ; réduc ; gratuit moins de 18 ans. Visites guidées gratuites en italien le w-e (résas au moins 48h avt).*

Sans conteste le musée le plus branché de Milan. Dans cette ancienne distillerie du début XXe s, l'architecte Rem Koolhaas a imaginé avec Miuccia Prada, l'héritière de la maison, un espace résolument contemporain tout en conservant l'architecture originelle, témoignage du passé industriel de la ville. Sur près de 20 000 m², l'espace est dédié aux collections privées d'art contemporain de la famille Prada. Pas vraiment de parcours précis, mais surtout une invitation à se promener au gré des expos temporaires et des envies de chacun. Et parmi tout ça, 3 espaces permanents. D'abord, « La Maison hantée », une improbable tour dorée abritant des installations de ***Robert Gober et Louise Bourgeois.*** Ensuite, la salle 7 et son « processus grotesque », travail de Thomas Demand autour du thème de la grotte. Enfin, et surtout, la collection *Atlas,* présentée au fil des 9 étages de l'imposante *Torre,* percée de larges baies vitrées offrant de fantastiques panoramas sur le quartier, qui va accueillir nombre de constructions nouvelles pour le J.O. de 2026. De niveau en niveau, se succèdent les œuvres déroutantes d'artistes parmi les plus bankables du moment : ***Jeff Koons*** et son bouquet de tulipes mais aussi *Le Dernier Jugement* de **Damien Hirst,** tableau constitué de mouches collées par milliers (par millions ?) dont l'artiste nous offre le *making-of...* À découvrir encore, l'installation immersive de ***Carsten Höller,*** qui a récolté des champignons pour le moins hallucinogènes. Bar-resto chic au 6e étage. Ailleurs sur le site, un cinéma, des salles de conférence, un espace dédié aux enfants et un bar élégant...

Bar Luce : *tlj sauf mar 9h-20h.* Avec ses meubles en formica, son juke-box et son carrelage rétro, le lieu évoque l'esprit des années 1950-1960. Petit clin d'œil à Milan : le plafond voûté se veut une réplique de la galleria Vittorio Emanuele II. Un endroit très réussi, dans la tradition du cinéma néoréaliste italien voulu par l'architecte.

Un peu plus loin à l'est

Wow Spazio Fumetto *(plan détachable, G4)* **:** *viale Campania, 12. ☎ 02-495-247-44. • museowow.it • Ⓣ n° 27 ; bus n° 73. Résa obligatoire : • prenotazioniwow@gmail.it • Tlj sauf lun 15h-19h (20h w-e). Fermé en août. Entrée gratuite pour le rdc ; 7 € pour l'étage ; réduc.* Plus qu'un musée, c'est un lieu de promotion de la bande dessinée (*fumetto* en italien), mais aussi de l'illustration et du dessin animé. Intéressantes expos temporaires et grande bibliothèque, avec une bonne dizaine de milliers de B.D. en consultation (en italien, quasi exclusivement, même si, en fouillant bien, on trouve quelques titres en français).

LES ENVIRONS DE MILAN

• Carte *p. 142-143*

CERTOSA DI PAVIA (CHARTREUSE DE PAVIE)

Toujours habitée par des moines (ce sont eux qui assurent les visites guidées !), cette fabuleuse chartreuse doit sa fondation, en 1396, à Gian Galeazzo Maria Visconti, 1er duc de Milan. Il décide de faire de l'église le mausolée de sa dynastie (il est aujourd'hui le seul à y reposer pour l'éternité), et la chartreuse est intégrée au château de Pavie, dans un gigantesque parc dont il ne reste quasiment rien. Mais les travaux ne seront jamais terminés, et ce sont les Sforza, successeurs des Visconti qui, à partir de 1451, font construire l'ensemble flamboyant que l'on découvre aujourd'hui. Le faste des bâtiments avait fâché Érasme, mais ébloui Montaigne qui visita la Chartreuse et le château en octobre 1581 alors que celui-ci était habité par la puissante famille Sforza. C'est également dans cette chartreuse que François Ier fut retenu quelque temps prisonnier, après la célèbre bataille de Pavie en 1525.

Arriver – Quitter

La Chartreuse est située à une trentaine de kilomètres au sud de Milan, à 9 km au nord de Pavie, et à 1,5 km à l'écart (fléché) d'une petite bourgade qui porte le même nom (Certosa di Pavia).

➢ ***En train :*** le plus pratique.

– ***De Milan-Rogoredo*** (au sud du centre ; métro 3) ou de celle de Porta Garibaldi, de nombreux trains à destination de Pavie marquent un arrêt à Certosa di Pavia, dont la gare se trouve à 15 mn à pied de la fameuse chartreuse. Compter 20-40 mn de trajet selon la gare de départ.

– ***De la gare de Pavie :*** 2 trains/h, 8h-18h (d'autres encore hors de cette fourchette horaire). Durée : 7 mn. De la *Stazione Certosa di Pavia* à la Chartreuse, compter env 15 mn de marche.

➢ ***En bus :*** depuis la gare routière de Pavie, lignes nos 93 (tlj sauf w-e et vac scol) et 175 (tlj sauf w-e, 9h-15h). Trajet : 15-20 mn.

Infos utiles

– ***Coordonnées :*** *via del Monumento, 4, 27012 Certosa di Pavia.* ☎ *0382-925-613.* • *certosatourism.it/Monastero* •

– ***Horaires :*** ***chartreuse,*** *tlj sauf lun (ouv lun fériés) 9h-11h30 et 14h30-18h (17h30 avr et sept, 17h mars et oct, 16h30 nov-fév).* ***Musée,*** *jeu-dim aux mêmes horaires que la chartreuse.*

– ***Entrée gratuite*** (tenue décente exigée). La visite libre se limite à la

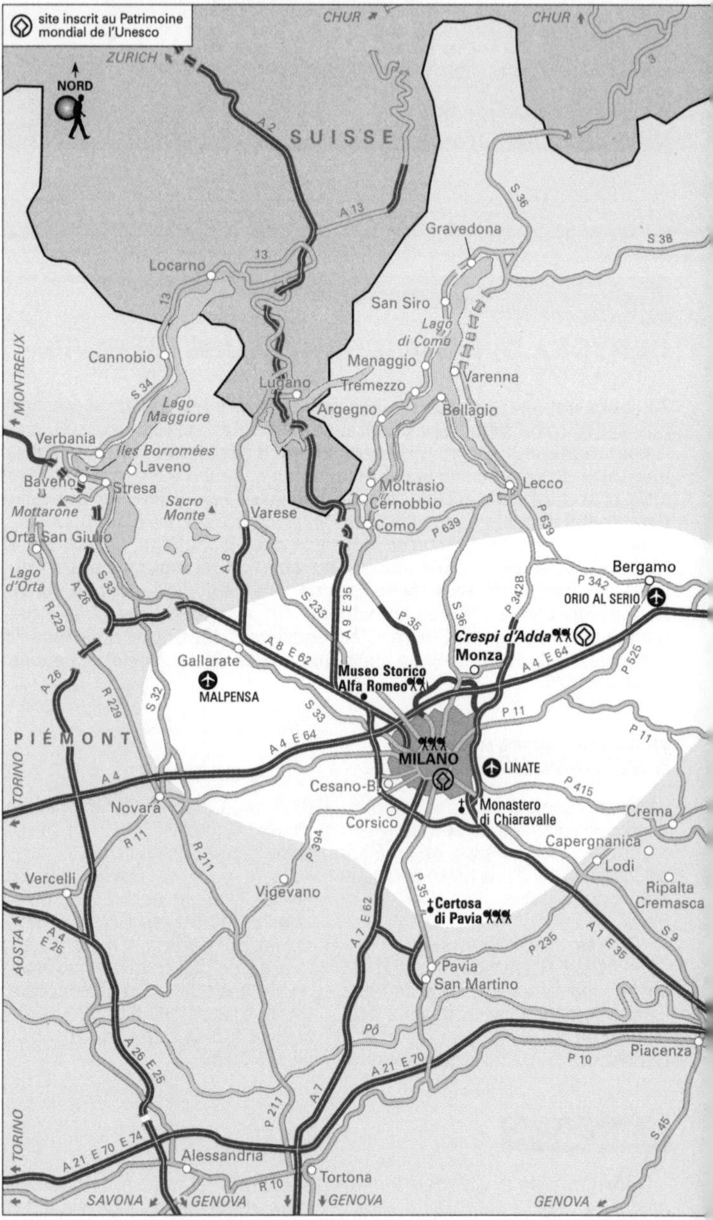
site inscrit au Patrimoine mondial de l'Unesco
NORD
CHUR
CHUR
ZURICH
SUISSE
A 2
A 13
13
S 36
S 38
Gravedona
Locarno
San Siro
Lago di Como
Cannobio
Menaggio
Varenna
Lugano
Tremezzo
S 34
Lago Maggiore
Argegno
Bellagio
MONTREUX
Verbania
Iles Borromées
Laveno
Baveno
Stresa
Moltrasio
Lecco
Mottarone
Sacro Monte
Cernobbio
Varese
Como
P 639
Orta San Giulio
Lago d'Orta
S 33
A 8
A 9 E 35
Bergamo
P 342
R 229
A 26
S 233
P 35
S 36
P 342B
ORIO AL SERIO
Crespi d'Adda
Monza
Gallarate
A 8 E 62
A 4 E 64
P 525
Museo Storico Alfa Romeo
MALPENSA
S 32
S 33
P 11
PIÉMONT
A 4 E 64
P 11
MILANO
LINATE
TORINO
A 4
Cesano-B.
P 415
Novara
Monastero di Chiaravalle
Corsico
Crema
R 11
P 394
Capergnanica
R 211
Lodi
Vercelli
Vigevano
P 35
Ripalta Cremasca
Certosa di Pavia
A 7 E 62
AOSTA
A 4 E 25
P 235
A 1 E 35
S 9
Pavia
San Martino
Pô
A 26 E 25
Piacenza
A 21 E 70
P 10
P 211
A 7
S 45
TORINO
A 21 E 70 E 74
Alessandria
Tortona
R 10
SAVONA
GENOVA
GENOVA
GENOVA

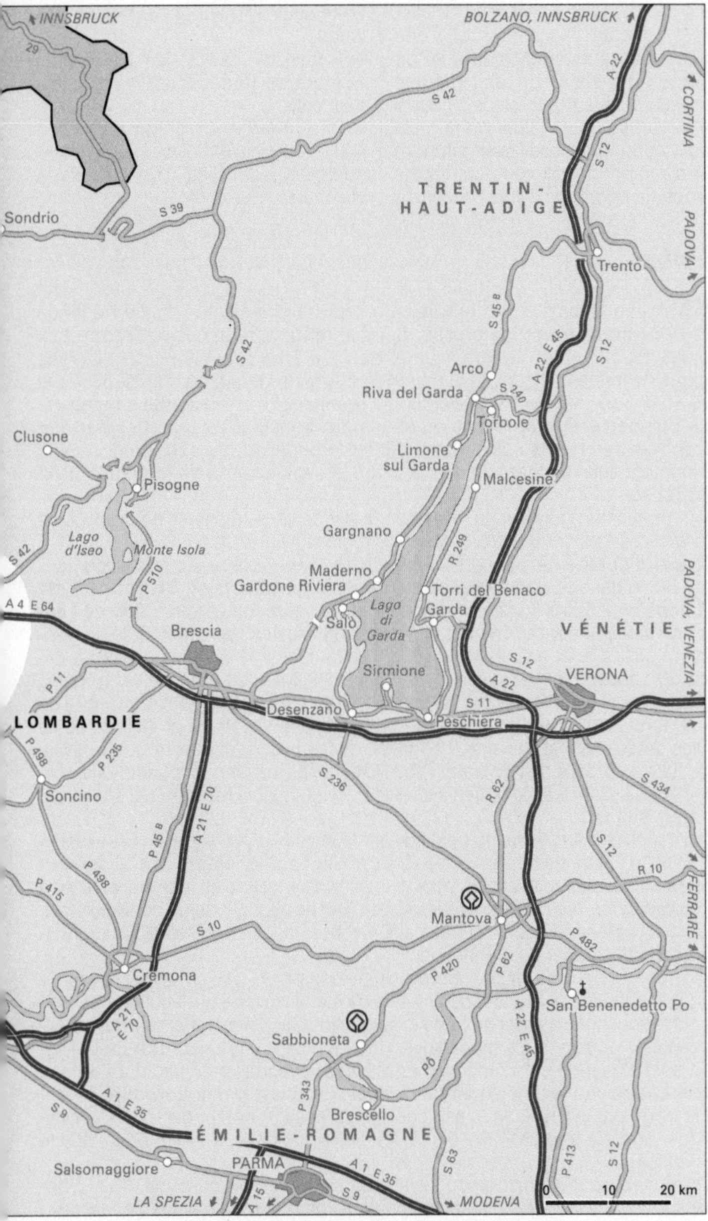

LES ENVIRONS DE MILAN

cour, au musée et à l'église abbatiale. Petite donation bienvenue. La visite guidée (en italien seulement) se fait accompagnée par un des moines cisterciens vivant sur place ; pour y participer, se poster près de la grille située au fond de l'église et attendre qu'un moine vienne vous chercher ; si vous ne comprenez pas l'italien, la visite guidée (1h) peut s'avérer un peu longue.

- Si possible, éviter les week-ends et jours de fête, car le lieu est très fréquenté.
- ***Stationnement :*** grand parking à 400 m du site *(env 2 €/h).* Également quelques places au plus près de la chartreuse (plus chères).

Visite

*** Après le portique d'entrée, orné de fresques du XVᵉ s, on accède à la ***cour centrale*** où se dresse, dans le fond, la magnifique ***façade*** aux bas-reliefs finement sculptés dans des marbres provenant de diverses régions italiennes. C'est Giovanni Antonio Amado qui en est l'artisan, relayé vers 1540 par Cristoforo Lombardo, qui termine en 1570 la partie supérieure, plus compacte et bien moins ouvragée. En franchissant le seuil, s'arrêter devant les bas-reliefs sublimes entourant la porte. Sur le côté droit, on voit notamment Gian Galeazzo Maria Visconti posant la pierre de fondation de la chartreuse.

- À l'intérieur de l'***église,*** au niveau de la nef centrale, de vertigineuses voûtes bleu étoilé. De part et d'autre, chapelles décorées de fresques.
- ***La visite guidée*** débute après la grille baroque en bronze, au niveau du transept. Sur la gauche, cénotaphe de marbre avec les ***gisants de Béatrice d'Este et Ludovico il Moro*** (Ludovic le More, il fut duc Visconti et le mécène de Léonard de Vinci). Il est dominé par la fresque de l'abside représentant le couronnement de la Vierge en présence de Francesco Sforza et Ludovico il Moro. Côté droit du transept, impressionnant monument funéraire de Gian Galeazzo Maria Visconti, taillé dans le marbre, et surplombé par la fresque de l'abside où l'on voit le fondateur et ses fils offrant la chartreuse à la Vierge. Le chœur, bordé de stalles ornées de marqueterie, est couvert de fresques évoquant la vie de Jésus. À gauche, voir celle de l'*Adoration des Rois mages,* où ceux-ci portent des costumes Renaissance avec bottes à éperons ! Remarquable maître-autel en marbre et en lapis-lazuli.

Dans l'ancienne ***sacristie,*** on peut admirer le fameux polyptyque en ivoire (début XVᵉ s) qui a demandé 40 ans de travail à l'artiste. Le ***petit cloître,*** bordé de frises en terre cuite, offre la meilleure vue sur l'église. On accède ensuite au ***réfectoire*** où, le dimanche, les moines mangeaient en silence pendant qu'un coreligionnaire leur faisait la lecture depuis la tribune. Cherchez donc la paroi en bois qui dissimule un petit escalier pour y accéder !

Enfin, on parvient au ***grand cloître,*** impressionnant par sa taille (124 m de long !) et entouré de 123 arcades ornées de médaillons de terre cuite, à qui une récente rénovation a redonné toute la splendeur. Sur 3 des côtés se trouvent les 24 cellules-maisonnettes monacales, dont la plus grande est celle de l'abbé, bien sûr ! Chacune est composée de 2 pièces avec un petit jardin à l'arrière, d'une chambre avec loggia en haut, ainsi que d'une petite ouverture à côté de la porte par laquelle on faisait passer les repas. À défaut de suivre la visite guidée, on peut apercevoir le cloître à travers une grille, à droite de la façade de l'église.

- ***Le musée de la Chartreuse :*** installé dans l'ancien palais ducal. Au rez-de-chaussée, des moulages en plâtre réalisés à l'occasion de travaux de restauration au XIXᵉ s permettent d'apprécier mieux encore le détail des sculptures de la façade de l'église. À l'étage, collection de tableaux du XVIᵉ s (portraits de famille des Visconti, peintures religieuses), éléments de bas-reliefs originaux et fresques en trompe l'œil dans le coquet *Studiolo.* Explications en français.

MONZA

123 000 hab. IND. TÉL. : 039

Située à environ 20 km au nord-est de Milan, soit seulement quelques minutes en train, la grosse bourgade de Monza porte inscrite dans les belles pierres de son centre piéton la riche histoire de celle qui fut, aux VIe-VIIe s, la capitale d'été du royaume des Lombards, sous le règne de Théodelinde de Bavière. Près de 10 siècles plus tard, les Visconti, alors propriétaires de la ville, feront élever à cette reine de légende une formidable chapelle au sein de la cathédrale locale, renfermant en son cœur la mythique couronne de fer que portèrent tous les souverains commandant l'Italie, des profondeurs du Moyen Âge jusqu'à Napoléon. Délaissée par le cours de l'histoire, Monza devint, au XIXe s, le fief de l'industrie chapelière, avant de retrouver le haut de l'affiche pour un tout autre sujet. Sa célébrité, elle la doit aujourd'hui au sport automobile et au Grand Prix de Formule 1. La visite du circuit en période d'entraînement est réellement impressionnante ! Mais attention aux oreilles...

Arriver – Quitter

➢ ***En train :*** de la *Stazione Centrale* de Milan, train ttes les 15-40 mn 5h-minuit env. Durée : 10 mn seulement ! La gare de Monza est à 10 mn à pied du centre historique.

Où dormir ? Où manger ?

Nine Hotel – Ristorante-pizzeria del Centro : *spalto Isolino, 9.* ☎ *039-322-264.* • *info@ninehotel.com* • *ninehotel.com* • ♿ *Dans le centre de Monza. De la piazza Roma, descendre la via Vittorio Emanuele II, puis longer le canal à droite jusqu'à la passerella dei Mercati ; trattoria le midi seulement lun-sam (fermée dim). Doubles 95-170 € ; familiales. Resto ouv tlj midi et soir ; pizze 6-12 €, plats 20-30 €.* Installé sur une paisible placette piétonne, cet hôtel-resto historique – une affaire de famille – a su évoluer avec son époque. Profitant d'une grande terrasse l'été et d'une délicieuse et immense véranda le reste du temps, le resto, tiré à 4 épingles, mitonne une cuisine soignée et parfumée. L'hôtel, enfin, offre des chambres confortables à la déco originale. Une bonne adresse.

À voir

Outre le *Duomo* décrit ci-dessous, le centre piéton de Monza, ponctué de placettes tranquilles, compte d'intéressants édifices historiques, notamment l'***Arengario*** (piazza Roma), ancien hôtel de ville. Bâti au XIIIe s, il est surmonté d'une tour et repose sur de grandes arches. On y aperçoit encore la tribune d'où étaient lus les décrets de la commune.

Duomo di Monza : *piazza del Duomo. Tlj 7h30-12h, 15h-18h. Entrée libre.* ***Musée du trésor et visite guidée de la chapelle,*** *mar-dim 9h-13h, 14h-18h (fermé lun) ; 8 €, réduc.* ☎ *039-326-383.* • *museoduomomonza.it* •
Érigée au XIVe s, cette imposante cathédrale incarne le renouveau d'un site majeur de l'histoire et du christianisme lombards. C'est, en effet, ici que la reine Théodelinde de Bavière (Teodolinda) fit bâtir sa 1re église à la fin du VIe s, après avoir converti son peuple au catholicisme. L'édifice actuel impressionne par sa façade

gothique en marbre bicolore et son intérieur entièrement peint. Noter aussi le sublime devant-d'autel *(paliotto)* en argent, ciselé de scènes de la vie de saint Jean-Baptiste, patron du lieu.

Mais, pudiquement dissimulé derrière un lourd rideau à gauche du chœur, le plus fascinant ne se dévoile qu'à l'occasion d'une visite guidée de 30 mn, en italien (ou anglais sur résa). Il s'agit de la ***chapelle de Teodolinda,*** entièrement décorée de fresques, peintes en 1444-1445 par la famille Zavattari, sur la commande des Visconti. Quasi intactes, les 45 scènes divisées en 5 chapitres y content, à la manière d'une B.D., l'histoire légendaire de la reine, ses 2 mariages, le Saint-Esprit – une colombe – lui soufflant dans l'oreille où faire construire son église, etc. Anachronisme assumé, les costumes dessinées par les artistes sont ceux de leur époque, et on se gave au banquet de noces de dragées, confiserie inconnue un millénaire plus tôt, tout comme le sucre raffiné d'ailleurs. Clou de la visite, si l'on ose dire, le tabernacle, au centre de la chapelle, s'ouvre sur la mythique ***couronne de fer,*** faite de plaques d'or serties de pierres précieuses et reliées entre elles par un cercle de fer que l'on dit fondu d'un clou de la croix du Christ. Elle servit au couronnement de tous les souverains lombards et à quelques *guest stars* : Charlemagne, Charles Quint, et même Napoléon, qui se serait alors écrié « Dieu me l'a donnée, malheur à qui osera la toucher ! » et qui créa par la suite un ordre de la Couronne de fer, façon Légion d'honneur.

MARIAGE ARRANGÉ

Si les Visconti tenaient à rendre un si fastueux hommage à la reine Teodolinda, c'est que son histoire faisait écho à la leur. À la mort de son 1er mari, n'ayant pas le droit, en tant que femme, de régner seule, Teodolinda lui choisit un successeur d'un rang inférieur au sien, plutôt que de livrer son royaume à une dynastie concurrente. Faute d'héritier mâle, le dernier Visconti fit de même, choisissant le modeste condottiere Sforza comme époux pour sa fille, plutôt qu'une grande famille noble concurrente.

Le billet pour la chapelle donne aussi accès au ***musée du trésor,*** qui renferme d'intéressantes pièces bien mises en valeur, notamment de nombreux objets liturgiques paléochrétiens (VIe-VIIe s), dont la couronne de Teodolinda, et d'immenses tapisseries du XVIe s retraçant la vie de saint Jibé. Ne pas manquer le magnifique plateau sur lequel une figurine de poule picore entourée de ses poussins, tous couverts de feuilles d'or. Cette pièce, dont on ignore la signification, fut retrouvée dans le sarcophage de Teodolinda, transporté dans sa chapelle au XVe s.

Autodromo nazionale – Monza Eni Circuit : *☎ 039-248-21. ● monzanet.it ● En voiture, de Monza, suivre la direction « Parco », puis « Autodromo », l'entrée principale étant située à Vedano al Lambro. En bus, de la gare de Monza, prendre le no 204. Accès au parc tlj 7h-20h30 (19h l'automne et l'hiver). Infopoint : tlj 10h-18h. ● tempiodellavelocita.it ● Entrée gratuite lun-ven ; le w-e, l'entrée peut être payante selon les événements sportifs.* ***Plusieurs offres de visites guidées :*** *en principe, 10 € pour la visite des installations (salle de presse, paddock, etc.) ; 15 € avec 1 tour de piste pépère en minivan. Également une visite de 2-3h à vélo sur résa (30 €). Pour une expérience de circuit à côté d'un pilote professionnel (non, non, on ne vous laisse pas le volant !), contacter* ***Puresport*** *(● puresport.it ●).* ***Pour assister à un Grand Prix,*** *compter 50-150 € pour les essais et les qualifications, 150-660 € le jour de la course.*

Inauguré en 1922, Monza, 3e plus ancien circuit au monde, est considéré comme le plus rapide, ce qui a valu à une cinquantaine de pilotes d'y laisser leur peau... 3 pistes : la *gran premio F1* (5 793 m), la *junior* et la piste de vitesse où s'effectuent les essais. Une visite à réserver aux passionnés, à condition bien sûr qu'il y ait des véhicules en action, sinon l'intérêt se limite à voir du bitume... Bref, choisissez un jour où il y a un entraînement ou une course (le week-end en général, parfois gratuit) pour vraiment apprécier. Calendrier sur le site internet. Sur place, boutiques de produits dérivés, de la combi de pilote à la F1 miniature. En partant, souvenez-vous que la route n'est pas un circuit et que votre petite auto n'est pas une Formule 1...

AILLEURS AU NORD DE MILAN

MUSEO STORICO ALFA ROMEO

Viale Alfa Romeo, 20020 ***Arese.*** *• 02-444-255-11. • info@museoalfaromeo.com • museoalfaromeo.com • À env 20 km au nord-ouest du centre-ville. En voiture, direction Varese, sortie Arese-Lainate puis à droite au 1er rond-point. En métro et bus : Ⓜ M1 jusqu'à la station Rho/Fiera (terminus), puis bus nº 561, qui s'arrête devant le musée. Tlj sauf mar 10h-18h. Entrée : 12 € ; réduc.*

À une petite vingtaine de kilomètres de Milan, ce musée retrace l'épopée d'*Alfa Romeo,* marque d'automobiles italiennes hissée à la hauteur de mythe. Créée vers 1910, elle fut l'un des pionniers de l'automobile sportive, inspirant des générations de pilotes et de constructeurs. Elle est aussi devenue, au fil des décennies, l'un des emblèmes du style italien.

La riche exposition, qui bénéficie d'une scénographie moderne, est structurée par 3 thèmes dominants : l'histoire de la marque (qui se confond avec celle de l'automobile), le design de ses formes et son obsession pour la vitesse.

Après avoir découvert quelques modèles emblématiques résumant ses grandes évolutions technologiques, le visiteur découvre les différentes métamorphoses formelles de la marque à travers une fabuleuse collection de dizaines de bolides de toutes époques, sportives comme bagnoles du quotidien. Les designers stars sont mis à l'honneur avec une présentation de *concept cars* et de modèles devenus de grands classiques : la *33 Spider Cuneo* ou la *Giulietta* de Pininfarina, l'incroyable *Carabo* de Bertone, ou encore l'improbable *Castagna* de 1913.

Après cet itinéraire à la recherche du « style Alfa Romeo », place au sport ! Dès leurs origines, les voitures du constructeur milanais étaient destinées à concourir dans les plus grandes courses. En 1913, déjà, plusieurs de ses bolides se placent sur le podium de Parme-Poggio di Berceto. Le point de départ d'un long palmarès. Ses plus grandes victoires ? Celles dans la Targa Florio en Sicile, où Enzo Ferrari finit 2e en 1920 ; pendant les Mille Miglia, course sur route dont la marque sortit 11 fois vainqueur dans les années 1930 ; lors du Championnat du monde de Formule 1 de 1951 (avec un certain Fangio au volant) ou sur le mythique circuit de Monza.

LA CROIX ET LE SERPENT

Depuis sa naissance, le logo d'Alfa Romeo rappelle les origines milanaises de la marque. La croix rouge sur fond blanc correspond aux couleurs de la capitale lombarde pendant que le dragon qui l'accompagne, en réalité une guivre, est l'emblème de la famille Visconti, maître de Milan du Moyen Âge à la Renaissance. La mention Milano figurait d'ailleurs sur le blason jusque dans les années 1970.

FERRARI, GLOIRE D'ALFA ROMEO ?

À l'origine pilote vedette pour Alfa Romeo, Enzo Ferrari commença sa carrière de constructeur au service de la firme milanaise. À partir de 1929, il est autorisé à créer sa propre scuderia, où il fait courir des Alfa Romeo. Il faudra attendre 1947 pour qu'il s'affranchisse totalement et crée sa propre firme, à l'emblème du cheval noir cabré sur fond jaune.

L'impressionnante et large collection de voitures de course, F1 ou rallye, illustre cette riche histoire. Pour finir, simulation de course dans un cinéma dynamique 4D, si jamais l'envie vous prenait de rendre vot' 4-heures. Enfin, si votre banquier est OK, ultime détour par le salon de ventes des *Alfa* d'aujourd'hui.

CRESPI D'ADDA

Env 35 km au nord-est de Milan par la route de Bergame. De la gare routière de Milan, prendre un bus pour Trezzo sull'Adda et finir à pied.

Construit à la fin du XIXe s par la volonté de la famille Crespi, des industriels du tissage, ***ce village ouvrier se veut une cité-usine idéale,*** et a été classé à ce titre par l'Unesco en 1995. À Crespi (comme la famille) d'Adda (comme la rivière qui coule en contrebas), l'usine est au cœur du village, comme pouvait l'être autrefois l'église. Malgré une faillite de la famille dans les années 1920, son activité textile a perduré jusqu'en 2004. Aujourd'hui désaffectée, l'usine est restée quasi intacte, avec ses hautes cheminées de brique grimpant vers le ciel (accès interdit, dommage).
Toujours habité, le village est organisé selon un plan tiré au cordeau, et on reconnaît facilement la maison de l'ouvrier de celle du patron, appelée *villa padronale* (celle qui a des allures de château). On retrouve cet organigramme jusqu'au ***cimetière,*** où l'imposant monument funéraire aux airs de temple maya de la famille Crespi étend encore son ombre sur les modestes croix en béton des employés. Cette utopie paternaliste prévoyait une grosse maison pour chaque employé, avec jardin potager, ainsi que tous les services indispensables : église, hôpital, théâtre, club, lavoir, école (elle fonctionne toujours !), etc. Évidemment, seuls les employés qui travaillaient à l'usine ont pu être logés ici avec leur famille. Certains retraités y vivent encore, parmi les 400 habitants de ce paisible village résidentiel et propret étonnamment uniforme, chacun entretenant soigneusement son jardinet encadré de sa clôture de fer. Ne manquez pas de monter sur le petit ***belvédère*** pour une vue générale. Également plusieurs possibilités de balades à pied ou à vélo en remontant le long de l'Adda. Pour un plan, des renseignements ou une visite guidée *(le w-e ; 6 € ; en italien seulement),* direction l'***Associazione culturale Villaggio Crespi d'Adda,*** sur le piazzale Vittorio Veneto *(☎ 02-909-871-91 ; • info@villagiocrespi.it • villaggiocrespi.it • ; visites guidées, uniquement sur rdv en téléphonant au préalable ou sur Internet ; point accueil (tlj 10h-12h30) à côté du parking).*

HOMMES, CULTURE, ENVIRONNEMENT

BOISSONS

Vins

Le vignoble lombard représente 3 % de la production nationale. Près de la moitié de ses vins a droit à l'appellation d'origine contrôlée (DOC). Ce sont des vins rouges légers, mais plus souvent des blancs, voire des rosés.
Parmi les vins rouges de la Valtellina, puissants et charpentés, citons les appellations DOCG des *valtellina superiore* et *sforzato.* Les *sforzati* ont pour particularité de pouvoir être transformés en un délicieux vin de dessert après un long vieillissement en fût (mais ces bouteilles sont rares... et chères !). La région de Brescia, quant à elle, récolte la plupart des appellations DOC de la Lombardie (*botticino, capriano del colle, cellatica, garda,* etc.). Les vins les plus courus étant ceux de la DOCG Franciacorta, des pétillants délicats et vifs élaborés selon la méthode traditionnelle (utilisée en Champagne). Produite dans la partie méridionale du lac de Garde, entre la Vénétie et la Lombardie, l'appellation *lugana* offre pour sa part un vin blanc sec à boire jeune.
Enfin, la région de Pavia, plus proche de Milan, propose de son côté 5 DOC : *bonarda* et *buttafuoco dell'oltrepò pavese, casteggio, oltrepò pavese* et, produite également dans la province même de Milan, *san colombano al lambro.*

Alcools, cocktails et liqueurs

– ***La grappa :*** c'est le nom italien du marc... donc de l'eau-de-vie obtenue par la distillation du marc de raisin. Sa teneur en alcool avoisine les 45° et elle n'est donc pas à conseiller aux plus inexpérimentés. Elle n'est pas toujours médiocre, contrairement à certaines idées reçues. Que les sceptiques trempent leurs lèvres dans la *grappa de brunello di montalcino* pour réviser leur jugement ! Vous retrouverez la grappa un peu partout en Italie... y compris dans votre café (il s'agira alors d'un *caffè corretto*). De nombreuses distilleries la proposent désormais en version aromatisée.
– ***Le vermouth :*** la plupart des vermouths (Campari, Cinzano, Martini...) sont réalisés à partir de vins piémontais (notamment d'Asti) ou lombards, auxquels on ajoute des herbes aromatiques qui peuvent être très diverses (anis, rhizome d'iris, gentiane, origan, cannelle, bois de rose, menthe, absinthe...). Les vermouths sont une très ancienne tradition montagnarde et ont connu un réel engouement dans la 2de moitié du XIXe s avec l'apparition des grandes marques : Martini, Cinzano et Campari. Depuis quelques années, ils reviennent en odeur de sainteté, notamment grâce aux cocktails dans lesquels leur amertume est très apprécié .
– Le ***Spritz*** vénitien et le ***Negroni*** (Campari, gin et vermouth rouge) sont des classiques que l'on retrouve dans tous les bars milanais. Citons également l'***Americano*** et le ***Milano Torino,*** qui sont en quelque sorte des variantes des précédents.

Café

Comme partout en Italie, le café est toujours excellent, mais pourquoi eux ? Parce que c'est un italien qui inventa le percolateur en 1896 et aussi grâce à l'Ethiopie (ancienne colonie) qui produit les meilleurs cafés du monde.

Si les Napolitains gardent l'exclusivité des torréfactions et un tour de main unique pour les spécialités gourmandes comme le *shakerato* (frappé), tout le monde connaît aussi l'incontournable *espresso.* Profitez de votre séjour pour essayer d'autres saveurs. Certains le préféreront *ristretto* (serré), *lungo* (allongé) ou encore *macchiato* (« taché » d'une goutte de lait froid, tiède ou chaud). Le café au lait se dit : *caffè con latte.* À ne pas confondre avec le fameux cappuccino, *espresso* coiffé de mousse de lait. Il faut déguster un ***espressino,*** qui n'est pas un mini-*espresso* mais plutôt un baby cappuccino, servi dans un verre, connu aussi sous le nom de *marocchino, vetrino* ou *moretto* et saupoudré de cacao. À moins que vous ne préfériez le *caffè corretto,* c'est-à-dire « corrigé » d'une petite liqueur.

Chocolat

La *cioccolata* (et non le *cioccolato,* qui est le chocolat à croquer) est, pour certains, meilleure que le cappuccino qui, dans bien des endroits touristiques, se transforme de plus en plus en un banal café au lait. Ce chocolat chaud réalisé dans les règles de l'art est si onctueux, voire très épais, que l'on dirait de la crème (en fait, on remplace le lait par de la crème fraîche et on peut demander en plus de la crème montée par-dessus – *con panna* –, bonjour le régime...). Un vrai régal à déguster à la petite cuillère, et une foule de calories qu'il faut ensuite dépenser !

Eau

L'eau du robinet est potable mais elle n'est jamais servie dans les restaurants, où l'on vous propose systématiquement de l'eau minérale (qui en général vous est facturée autour de 2 €), voire désormais de l'eau du robinet microfiltrée issue d'une machine. Celle-ci est également payante. Précisez acqua *naturale* si vous souhaitez de l'eau plate, acqua *frizzante* si vous préférez de l'eau gazeuse. Si vous y tenez absolument, demandez l'*acqua del rubinetto* (mais c'est plutôt mal vu, et puis elle est quand même facturée dans certains endroits !).

CINÉMA

Milan, berceau de cinéastes

La ville a vu naître de nombreuses personnalités du cinéma.

Dino Risi, le maître du film à sketchs, genre très à la mode en Italie dans les années 1960, fut d'abord psychiatre. Pas étonnant quand on considère les cas savoureux qui peuplent ses comédies ! Son humour est noir, son style cocasse, parfois grotesque mais toujours savoureux. Ainsi, citons *Le Veuf, Les Monstres, Une poule, un train et quelques monstres,* et même quelques films plus touchants et moins incisifs, tels que *Il Giovedi, Au nom du peuple italien,* ou *Parfum de femme,* pour lequel Vittorio Gassman obtint le prix d'interprétation à Cannes en 1975. Sans dénigrer son génie, n'oublions pas que Risi doit beaucoup de son succès à ses fidèles acteurs, ***Toto, Alberto Sordi, Marcello Mastroianni*** ou ***Nino Manfredi,*** qui interprètent tour à tour des playboys stéréotypés, machos à souhait et obsédés par le sexe, ou de gentils idiots... Sans oublier ***Ugo Tognazzi,*** originaire de Crémone en Lombardie, qui se fait surtout connaître en France pour l'adaptation cinématographique de *La Cage aux folles.*

LE CHOC DES PHOTOS

En 1960, Fellini sort son chef-d'œuvre, La Dolce Vita, *joué par Marcello Mastroianni et Anita Ekberg. L'histoire du film met en scène un photographe, plutôt sans foi ni loi, qui s'appelle... Paparazzo. Ce qui donne, au pluriel, paparazzi ! Le mot est resté.*

Parlons maintenant du grand ***Luchino Visconti.*** Issu d'une très grande famille de la noblesse milanaise (voir plus loin la rubrique « Histoire »), il passe une jeunesse dorée au milieu des arts et des lettres. D'Italie, il émigre vers Paris, où il devient l'assistant de Jean Renoir pour *Les Bas-fonds* et *Une partie de campagne*. « On m'a souvent traité de décadent. J'ai de la décadence une opinion très favorable. Je suis imbu de cette décadence », déclara Visconti à propos de son film *Violence et Passion*. L'auteur de *Mort à Venise* revient à Milan dans les années 1960 pour tourner ***Rocco et ses frères,*** où notre Alain Delon national trouva l'un de ses meilleurs rôles. Scandaleuse à l'époque en raison de scènes particulièrement crues et violentes, cette chronique familiale néoréaliste reçut pourtant le Lion d'argent à la Mostra de Venise. C'est son assistant réalisateur, ***Giuseppe de Santis,*** qui signera le magistral *Riz amer,* drame social situé également dans la plaine du Pô, qui entremêle histoire d'amour et événements politiques, et annonce la fin du cinéma néoréaliste qu'avait inventé son maître. La boucle est bouclée.

Milan cinégénique

Milan s'impose aussi comme décor de cinéma. Vittorio De Sica obtint le grand prix à Cannes en 1951 pour ***Miracle à Milan,*** fable allégorique sur les différences de classe, dans la banlieue de la capitale lombarde. Il signa aussi ***Hier, aujourd'hui et demain*** (oscar du meilleur film étranger en 1965), dont l'une des 3 romances se déroule à Milan : Sophia Loren y hésite entre l'amour et l'argent, respectivement son amant (Mastroianni) et son mari ! Avant d'être réalisateur, n'oublions pas que De Sica fut acteur, notamment dans ***Gli uomini, che mascalzoni !,*** un classique réalisé par Mario Camerini, tourné à Milan dans les années 1930.
Né en Émilie-Romagne en 1912, le génial et tourmenté Michelangelo Antonioni nous fit, avec ***La Nuit,*** le cadeau d'un chef-d'œuvre milanais, Ours d'or à la Berlinale de 1961. On y retrouve la muse du réalisateur, Monica Vitti, mais surtout les mythiques Jeanne Moreau et Marcello Mastroianni. Pour échapper à l'ennui qui frappe leur couple, ils se rendent dans la capitale lombarde ; c'est alors le début d'une longue errance solitaire dans une ville désertée et triste. Avant ce film, on pouvait déjà admirer la ville dans ***Chronique d'un amour,*** un beau portrait de l'Italie bourgeoise des années 1950.
Citons également, dans l'ordre de leur sortie : ***Totò, Peppino e... la malafemmina,*** une comédie de Mastrocinque, ***Hold-up à la milanaise,*** de Nanny Loy et avec Vittorio Gassman et Claudia Cardinale, ***L'Emploi*** d'Ermanno Olmi, ***Le Cinque Giornate*** de Dario Argento, ***La Rançon de la peur*** d'Umberto Lenzi, ***Bingo Bongo*** de Pasquale Festa Campanile et avec Carole Bouquet, etc. Et, plus récemment, ***Ce que je veux de plus*** de Silvio Soldini, l'histoire d'une adultère milanaise, ***Le White,*** documentaire de Simona Risi narrant le quotidien des habitants d'un quartier contaminé par l'amiante, ou encore ***L'Ange du Mal,*** de Michele Placido et avec Kim Rossi Stuart, sur la pègre milanaise dans les années 1970 et le chef de gang Renato Vallanzasca.

On n'omettra pas ***Amore*** (2010), grande fresque générationnelle retraçant l'histoire d'une riche famille milanaise, par ***Luca Guadagnino,*** autour du personnage central de la toujours géniale (mais pas italienne) Tilda Swinton. Le film a en grande partie été tourné dans la villa Necchi-Campiglio, près de la Porta Venezia. Enfin, la comédie musicale *Nine,* réalisée par Rob Marshall, a aussi été filmée à Milan.

CUISINE

L'Italie, tout le monde le sait, occupe une place prestigieuse dans le hit-parade des meilleures cuisines du monde. Aujourd'hui, la cuisine qui s'exporte le plus à l'étranger est la cuisine italienne, mais qui ne vaut pas, loin s'en faut, celle que vous goûterez sur place !

Caffè ? Trattoria ? Enoteca ? Ristorante ? Comment s'y retrouver ?

– Le ***caffè*** et la ***paninoteca,*** pour le petit déjeuner simple qu'affectionnent les Italiens : cappuccino (ou *caffè*) et *cornetto* (un croissant fourré de chocolat, de crème ou de confiture) sur un bout de comptoir. On y vend aussi des gâteaux, des *panini* et des *tramezzini* (sandwichs triangulaires au pain de mie). Si vous vous asseyez, les prix grimpent forcément, sans parler des cafés avec terrasse stratégique...
– La ***rosticceria*** ou ***gastronomia,*** qui correspond au traiteur français, vend des plats à emporter, mais on peut généralement se restaurer aussi sur place.
– La ***tavola calda*** (une sorte de cantine) est un endroit où l'on sert une restauration rapide, offrant un nombre assez limité de plats déjà cuisinés à un prix très abordable.
– Dans une ***pizzeria,*** vous pourrez manger... des pizzas, voyons ! Les vraies *pizzerie* possèdent un four à bois (quand bien même cela est de plus en plus réglementé en ville, où l'on craint les incendies). À l'inverse du reste de l'Italie, où l'on ne mange traditionnellement la pizza que le soir, les restaurants de la région des lacs en proposent le plus souvent à chaque repas, tourisme oblige. À noter aussi que l'on peut acheter des parts de pizza dans certaines boulangeries *(panetterie, forni).*
– La ***trattoria*** est un restaurant à gestion familiale, proposant une cuisine maison (*casareccia* ou *casalinga*). La carte offre un choix restreint de plats (une poignée d'entrées, 4 plats de pâtes, 3 ou 4 viandes ou poissons), garantissant généralement la fraîcheur de ce que l'on mange.
– L'***osteria*** qui, à l'origine, était un endroit modeste où l'on allait pour boire et qui proposait un ou 2 plats pour accompagner la boisson... L'appellation a été reprise par des restaurateurs (parfois en ajoutant un « h » et un « a » – « *hostaria* » – pour faire plus chic) afin de donner un goût d'antan tout en appliquant des tarifs moins modiques... En général, on y sert surtout des spécialités locales ; c'est pour cela qu'on les apprécie particulièrement.
– Enfin, le ***ristorante*** correspond au resto gastronomique. Dans cette catégorie, on trouve tout et son contraire. Attention à ne pas vous laisser appâter par la déco, par la terrasse ou par les serveurs rabatteurs ! Et bien vérifier le prix du *pane e coperto !*
– L'***Enoteca :*** on y mange et on y boit. Les œnothèques sont, en fait, des bars à vins plébiscités par une population locale à laquelle les touristes se mêlent de plus en plus à l'heure sacro-sainte de l'*aperitivo,* dont on vous parle ci-après. Ces établissements s'enorgueillissent de leur riche sélection de vins, servis au verre ou à la bouteille ; leur choix de fromages et de charcuteries est tout aussi rigoureux. Certaines s'avèrent être carrément de véritables restos. Les *enoteche* ayant le vent en poupe, on en trouve désormais partout, à tous les prix, mais toutes ne sont pas recommandables.

Aperitivo

Cette heureuse tradition nous vient du Piémont, inventée par les paysans qui, en rentrant des champs, grignotaient charcuterie et fromage avec un verre de vin en attendant que le repas soit prêt ! Celle-ci s'est ensuite déplacée vers les villes où, vers 18h voire 19h (et jusqu'à 21h environ), certains établissements ont eu l'idée géniale de proposer une foule de plats typiques (tranches de saucisson ou mortadelle, crudités, olives, anchois marinés, *crostini* et fromages, etc.), accessibles dès le 1er verre payé. Peu à peu, tout le monde s'est emparé de la formule et, par endroits, devant le succès rencontré, les buffets se sont faits de plus en plus généreux, voire sophistiqués. Très souvent, le prix du verre a connu lui aussi une augmentation non négligeable. Aujourd'hui, l'*aperitivo* est régulièrement appelé *happy hours.* Misère... !

Marchés alimentaires

Véritable institution, le *mercato* a lieu une à plusieurs fois par semaine. On y trouve les excellents produits du terroir local : charcuterie, fromages, vins, huile d'olive, miel, fruits, légumes, etc., mais aussi des petits traiteurs qui étalent d'alléchants *antipasti.* Idéal pour se constituer un pique-nique à prix juste, ou rapporter chez vous quelques formidables souvenirs gourmands ! Nous indiquons donc les principaux marchés milanais...

Antipasti (hors-d'œuvre)

Une tradition italienne qui n'est pas près de disparaître ! À l'heure de l'*aperitivo* ou en début de repas, on se régale avec de la charcuterie, des salades diverses, des crudités, des fromages et autres poissons marinés... Leur générosité et leur variété diffèrent beaucoup d'un établissement à l'autre. Attention, si ces *antipasti* sont servis en buffet, vérifiez bien, avant de vous composer une assiette gargantuesque, s'ils sont à volonté ou facturés selon la quantité. L'addition serait alors un peu plus difficile à digérer...

POURQUOI « TOMATE » SE TRADUIT PAR *POMODORO* ?

Les grands navigateurs découvrirent la tomate chez les Aztèques, au Mexique. Elle avait bien la forme d'une pomme et valait le prix de l'or parce qu'elle était particulièrement difficile à conserver. Assez fade, il fallut plus d'un demi-siècle pour savoir l'utiliser en cuisine.

La pizza

Les bonnes pizzas sont préparées par un vrai pizzaiolo, puis cuites au feu de bois. Pour les meilleures, la sélection de la farine est rigoureuse, et la pâte a levé pendant au moins 36h pour en garantir la légèreté. Ajoutez des ingrédients de saison et vous obtenez un plat de chef... Les *pizze* rondes à la tomate ne sont pas le seul « modèle » existant. Il y a, par exemple, la *pizza bianca* (pizza blanche), sans sauce tomate et tout aussi succulente, ou la *pizza al taglio* ou *pizza al metro* (pizza à la coupe ou au mètre). Dans certaines boulangeries, on peut acheter des parts de pizza à emporter.

PIZZA ROYALE !

C'est en l'honneur de la reine Marguerite de Savoie, femme d'Umberto Ier (fin XIXe s), lors d'une réception, que l'on prépara une pizza spéciale. Sans ail évidemment, rapport à l'haleine ! On décida alors de rendre hommage à la nation nouvellement unifiée, en évoquant le drapeau italien : basilic pour le vert, mozzarella pour le blanc et tomate pour le rouge. La margherita était née !

I primi (1ers plats)

Pasta et basta !

L'Antiquité nous fournit bon nombre de preuves, comme le bas-relief de Cerveteri (célèbre nécropole étrusque au nord de Rome), représentant différents instruments nécessaires à la transformation de la *sfoglia* en tagliatelle, ou bien le livre de cuisine d'Apicius, où nous retrouvons l'ancêtre de la lasagne, la *patina*.

MARCO POLO A BIDONNÉ !

Partout, on prétend que Marco Polo a rapporté les pâtes de son voyage en Chine. Des chercheurs, italiens bien sûr, prétendent avoir trouvé des machines à spaghettis dans les ruines de Pompéi. Un médecin de Bergame parle des pâtes dans un récit du XIIIe s, avant le voyage de Marco Polo. En espérant que tant de conjectures ne vous coupent pas l'appétit !

À travers ces témoignages étrusque et romain, les Italiens pourraient revendiquer la paternité de la *pasta,* mais ce serait sans compter sur les Arabes, qui occupèrent la Sicile du IXe au XIe s, et qui connaissaient eux aussi cette technique, très utile lors de leurs déplacements dans le désert.

Pâtes sèches, pâtes fraîches : la frontière entre le sud et le nord de l'Italie se trouve aussi là. Le Nord est réputé dans la fabrication de pâtes fraîches aux œufs faites à partir de farine de blé tendre, et le Sud dans la fabrication de pâtes sèches réalisées à partir de semoule de blé dur.

– ***Les tagliatelles ou les pâtes plates :*** très différentes des spaghettis de par leur composition même (œufs, farine de blé tendre), ces pâtes ruban sont des pâtes de riches... que l'on fabrique artisanalement (à Bologne notamment).

– ***Les pâtes courtes :*** il en existe une grande variété, plus de 500 aux dires des experts, surtout depuis l'invention des pâtes sèches industrielles, les machines permettant toutes sortes de fantaisies. Ainsi, les ***fusilli*** (originaires de Campanie) sont le résultat d'évolutions techniques considérables. Au début, les *fusilli* étaient des cordons de pâte de blé dur enroulés en spirale autour d'une aiguille de fer. L'aiguille était retirée une fois la pâte sèche.

On pourrait également citer les ***farfalle*** (papillons), ces derniers étant originaires de la région de Bologne. Plus traditionnels : ***penne, maccheroni, tortiglioni, giganti, bombardoni*** (à noter que les ***penne rigate*** représentent à elles seules près du quart du marché de la pâte sèche, juste derrière les spaghettis)...

Les pâtes courtes et grosses, comme les ***orecchiette*** ou les ***trofie,*** aiment les sauces à base d'huile (par exemple le *pesto*) ou de légumes, tandis que les courtes et creuses comme les ***rigatoni*** ou les ***conchiglie*** aiment les sauces plus épaisses à la viande.

– ***Les spaghettis ou les pâtes longues :*** cette pâte se mange depuis belle lurette dans toute l'Italie. Garibaldi et sa fameuse expédition des Mille en 1860 n'y seraient pas pour rien. Remontant du sud vers le nord, ils auraient en effet fortement contribué à la généralisation des pâtes sèches, et des spaghettis en particulier. *L'unità per la pasta !*

– ***Les larges et plates :*** comme les ***fettucine,*** les ***tagliatelles...*** À utiliser de préférence avec des sauces au beurre, à la crème, aux coulis de courgettes, de poivrons, de tomates... Plus larges encore : les ***parppadelle,*** jusqu'aux ***lasagnes*** (que l'on fait cuire au four).

– ***Les longues et fines :*** comme les ***linguine,*** les ***linguinette,*** les ***fettuccelle*** et bien sûr les ***spaghettis...*** Elles raffolent des sauces à base d'huile mais sont finalement assez polyvalentes...

> **LA PASTA... UN PLAT PLEIN D'ÉNERGIE**
>
> *Plutôt relevée, la sauce* alla puttanesca, *qui accompagne parfois les spaghettis, est composée d'ail, de piment, de câpres, de tomates et d'anchois au sel. On dit que ce plat permettait aux prostituées de le préparer rapidement entre 2 clients...*

– ***Les ultra-fines :*** les ***vermicelli, capelletti*** (dites également ***capellini,*** c'est-à-dire « fins cheveux »), ***capelli d'angelo*** (cheveux d'ange), que l'on utilise principalement en soupe et en bouillon.

– Les ***bigoli*** ou les ***bucatini*** (très populaires à Rome) sont des pâtes bâtardes, à la fois spaghettis creux et macaronis longs. On les réserve volontiers aux sauces à la viande. Les plus gros sont les ***ziti.***

– La ***pasta al forno*** (pâtes au four) comprend les cannellonis (pâte roulée farcie de viande hachée, tomates et béchamel), les lasagnes et les *crespelle* (crêpes farcies de ricotta et d'épinards).

Les *primi* ***typiques d'Italie du Nord***

– Le ***risotto,*** ou riz braisé, est plus répandu dans le Nord et le Centre. Il existe des dizaines de noms qui sont autant de types de riz recommandables. Les plus

connus sont l'*arborio,* le *vialone* et le *carnaroli.* Les connaisseurs choisiront le type de riz suivant la recette. À l'origine de tout risotto, il y a un bouillon qui se prépare traditionnellement la veille. Il peut être à base de viande, d'abats, de poisson ou de légumes. Le riz *(riso),* un riz rond, est d'abord blanchi, puis cuisiné au choix avec des fruits de mer, des petits légumes, des abats (foies de volaille notamment), des champignons, du fromage, et peut être agrémenté de crème fraîche ou d'une pointe de safran qui rappelle son origine exotique. Le plus connu est le *risotto alla milanese* (voir plus bas).
- Les ***minestre*** (soupes), souvent réalisées suivant d'anciennes recettes du terroir, sont excellentes. La plus connue est le *minestrone,* à base de légumes.
- La ***pasta al forno*** (pâtes au four) comprend les *cannelloni* (pâte roulée farcie de viande hachée, tomates et béchamel), les lasagnes, les *crespelle* (crêpes farcies de ricotta et d'épinards).
- La ***polenta*** est aussi très présente dans le coin, accompagnée de saucisse ou de viande.
- Les ***gnocchis*** n'ont rien à voir avec ce que l'on connaît en France sous ce nom. Les vrais gnocchis sont une préparation à base de pommes de terre *(gnocchi di patate)* et de blé. C'est un plat consistant, comme la *pasta.* On adore !

Secondi (2^ds plats)

Le *vitello* (veau) apparaît sur bien des cartes et dans des préparations très variées : *involtini* (en paupiettes), *scaloppina* (en escalope), *crudo* (tartare), *tonnato* (avec une sauce au thon et des câpres) ou *poltiglia* (bouilli).
Le *fegato* (foie), les *trippa* (tripes), les *cotoletta* ou *braciola* (côtes de porc), le *coniglio* (lapin), le *lepre* (lièvre) sont aussi souvent présents sur les cartes.
Le *pesce* (poisson) est un mets de luxe. Il est généralement vendu au poids.

Contorni (garnitures)

On vous proposera en accompagnement des *secondi,* selon la saison, des pommes de terre, des légumes ou des salades. Mais, très souvent, il s'agit de légumes grillés (poivrons, aubergines, courgettes) et de salades cuites (*verdura cotta* ou *saltata in padella*).

Dolci (desserts)

Les Italiens ne mangent pas beaucoup de sucreries en fin de repas. Ils les préfèrent faites à la maison et les mangent alors dans l'après-midi. Un peu partout, on trouve la *torta della nonna,* le gâteau maison, souvent très bon, le ***panettone,*** brioche traditionnellement mangée à Noël, la *panna cotta* (crème cuite qui ressemble un peu à un flan à base de crème fraîche), ou encore le typique *tiramisù,* sublimissime gâteau à base de mascarpone (crème épaisse) et de biscuits imbibés de café et de marsala, le tout saupoudré de cacao.
Comment parler des *dolci* sans évoquer les glaces *(gelati),* si réputées ?! Pour la petite histoire, on sait que la glace existait déjà en Chine et au Moyen-Orient bien avant notre ère : des glaces fruitées étaient servies aux banquets d'Alexandre le Grand. Les califes de Bagdad adoraient déguster des fruits mélangés à de la neige, appelant ce mélange *sharbet* qui signifie « glaçon fruité » en arabe. C'est Marco Polo qui aurait rapporté cette trouvaille en Italie, et sa consommation se serait développée à la cour des Médicis à Florence - sous le nom de *sorbetti* - grâce au bien nommé Bernardo Buontalenti !

Le succès du *Slow Food*

De nombreux restaurants italiens affichent le label *Slow Food,* un petit escargot à la coquille jaune. Ce mouvement culinaire, né dans le Piémont en 1986, a décidé de défendre les valeurs de la cuisine traditionnelle, et notamment des petites *osterie* du terroir. Il était grand temps de sauvegarder les vrais bons produits du terroir et les plats de tradition ! L'idée, c'est aussi de respecter la nature et les saisons. La carte est souvent remplacée par l'ardoise, et surtout, on prend le temps de manger... et d'apprécier. Les restaurants *Slow Food* (on en sélectionne certains) ne sont pas forcément chers. En revanche, ils ne sont pas systématiquement reconduits par l'association. Si les critères ne sont plus respectés, les établissements sont retirés des listes officielles. L'autocollant toujours en bonne place sur la devanture devient alors caduc : tout comme pour *Le Routard,* ne vous fiez pas uniquement aux autocollants !

NOUVELLE CUISINE

*Maestro Martino, cuisinier particulier de l'évêque d'Aquilée, écrivit, au début du XV*e *s, un livre intitulé* De l'art culinaire *qui devint un véritable best-seller. Il faut dire qu'en faisant l'éloge des produits simples et d'un certain art de les cuisiner, on sortait à grands pas du Moyen Âge, où les nobles, soucieux de paraître originaux, présentaient tout ce qui se faisait de cher et de rare ; garnissant ainsi leur table d'ours durs comme de la semelle et de rapaces casse-canine, quand ils ne les noyaient pas sous des monceaux d'épices les rendant immangeables !*

Pour plus d'infos, vous pouvez consulter le site ● *slowfood.it* ●
Et pour vous donner l'eau à la bouche, on vous propose un petit tour de table milanaise. Alors, à vos fourchettes !

Spécialités lombardes

Vos papilles seront bien traitées. Au menu :
– ***Le risotto alla milanese :*** à base de riz de type *vialone,* de safran, de beurre, de moelle de bœuf, de bouillon de viandes mélangées et d'oignons. Autre risotto à tester tant que vous êtes dans le coin, celui à base de... cuisses de grenouilles !
– ***L'osso-buco :*** en français, « l'os troué ». Pas très ragoûtant dit comme ça, mais c'est pourtant excellent. Les os troués, ce sont des rouelles de jarret de veau non désossées, encore garnies de leur moelle, que l'on fait mijoter avec morceaux de tomates, oignons, légumes (généralement, des carottes) et vin blanc (indispensable !). À Milan, il est en principe accompagné du *risotto alla milanese.*
– ***Le minestrone :*** une soupe épaisse à base de légumes, haricots blancs, petits pois, carottes, pommes de terre, courgettes, tomates, oignons... auxquels on ajoute de petites pâtes. Roboratif !
– ***La bresaola :*** de la viande de bœuf du Trentin salée et surtout séchée à l'air libre durant 2 à 3 mois jusqu'à ce qu'elle durcisse et prenne une jolie coloration rouge.
– ***La cassoeula :*** un mets hivernal traditionnel des paysans de la région de Milan. Des morceaux de pied, de couenne et de travers de porc cuisinés avec du chou vert de Savoie.
– ***La polenta de maïs ou de sarrasin :*** cette recette a vu le jour au retour de Colomb des Amériques. Elle s'accompagne de viande (de l'agneau ou du porc), de fromage et de sauce. Les populations pauvres en mangeaient sans aucun accompagnement, ce qui développa l'épidémie de la pellagre, maladie due à des carences alimentaires, qui fit bien des ravages dans la région.
– ***Les cotolette alla milanese :*** appelées aussi « oreilles d'éléphant » à cause de leur taille et leur forme, des côtelettes de veau (ou, plus rarement, de porc), panées et cuites dans le beurre, beaucoup de beurre ! Même chose pour la ***scaloppina milanese,*** mais avec une escalope de veau...
– ***Le panettone :*** originaire de Milan, c'est la spécialité que l'on trouve sur toutes les tables d'Italie à Noël. C'est une brioche garnie de raisins secs, fruits confits et zestes d'orange et de citron. À Milan, foncez chez *Vergani,* le maître du genre !
– Côté fromages, signalons que le ***gorgonzola*** est aussi né dans la région...

Petit lexique culinaire

Aglio	Ail
Arrosto	Rôti
Asparagi	Asperges
Carciofi	Artichauts
Casalinga	Comme à la maison, « ménagère »
Fagioli	Haricots blancs
Fagiolini	Haricots verts
Formaggio	Fromage
Funghi	Champignons
Gelato	Glace
Insalata	Salade
Maiale	Porc
Minestra	Soupe
Pane	Pain
Panna	Crème épaisse
Pasticceria	Pâtisserie
Peperone	Poivron vert ou rouge
Pesce	Poisson
Pollo	Poulet
Ragù	Sauce à la viande
Risotto	Riz cuisiné
Sarde	Sardines
Spumone	Glace légère aux blancs d'œufs
Torta	Gâteau, tarte
Tortelli	Raviolis farcis d'herbes et de fromage frais
Uovo	Œuf
Verdure	Légumes
Vitello	Veau
Vongole	Palourdes ou clovisses
Zucchero	Sucre
Zucchine	Courgettes
Zuppa	Soupe

CURIEUX, NON ?

– L'addition est traditionnellement majorée du ***pane e coperto,*** « du pain et du couvert » (1-3 € par personne).
– Si vous voulez prendre un petit café au comptoir comme de nombreux Italiens, il vous faudra d'abord le payer à la caisse avant de vous accouder au comptoir.
– Vous passerez pour un touriste si vous commandez un cappuccino après 12h !
– La bouteille d'eau minérale est généralement apportée d'office sur la table entraînant un supplément de 1 à 3 €.
– Dans les églises, les sacristains sont souvent remplacés par des tirelires électriques (1 à 2 €) pour éclairer les chefs-d'œuvre sans forcer la main.
– La *pasta* fait partie intégrante du repas, qu'on mange en « *primi* », avant le plat principal.
– Les Italiens ont l'habitude le matin de se contenter d'un rapide café-croissant, debout au zinc, au lieu d'un copieux petit déjeuner.
– Les tramways de couleur orange datant de 1928 fonctionnent toujours !
– La ville de Milan a initié un projet de décoration de bouches d'égouts dans sa politique urbaine de *street art.* Il n'est donc pas rare de les voir signés de grands couturiers *(Fendi, Armani, Versace...),* notamment du côté des Navigli et d'Isola.
– Dans tous les hôtels, un cordon – signalé par un discret panneau – pend au long du mur de la douche ou de la baignoire. Un dispositif de sécurité imposé par la

loi, en cas de malaise : une traction déclenche une sonnerie à la réception. Mais vu le nombre de clients qui pensent que c'est le cordon de la ventilation, voire une corde à linge, il est plutôt rare que quelqu'un prenne la peine de se déplacer !

DESIGN

Milan demeure le creuset du design italien, et par là même l'un des *hot spots* mondiaux en la matière. Vous y serez certainement confronté au quotidien... Andrea Branzi, grand nom du design national, en parle d'ailleurs comme « une histoire faite aussi de pensées, de religions, de politique et d'hommes ».

Petite histoire du design italien

C'est un fait : l'Italie a su, à travers le design, esthétiser et sublimer de nombreux objets de l'usage courant. L'année 1912 a marqué la naissance du pionnier turinois *Poltrona Frau,* spécialiste des fauteuils (*poltrone* en italien) en cuir *made in Italy,* avec son 1er modèle, le *Chester.* Il faut toutefois attendre les années 1930 pour que le phénomène se généralise, dans le prolongement direct de la révolution industrielle, principalement autour de la figure maîtresse qu'est ***Gio Ponti*** et de sa revue-école *Domus* lancée en 1928. En 1933, ***Alfonso Bialetti*** dessine la *Moka Express,* cette cafetière italienne conçue à partir d'un métal jusque-là purement industriel : l'aluminium. Tant de fois revisitée, elle n'a jamais été aussi belle que dans sa version originale à la base octogonale. Quelque 3 ans plus tard, naissance d'un autre emblème national, la ***Fiat 500,*** surnommée « Topolino » (« souris »), renouvelée et modernisée en 1957 par le designer Dante Giacosa.
Mais le design industriel contemporain naît véritablement en Italie dans les années 1950, en plein bouillonnement culturel (à l'instar du cinéma italien). En 1945, ***Alessi*** invente les cousines de la *Bialetti* : une cafetière et une théière, elles aussi en aluminium, mais aux formes plus arrondies et ondulantes. L'année suivante, c'est au tour du 1er scooter, la « guêpe » vrombissante : la ***Vespa,*** conçue à Gênes par le constructeur aéronautique ***Piaggio,*** encore aujourd'hui symbole de l'inventivité italienne et, surtout, de la dolce vita. Des marques et objets toujours très familiers, mais qui, au moment de leur création, ont révolutionné le monde du design ! Dès 1952, Domus parle d'une « ligne italienne » propre, belle, pure et simple. En 1954 Gio Ponti lance, avec le soutien de *La Rinascente,* 1er magasin de prêt-à-porter italien (ouvert en 1865), un prix récompensant le meilleur du design *made in Italy* : le ***Compasso d'Oro*** (Compas d'or).
Ce courant néoclassique laisse place, dans les années 1960 et 1970, à un courant plus populaire, toujours plus innovant. Place aux gadgets en tout genre, au plastique et au carton, au recyclable et au jetable, aux couleurs vives et aux pois. C'est l'Italie qui, la 1re, a mis au point la technique du plastique moulé par injection, si chère à ***Kartell.*** Quelques créations notables : la chaise en plastique *Universale 4867* de Joe Colombo (1967), le 1er fauteuil gonflable, *Blow* (1967), encore plus léger, que l'on doit aux génies combinés de 4 Milanais d'adoption, le pouf *Sacco* (1968) – cette poire remplie de billes de polystyrène qui épouse si bien vos formes... En 1972, c'est la consécration : le MoMA new-yorkais dédie une exposition entière – *The New Domestic Landscape* – aux designers du moment comme aux jeunes talents, précurseurs du design à l'échelle domestique.
Quelques années plus tard, en 1981, ***Ettore Sottsass*** fonde à Milan le *Groupe Memphis* : un mouvement en réaction à l'austérité et au fonctionnalisme imposé du design contemporain. Couleurs vives, associations de matières et de formes aussi surprenantes qu'innovantes... La bibliothèque *Carlton,* façon totem indien multicolore, en est un exemple parfait. Vient ensuite, à partir des années 1990, l'ère du Milanais Giulio Cappellini, véritable dénicheur de talents internationaux ultra-créatifs et faiseurs de tendances, rassemblés au sein de son atelier. Il se spécialise dans les séries limitées, la rareté ajoutant une plus-value non négligeable à

un design de plus en plus médiatisé. Aujourd'hui, le design italien fascine le monde autant qu'il domine le marché. Et si son succès et son rayonnement perdurent, c'est en grande partie grâce à l'exposition dont il bénéficie lors des diverses manifestations milanaises.

Milan, centre du design italien

Dès 1933, en récupérant la Biennale des arts décoratifs de sa voisine Monza, Milan devient la plaque tournante du design italien. Tous les 3 ans et jusqu'à aujourd'hui (avec une pause notable entre 2001 et 2016), la ***Triennale de Milan*** réunit, dans le *palazzo dell'Arte,* des professionnels novateurs du monde artistique, des arts décoratifs et industriels : architecture, arts visuels, design, mode... Rapidement, la focale s'est déplacée de la peinture vers le design, preuve en est le ***Salone internazionale del mobile di Milano,*** organisé depuis 1961. Les plus grands – designers, critiques, collectionneurs, etc. – s'y donnent rendez-vous. Du luxueux *Cassina* au spécialiste du plastique *Kartell,* du roi des arts de la table *Alessi* à *Zanussi,* celui de l'électroménager, du géant de la mosaïque *Bisazza* au pionnier *Poltrona Frau,* tous y sont ! Mais ce rendez-vous est aussi international ; ainsi, au gré des allées, on rencontre le Thaïlandais *Kenkoon,* le Suédois *Bla Station,* le Portugais *Boca do Lobo,* le Japonais *Karimoku,* les *Ateliers Philippe Coudray* français, etc.
À Milan, le design fera partie de votre quotidien. Nombreux sont les hôtels, restaurants, bars et magasins dont l'intérieur a été conçu par de grands noms. Partout, le design est sensible, partout, il est visible !

Quelques grands noms du design milanais

– ***Gio Ponti*** *(1891-1979)* **:** fraîchement diplômé de l'École polytechnique (architecture), il est nommé directeur de la Biennale de Monza en 1925. Il participe d'ailleurs à son renouveau en la relogeant à Milan, sous le nom de Triennale d'art et d'architecture moderne. En 1928, Ponti fonde *Domus,* une revue phare de l'architecture et du design internationaux. Figure majeure de l'élaboration d'un design du mobilier moderne, il a collaboré avec *FontanaArte, Venini, La Pavoni* (et sa célèbre machine à *espresso*) et surtout Piero Fornasetti (mobilier néoclassique) et *Cassina* (avec sa chaise *Superleggera,* 1,7 kg seulement !). En 1954, il participe à la création du Compas d'or. L'histoire de ce prix très important sur la scène du design et de ses objets lauréats est retracée dans l'ADI Design Museum.
– ***Franco Albini*** *(1905-1977)* **:** né à Robbiate (Lombardie), cet architecte et designer épouse un parcours similaire au précédent, avec qui il commence sa carrière. Mais son style est différent, plus minimaliste, plus proche de l'artisanat. Une radio en verre, les fauteuils en rotin *Margherita* et *Gala,* le *Fiorenza* aux forts accoudoirs (pour *Artflex*), le *Luisa* et la *Rocking-chaise* (pour *Poggi*)... c'est lui ! *La Rinascente* de Rome, les stations de métro de la ligne 1 de Milan, l'intérieur du magasin de fourrure milanais *Zanini,* c'est lui aussi ! Tout au long de sa carrière, son talent sera récompensé 3 fois par le Compas d'or.
– ***Piero Fornasetti*** *(1913-1988)* **:** véritable autodidacte, ce prolifique Milanais s'est illustré dans de nombreux domaines (peinture, graphisme, sculpture, gravure, décoration d'intérieur et design...). N'ayant peur ni de l'excès ni de la couleur, encore moins du baroque et de l'originalité, son credo était : « Ce que je cherche dans chaque objet est la marque de l'homme. » Il se fait connaître en 1933 à la Triennale de Milan avec des foulards imprimés. Mêlant classicisme, humour et modernité surréaliste, il a travaillé sur de nombreux supports : prêt-à-porter, assiettes, paravents, luminaires, meubles... On lui doit – tous genres confondus – pas moins de 11 000 œuvres ! Depuis sa mort, son studio a été repris par son fils, Barnaba. Ne ratez pas son showroom, sur le corso Venezia.
– ***Achille Castiglioni*** *(1918-2002)* **:** récompensé par 9 Compas d'or, exposé dans des musées aussi prestigieux que le MoMA new-yorkais et le *Victoria and Albert*

Museum londonien, c'est une pointure du design ! Avec son frère Pier Giacomo, il collabore dans les années 1950 et 1960 avec les industriels *Flos* et *Zanotta*. Pour le 1er, ils ont conçu des lampes minimalistes (l'*Arco*, la *Toio* et la *Luminator*), pour le 2d, des tabourets purement fonctionnels comme le *Sella* (une selle de vélo posée sur un tube, fixé sur un socle semi-sphérique) et le *Mezzadro* (une simple assise de tracteur agricole). Il est possible de visiter son atelier dans le centre de Milan (voir plus bas)...

– ***Joe Colombo*** *(1930-1971)* **:** né à Milan, ce designer y étudia d'abord la peinture, la sculpture et l'architecture. Dès 1950, il se joint au mouvement de peinture nucléaire, un courant artistique avant-gardiste et, en 1953, il réalisa sa 1re œuvre design à Milan : le toit d'un club de jazz. C'est le déclic, il se lance dans des études d'architecture à l'École polytechnique et, en 1962, ouvre son propre studio de design et se lance dans l'expérimentation, usant de nouveaux matériaux : l'ABS (la chaise *Universale* de 1965), le plastique (la chaise *4867* pour *Kartell* en 1967), le PVC (la *Tube-Chair* de 1970 pour *Flexform*), le polyéthylène... Futuriste, voire utopique, il cherche la flexibilité et l'élasticité des formes et des matériaux.

ÉCONOMIE

Une situation délicate

Comme les autres pays européens, l'Italie a connu une crise financière majeure à la suite du « krach » de 2008. Après plusieurs années de récession, suivies d'un léger mieux en 2017, la croissance italienne tournait, en 2018-2019, autour de... zéro ! La crise sanitaire de 2020-2021 n'aura évidemment rien arrangé : l'Italie a connu une récession historique en 2020. Par ailleurs, la productivité demeure médiocre, le travail fortement taxé, la main-d'œuvre vieillissante et trop peu qualifiée, la bureaucratie tatillonne... La dette publique est colossale (15 % du PIB, soit 2 600 milliards d'euros !) et s'est encore creusée avec les plans de relance post-Covid. Le taux de chômage demeure élevé (9 % début 2022, 26,8 % chez les 15-24 ans) et le système bancaire fragilisé par des créances douteuses. Bref, si l'Italie garde pour le moment sa place dans le top 10 des plus puissantes économies mondiales, sa marge de manœuvre se réduit comme peau de chagrin.

Inégalités géographiques

Située à la frontière avec la Suisse, la France, l'Autriche et la Slovénie, l'Italie du Nord est en contact direct avec l'Europe des affaires. Ce qui explique qu'elle soit la région la plus productive d'Italie, avec la moitié de l'industrie concentrée dans le seul triangle Milan-Turin-Gênes. Malgré des efforts gouvernementaux, le Nord concentre toujours les plus grandes multinationales. Capitale de la Lombardie (20 % du PIB national) et, surtout, capitale économique et place boursière du pays (la *Borsa Italiana*), Milan en est un exemple flagrant. Plus de 500 entreprises à participation étrangère y ont leur siège et plus de 320 000 entreprises y sont basées, le textile, la mode *(Versace, Armani, Prada, Valentino, Dolce & Gabbana, Moschino, Missoni...)*, le design, l'industrie chimique, l'automobile et l'édition littéraire et musicale étant les secteurs les plus dynamiques. Si l'on se réfère aux chiffres, on peut en effet constater que les grandes entreprises préfèrent le Nord, avec près de 40 nouvelles implantations contre 10 dans le *Mezzogiorno*.

La manne touristique

Le tourisme est un secteur vital pour l'économie italienne : près de 65 millions de visiteurs étrangers se donnaient rendez-vous chaque année (avant la pandémie) dans la péninsule. Un score qui la plaçait dans les 1res destinations touristiques ***mondiales*** comme la France, les États-Unis, l'Espagne ou la Chine...

Désormais, c'est la clientèle italienne qui reste aussi fidèle à son pays pour ses vacances. L'Italie a de quoi être fière de son patrimoine culturel et artistique, enrichi par des siècles d'histoire, de l'ère romaine au baroque en passant par la Renaissance.
Hélas, étranglé par le poids de sa dette colossale et l'accumulation de ses plans d'austérité, le pays peine à entretenir son patrimoine et de nombreux monuments se dégradent. Cette situation gravissime risque encore d'empirer vu que l'État italien ne consacre que 0,2 % de son budget à la culture (contre 1 % par exemple en France) alors que la Botte assure abriter la moitié du patrimoine culturel mondial.
Dans le cas de Milan, ce constat doit toutefois être nuancé. En effet, la capitale lombarde connaît une croissance spectaculaire, amplifiée par l'obtention des ***J.O. d'hiver de 2026.*** De nombreux chantiers de développement ont ainsi été lancés dans le sillage de la rénovation urbaine du quartier Isola. Les nouveaux équipements poussent comme des champignons pendant que de grandes institutions sont restaurées, à l'image du ***Teatro Lirico,*** qui a rouvert ses portes en 2022 après plus de 20 ans de mise en sommeil. Bref, l'image de Milan change et la ville attire de plus en plus de touristes, séduits par sa créativité et son dynamisme.

GÉOGRAPHIE

Région frontalière avec la Suisse (au nord), la Lombardie est également la plus industrialisée et la plus peuplée d'Italie avec 10,1 millions d'habitants. Elle est divisée en 12 provinces : Bergame, Brescia, Côme, Crémone, Lecco, Lodi, Mantoue, Monza et Brianza, Pavie, Sondrio, Varèse et Milan, cette dernière étant la plus peuplée et, surtout, la capitale de la région.
Sa géographie est très variée, tout comme l'est le relief : 40 % de montagne, 14 % de collines et 46 % de plaine. Impossible donc d'en faire un ensemble homogène. ***Au nord,*** les Alpes : lépontiennes et rhétiques à la frontière de la Suisse, l'Adamello au nord-est, et les Préalpes de Bergame plus au sud. Au cours du temps, l'érosion glaciaire a modifié le paysage, faisant place, ***au centre,*** à de grandes plaines viticoles, collines morainiques et vallées densément peuplées (la Valteline, par exemple), mais aussi à de nombreux lacs allongés (lac Majeur, lac de Côme, lac de Garde, et dans une moindre mesure, lac d'Iseo, lac de Lugano...). Beauté des paysages escarpés, douceur du climat et de l'été, et haute montagne l'hiver garantissent une fréquentation touristique ininterrompue de cette superbe région.
Un peu plus ***au sud,*** nous arrivons dans la plaine du Pô (ou plaine padane). Plutôt variée, elle est constituée, au nord de Milan, d'une haute plaine, perméable, assez sèche et peu fertile et, par conséquent, plutôt industrielle. Au sud de Milan, place à la basse plaine, à l'opposé de la précédente, imperméable et humide, irriguée par de nombreux affluents du Pô (le Tessin, l'Adda, l'Oglio...), et très fertile. C'est là que se concentrent la majorité des exploitations agricoles de la région.
Quant à la grosse agglomération industrielle qu'est ***Milan,*** vous l'aurez compris, elle est située au cœur de la plaine padane. Au carrefour de l'Europe industrielle (au nord) et de la Méditerranée (au sud), traversée par de nombreuses voies routières, elle est considérablement avantagée sur les plans économique et commercial.

HISTOIRE

La République romaine

À l'aube du IIIe s av. J.-C., Rome exerçait son autorité de la plaine du Pô à la mer Ionienne. En moins de 40 ans, Rome acquit la Sicile, la Macédoine, l'Asie Mineure, l'Afrique du Nord, l'Espagne et le contrôle total de la péninsule. Le gouvernement républicain reposait sur l'équilibre des pouvoirs : Sénat, magistratures et

assemblées populaires. Les magistrats, élus par le peuple, exerçaient le pouvoir exécutif sous la tutelle du Sénat qui représentait l'autorité permanente.
Fondée par les Étrusques, la bourgade de *Melpum* (le site de la future Milan) est rebaptisée *Mediolanum*. 2 légendes rivalisent quant à l'origine de ce nom. La 1re veut que, vers 600 av. J.-C., Bellovesos, un Insubre, après avoir traversé les Alpes pour atteindre la plaine du Pô, y aurait trouvé, à l'emplacement indiqué lors d'un rêve par une déesse, une laie à la partie antérieure recouverte de longs poils : une laie mi-laineuse, soit medio-lanum ! Selon la 2de, ce seraient les Romains qui, à leur arrivée dans ce village situé au centre de la plaine – medio-planum –, lui auraient donné son nom. Sa position était en effet centrale et stratégique, au cœur de la plaine fertile du Pô, sur la route des Alpes et à quelques encablures des ports de Méditerranée. Les Insubres y habitèrent plusieurs siècles, jusqu'à céder face aux Romains en 222 av. J.-C. Mais il fallut attendre 196 av. J.-C. pour que la ville passe réellement sous le joug romain, après une courte tentative d'alliance avec Hannibal et ses troupes. En 89 av. J.-C., César la dota du droit latin.
L'hellénisation des arts, de la langue et l'enrichissement des élites creusèrent un fossé avec le peuple, ruiné par les guerres. Rome allait vers une grave crise sociale. Membre du 1er triumvirat, proconsul des Gaules en 59 av. J.-C., César dirigea avec succès la campagne contre les Gaulois. De retour à Rome, il entreprit une série de réformes tendant à rétablir un peu d'ordre et de justice en faveur du petit peuple. Nommé dictateur à vie en 44 av. J.-C., il est assassiné par une conjuration d'aristocrates dont faisait partie son fils adoptif, Brutus.

CHAUVE QUI PEUT !

César était très préoccupé par la perte de ses cheveux. Il fit voter par le Sénat une loi l'autorisant à porter en permanence une couronne de lauriers, pour cacher sa calvitie. Un attribut certes honorifique mais surtout pratique. Il ramenait sur son front les rares cheveux qui lui restaient à l'arrière. Sa copine Cléopâtre, qui était de mèche, lui préparait une décoction à base de graisse d'ours et de souris grillées. Bonjour l'odeur !

L'Empire romain

Après un moment de flottement, Octave, le neveu de César, s'impose. Avec lui, pour la 1re fois, toutes les terres bordant la Méditerranée appartiennent à un même ensemble politique. Octave, *Augustus* depuis 27 av. J.-C., tente d'en faire un État unifié et d'y instaurer un ordre nouveau. La longueur de son règne – 47 ans ! – lui permet d'édifier lentement mais sûrement la nouvelle civilisation impériale. Le « siècle d'Auguste » voit aussi le triomphe de la littérature latine classique et de l'art romain.
L'apogée de l'Empire romain se situe autour du règne de la dynastie des Antonins (Nerva, Trajan, Hadrien, Antonin et Marc Aurèle), de 96 à 192. En 180, le fils de Marc Aurèle, Commode, y mit fin en se tournant vers un régime absolutiste.
À partir des années 230, Alamans, Francs, Goths et Perses ravagent les provinces de

LA SCISSION DE L'EMPIRE ROMAIN

L'énormité du territoire romain le rendait ingouvernable. À la fin du IIIe s, Dioclétien le sépara en 2, avec 2 capitales (Rome et Constantinople) et 2 empereurs... concurrents, ce qui permettra sa survie. En effet, l'Empire romain d'Occident disparut en 476, envahi par les Barbares. En revanche, l'Empire romain d'Orient survivra 1 000 ans de plus, jusqu'à la chute de Constantinople en 1453.

l'Empire. En 261, Milan survit à l'assaut des Alamans grâce à la fortification qui l'entoure depuis le IIe s et à l'intervention de l'empereur Gallien.
Pendant la grande crise du IIIe s, les légions ne cessent de se révolter et les généraux se succèdent au pouvoir. L'empire se disloque en 286, selon le système imaginé par les empereurs Dioclétien et Maximien. En 290, ceux-ci font de Milan la capitale de l'Empire romain d'Occident. Rapidement, la ville devient un centre administratif, économique et militaire majeur.

La fin de la puissance de Rome

Essor du christianisme

En l'an 306, Constantin Ier fut proclamé empereur. Au même moment à Rome, Maxence, porté par sa garde prétorienne, devenait lui aussi empereur ! Le choc final se produisit en 312, à la bataille du Pont-Milvius, durant laquelle Constantin aurait vu une croix dans le ciel avec les mots « Par ce signe tu vaincras ». Il favorisa alors ouvertement la religion chrétienne en promulguant l'édit de Milan en 313. La ville se transforma en pilier de la chrétienté sous l'impulsion de l'évêque saint Ambroise, qui officia de 374 à 397 et devint le saint patron de la ville.

Rome perd sa toute-puissance

En 410, la chute de Rome, prise par les Wisigoths, provoqua un énorme retentissement. 8 ans plus tard, pour la 1re fois, des Barbares (les Wisigoths) s'établissaient sur le sol romain. Puis ce fut au tour des Huns, qui pillèrent Milan en 452, des Vandales et des Ostrogoths, qui occupèrent toute l'Italie, la France méridionale et l'ex-Yougoslavie. Ils atteignirent Milan en 490, menés par le roi Théodoric, avant de la détruire en 539.

VIIe s : la descente des Lombards

Les Lombards, peuple guerrier venu de la Baltique et installé en Pannonie, conquirent le nord de la péninsule (l'actuel Frioul, la Lombardie, la Vénétie...) en 568, descendant jusqu'au sud en créant le duché de Bénévent. En 7 ans, ils étendirent leur domination sur tout le pays, domination qui dura pendant environ 2 siècles. Ce fut une période de guerres intestines, entre les Lombards, les Lombards et les Byzantins, le pape et les Byzantins, les Lombards et le pape...

L'Église : un État dans l'État

En 754, le pape Étienne II rencontra Pépin le Bref, roi des Francs, pour signer le traité qui donnerait à l'Église un État placé sous la souveraineté des papes en échange de la reconnaissance par le pape de la légitimité royale des Carolingiens. Cette alliance permit à l'Église de se dégager de la tutelle politique de Byzance et de renforcer ses liens avec le royaume franc.

> **L'AURÉOLE DES SAINTS**
>
> *Partout dans la chrétienté, l'auréole est le symbole des saints. Au départ, on apposait un disque métallique juste pour protéger la tête des statues de la chute de pierre ou de la tombée des eaux qui suintaient des plafonds. Peu à peu, les fidèles ont cru que cette protection était l'attribut de la sainteté...*

Charlemagne et son grand empire

L'an 771 vit l'avènement de Charlemagne, qui finit par écraser les Lombards et conquérir la moitié nord de l'Italie. En 800, il fut sacré empereur d'Occident par le pape Léon III. L'Empire carolingien s'étendait alors de la mer du Nord à l'Italie et de l'Atlantique aux Carpates. Miné par les querelles intestines,

l'ensemble fut divisé en 843 entre ses 3 petits-fils, avant que 2 pôles majeurs se dégagent : le royaume de France et le Saint Empire.
Plusieurs cités s'organisèrent en mini-républiques indépendantes, gouvernées par une aristocratie « locale », tel fut le cas de Milan. Dotée d'un nouvel archidiocèse, elle devint la capitale religieuse d'une grande principauté s'étendant du nord-ouest de la plaine du Pô au Tessin. Milan se déclara finalement commune autonome en 1045, mettant fin au joug romain.

La Commune : transition milanaise

Amorcé sous les Carolingiens, l'essor milanais continua, s'appuyant sur des industries textiles (déjà la mode milanaise !) et métallurgiques prospères ainsi que sur le commerce local et international. L'année 1081 marqua la naissance de la Commune de Milan, organisation dotée d'un consulat, dont les consuls étaient issus d'une nouvelle classe, celle des hommes d'affaires milanais. La Commune étendait son influence aux campagnes alentour, sur lesquelles elle exerçait un droit d'imposition, levait des troupes et s'approvisionnait en denrées alimentaires. Rapidement, la cité élimina ses principales rivales économiques lombardes, Crémone, Lodi et Côme. La réaction ne se fit pas attendre et, en 1158, Frédéric Ier Barberousse prit la ville, tentant de restaurer l'autorité impériale en y installant un podestat, une charge tenue par des étrangers (à la ville). Il fut renversé au bout d'une année mais rasa Milan en 1162. Les villes nord-italiennes s'organisèrent alors au sein de la Ligue lombarde, une alliance d'assistance militaire en cas d'invasion. En 1168, les Milanais récupérèrent leur ville. En 1183, les communes de la Ligue signèrent avec Barberousse la paix de Constance. Dès lors, l'empereur ne fut plus que symbolique et les communes furent dotées du pouvoir régalien (juridictions, impôts, corvées). Vers 1200, avec 90 000 habitants, Milan était la cité la plus puissante d'Italie du Nord.

Vers la Renaissance

Le XIIIe s milanais ne fut que guerres intestines et territoriales. À la tête du parti populaire (une organisation politique et militaire), Torriani s'empara de Milan en 1259. La ville prit la tête d'une principauté territoriale, le Milanais. La nomination d'Ottone Visconti comme archevêque de Milan marqua le début de la Seigneurie. En 1311, après 50 ans de lutte entre les clans Torriani et Visconti, ces derniers finirent par vaincre et régnèrent sur Milan jusqu'en 1447. ***En 1386, ils lancèrent la construction du Duomo.***

Le duché de Milan : les Visconti d'abord, puis les Sforza

En 1450, la dynastie des Visconti s'éteignit, laissant le pouvoir aux Sforza, qui ordonnèrent la réalisation du *castello Sforzesco*. Milan, prospère et puissante, comptait alors près de 200 000 habitants. La Renaissance ne fut pas seulement artistique, elle fut aussi politique. L'élection en 1447 du pape Nicolas V (Tommaso Parentucelli), un humaniste respecté, marqua une période harmonieuse et épanouie dans l'histoire de l'Église, qui aboutit à la reconnaissance de la souveraineté des papes.
Le traité du Cateau-Cambrésis, en 1559, signa la fin de la domination des Sforza et le début de la régence espagnole.
Pendant 2 siècles, la région s'appauvrit, notamment à cause de l'administration espagnole. En 1630, une épidémie de peste ravagea le Milanais. La population était terrorisée et, parmi la paranoïa et l'ignorance, grandit la croyance des « *untori* » (des « badigeonneurs »), des hommes corrompus qui auraient sciemment propagé la maladie en graissant les murs et les portes publiques. Très connu est le procès de la *Colonna infame* (l'infâme colonne) : au plus fort de l'épidémie, Guglielmo Piazza, commissaire à la santé publique, se promenait en transcrivant

sur son carnet les noms des malades à déplacer dans le lazaret et celui des morts (à enterrer). Une femme, en le voyant entrer dans les maisons, le dénonça comme *untore*. Incarcéré, il fut contraint à des aveux : il prononça le nom de son barbier qui vendait des onguents contre la peste. Les 2 hommes furent condamnés à mort, la maison du barbier fut détruite et à sa place s'éleva une colonne infâme.
La grande peste de 1630 achève d'appauvrir une région déjà affectée par la gestion calamiteuse de l'administration espagnole. Puis d'autres grands monarques s'intéresseront à leur tour à la Grande Botte : le Nord passe à l'Autriche sous les Habsbourg (traité de Rastatt en 1714). Ils resteront au pouvoir pendant un siècle environ. En 1720, le Piémont obtient la Sardaigne en échange de la Sicile. Amédée de Savoie devient roi de Sardaigne.

L'unification de l'Italie *(il Risorgimento)*

Du rêve à la réalité

Quand Bonaparte se lança dans sa campagne d'Italie en 1796, il ne pouvait se douter qu'il serait si bien accueilli à Milan. L'occupation française dura jusqu'en 1814. De 1806 à 1814, quelques garnisons anglaises se trouvaient également sur place.
Le traité de Paris, en 1814, rendit l'Italie aux Autrichiens, mais le mouvement nationaliste s'intensifia, et Milan devint la capitale de la résistance. ***En 1831, Mazzini créa le mouvement Jeune Italie*** ; la conscience de faire partie d'une même nation était désormais dans le cœur de tous les Italiens. En 1848, le roi de Piémont-Sardaigne déclara la guerre à l'Autriche, mais la cause italienne fut rapidement écrasée. La leçon était claire : peu importe la forme que prendrait l'Italie unifiée, l'essentiel était d'expulser les Autrichiens, et ça ne pourrait être sans l'aide extérieure.

Les acteurs de l'unité italienne

Camillo Benso Cavour, devenu le maître de la politique piémontaise, et ***Garibaldi*** allaient vite se distinguer dans cette marche vers l'indépendance.
Le 14 janvier 1858, Orsini échoua dans sa tentative d'assassinat de Napoléon III. Avant d'être exécuté, il lui demanda d'intervenir en faveur de l'unité italienne. Impressionné, l'empereur conclut un accord avec Cavour : la France fournirait 200 000 hommes, mais en échange le Piémont céderait la Savoie et le comté de Nice. En 1859, Garibaldi vainquit les Autrichiens avant de s'emparer de la Sicile et de Naples grâce aux Chemises rouges.

Les 1ers pas de l'Italie naissante

Victor-Emmanuel II fut proclamé roi d'Italie en 1861. Son royaume comprenait le Piémont, la Lombardie, l'Émilie-Romagne, Parme, Modène, la Toscane, le royaume des Deux-Siciles, les Marches et l'Ombrie. Le 18 juillet 1870, le XXIe concile œcuménique proclama l'infaillibilité du pape.
Le 16 juillet 1870, Napoléon III eut la malencontreuse idée de déclarer la guerre aux Prussiens et, le 3 septembre, la nouvelle de la chute de l'Empire français parvint en Italie. Les troupes pontificales baissèrent les armes devant les Italiens, et Rome rejoignit la jeune nation.

SACRÉ PAPE !

Le gouvernement italien proposa, le 15 mai 1871, un acte connu sous le nom de loi des Garanties papales, où l'Italie reconnaissait l'idée d'une Église libre dans un État libre, la personne du pape étant considérée comme sacrée. Il lui fut accordé annuellement une somme de 3 225 000 lires, les propriétés du Vatican et du palais du Latran, ainsi que la villa de Castel Gandolfo. Il put aussi entretenir une petite force pontificale : les fameux gardes suisses.

De 1870 à nos jours

L'entrée dans le XXe s

Un régime parlementaire fut institué et le système des élections devint habituel. La droite se retrouva en minorité et la gauche arriva au pouvoir. L'Italie connaissait alors de grosses difficultés : le fossé économique et culturel entre le Nord et le Sud continuait de se creuser et 80 % de la population rurale était illettrée.
Avec l'unification, la croissance démographique connut son taux le plus haut. Tout comme l'émigration, surtout vers les Amériques.

Mussolini et la montée du fascisme : 1922-1945

Au terme de la Grande Guerre, ne récupérant pas tous les territoires auxquels elle s'attendait, l'Italie eut l'impression d'une « victoire mutilée ». L'après-guerre se vit accompagné de grèves et d'une succession de gouvernements, créant un terrain favorable à la montée du fascisme. Mussolini et ses Chemises noires donnèrent un temps l'illusion d'une prospérité qui profita surtout à la petite bourgeoisie. Le régime fasciste italien rencontra au sein du pays une résistance ouverte dès 1941-1942. Occupée par les Allemands, l'Italie fut la première des forces de l'Axe à subir l'assaut des Anglais et des Américains. Mussolini fut tué en avril 1945 par des partisans italiens. Après la Seconde Guerre mondiale, l'Italie était dans une situation dramatique.

LES LECTURES CACHÉES DE BENITO

Mussolini écrivit une quinzaine d'ouvrages. Il créa même un journal. Les Italiens le considéraient comme un intellectuel. Son fils Romano avouera que le Duce avait, en fait, une véritable passion pour... Mickey. Il en dévorait tous les albums et visionnait les films. Il invitera même Walt Disney à Rome, en 1935, alors que l'union sacrée avec l'Allemagne était officielle.

QUAND MUSSOLINI VOULUT EXCOMMUNIER HITLER

Mussolini avait peur que le Führer envahisse les régions germanophones d'Italie du Nord. En 1938, il demanda au pape d'excommunier Hitler qui était de religion catholique. Et puis les 2 dictateurs se rencontrèrent à Rome. Peu après, ils signèrent « le Pacte d'acier » entraînant l'Italie dans la guerre.

L'après-guerre et les « années de plomb » : les Brigades rouges et le terrorisme

Devenue république en juin 1946, l'Italie connaît une vie politique très agitée. Après l'embellie des années 1960, une vague d'attentats très violents déferle sur toute la péninsule. À l'orée des années 1970, la tension sociale est maximale. Après le mouvement d'extrême droite, ce sont les Brigades rouges qui émergent, un mouvement d'extrême gauche armé et violent, souhaitant renverser le modèle capitaliste en place.
Après l'assassinat d'Aldo Moro en 1978, l'État durcit le ton et adopte une série de mesures afin d'éradiquer le terrorisme.
L'année 1983 est marquée par l'ouverture des grands procès : plus de 4 000 activistes de gauche sont condamnés. En dressant un bilan, les « années de plomb » (de 1969 à 1986 environ) ont provoqué près de 14 600 attentats, 415 morts et 1 180 blessés.

Retour à la normale dans les années 1990

Dans les années 1990, l'État se manifeste enfin fortement : rigueur économique et grand nettoyage de la vie politique. L'Italie se débarrasse de politiciens corrompus, mais de nouveaux visages apparaissent rapidement. La gauche revient au pouvoir en 1996. Le pays semble alors reprendre sa route vers l'Europe sereinement. Mais l'Olivier – la coalition de gauche – est miné par les divisions internes, affaibli par le long exercice du pouvoir et l'accomplissement de la marche forcée vers l'Europe. La fondation du parti démocrate en 2007, autour de la personnalité de Romano Prodi, tente d'unir les forces de gauche, mais la coalition est divisée. La droite de Silvio Berlusconi reprend les rênes du pouvoir en 2008 avant de ressortir (provisoirement ?) de l'arène politique en 2011, remplacée par Mario Monti.

La comète Renzi

Après une brève période de coalition nationale (inédite !), un nouveau président du Conseil est désigné en février 2014 : ***Matteo Renzi*** (parti démocrate), le nouvel « homme pressé » de la gauche. Âgé seulement de 39 ans, le plus jeune chef du gouvernement jamais nommé en Italie a engagé un vaste plan pour réformer l'économie et le pays. Surnommé *il Rottamatore* (« le Démolisseur »), en référence à sa volonté d'envoyer la vieille classe dirigeante italienne à la casse, Renzi bouscule donc l'Italie mais reste populaire... Le président a, lui, laissé sa place en février 2015 à ***Sergio Mattarella,*** réputé pour son sens de la justice.
Mais la montée en puissance des partis « eurosceptiques » en Italie s'empresse de bouleverser l'ordre des choses. En décembre 2016, Matteo Renzi démissionne, suite à l'échec de son référendum sur la réforme constitutionnelle qui proposait de mettre fin au bicamérisme intégral. L'année 2017 marque une reprise, pourtant, de sa politique, avec ***Paolo Gentiloni*** (du même parti que Renzi) à la tête du Conseil des ministres. En attendant, le M5S s'affirme davantage... Les différends entre une droite dure très opposée à l'Europe et des politiciens plus modérés s'intensifient. Des élections législatives finissent par avoir lieu en mars 2018.

Crise politique et gouvernement « anti-système »

La montée en puissance des partis « eurosceptiques » en Italie donne un résultat pour le moins inhabituel aux élections de mars 2018 : une coalition aussi impensable qu'incongrue entre le *Mouvement 5 étoiles* (antisystème) et la *Ligue* (extrême droite) ! Ce gouvernement improbable met plus de 2 mois à trouver un président du Conseil. C'est finalement ***Giuseppe Conte,*** juriste inconnu et sans précédents politiques, qui est annoncé chef du gouvernement en mai. Il nomme en juin le sulfureux et médiatique ***Matteo Salvini*** de la Ligue (extrême droite), aux postes de vice-président du Conseil des ministres et de ministre de l'Intérieur. Les positions anti-immigration radicales de ce dernier lui valent une cote de popularité élevée dans le pays. De plus, il refuse l'ajustement du budget national 2019 aux recommandations de l'Union européenne ; à l'heure où l'Italie connaît un ralentissement de son économie qui pourrait la précipiter dans la récession. Dans ces conditions, l'avenir de l'Italie se montre instable, voire inquiétant... Impression renforcée par les élections européennes de mai 2019, qui confortent le rôle important de Salvini (34 % de voix) non seulement en Italie mais dans toute l'Europe.
Coup de tonnerre ! Salvini subit un échec cuisant en août 2019, précipitant la chute du gouvernement populiste, qui l'a finalement conduit à sa perte.
Avec le gouvernement n° 2 de Giuseppe Conte, on assiste au retour des démocrates sur la scène politique.

Crise sanitaire mondiale et des gouvernements en difficulté

La pandémie de Covid n'a pas épargné l'Italie, loin s'en faut et contrecarre les projets de Conte. Sur le plan mondial, la péninsule est l'un des pays les plus touchés en termes de décès. Le 10 mars 2020, « *tutti a casa* » est le nouveau mot d'ordre.

Ne lésinant pas sur les mesures sanitaires radicales et sur la dépense publique, le gouvernement italien marche sur un fil. Il navigue, avec une marge budgétaire très étroite, entre le spectre de l'hécatombe humaine et celui de la faillite économique. En dépit des efforts à contenir la pandémie, Giuseppe Conte remet sa démission en février 2021. Le président Mattarella appelle alors ***Mario Draghi,*** ancien président de la Banque centrale européenne, à la rescousse. « Super Mario » prend la tête d'une large coalition qui a l'ambition de remettre le pays sur de bons rails. Sa politique porte rapidement ses fruits et la reprise générale aidant, les chiffres de l'économie et du chômage s'améliorent. En janvier 2022, ***Sergio Matarella*** est réélu président de la République italienne. Malgré plusieurs confinements, le bilan est lourd avec plus de 167 000 morts (août 2022).
Et malheureusement, Mario Draghi qui avait focalisé tous les espoirs de changement et de redressement, a démissionné en juillet, faute de majorité. C'est un choc non seulement pour les italiens mais aussi pour toute l'Europe. Les Italiens se rendront de nouveau aux urnes en septembre pour élire un nouveau gouvernement. L'extrême-droite est de retour sur la scène politique. A l'heure où nous mettons sous presse, les différents partis politiques se livrent une bataille politique et économique sans merci......

Milan aujourd'hui

Ville symbole du « miracle italien » des années 1960, Milan assume pleinement sa fonction de « capitale économique » et donne le tempo au pays. Pourtant, les années 1970 marquent la fin de la grande saga industrielle, il faut trouver un 2d souffle. Elle s'oriente alors vers le tertiaire (services, ventes, etc.) et s'impose aujourd'hui comme ville phare de la finance, des médias, de la mode et du design. On y trouve les principales agences de publicité, entreprises de presse écrite (4 quotidiens nationaux fabriqués à Milan), maisons d'édition (dont *Mondadori,* détenue à 50 % par *Fininvest*) et les plus importantes chaînes de télévision privées (dont *Mediaset,* contrôlée par la famille Berlusconi). Autant d'atouts confortés par le marché boursier (la *Borsa Italiana,* l'unique Bourse des valeurs du pays y a son siège), les grandes banques étrangères et les foires commerciales du pays *(Fiera di Milano)*. Sur la scène internationale, Milan est réputée pour l'élégance de sa mode et le savoir-faire de ses couturiers, dont les défilés rivalisent avec ceux de Paris, de Londres et de New York. Enfin, sa position de carrefour mondial du design vient parachever une réputation de ville en perpétuelle recherche de créativité.
Forte d'une population cosmopolite (la ville compte 200 000 résidents étrangers, soit 15 % de sa population), la métropole lombarde doit affronter des problèmes de racisme et d'intégration. Mais elle s'est aujourd'hui forgé une nouvelle image, notamment depuis 2011 et l'élection de ***Giuliano Pisapia*** à la mairie de Milan, un avocat pénaliste membre du parti de gauche. Grâce à un slogan rassembleur (« La force gentille pour changer Milan »), il a réussi à vaincre la candidate de Berlusconi. Milan, c'est une cité postindustrielle, branchée et dynamique, une métropole de taille mondiale qui a gagné définitivement le titre de ***città delle occasioni,*** la « ville des possibles »... Chose que la mafia semble avoir bien comprise puisque, comme l'écrivait Roberto Saviano (auteur de *Gomorra*), Milan est devenue la nouvelle capitale économico-financière de la 'Ndrangheta, la mafia calabraise. Malgré cela, Milan a réussi son pari en 2015 en accueillant 20 millions de visiteurs pour son ***Exposition universelle,*** consacrée à l'alimentation dans le monde. Au final, plus de 6 milliards d'euros de recettes touristiques ont été engrangées. Élu en 2016 puis réélu en 2021, le successeur du maire Giuliano Pisapia est ***Giuseppe Sala,*** du parti démocrate. Cet économiste n'est autre que l'ancien commissaire délégué du gouvernement pour l'Exposition universelle. En 2017, Sala se fait remarquer par son souci de préserver les espaces verts avant de faire de la ville « un rempart contre les populismes » en 2018. Il déclare : « Milan se dégonfle comme un soufflé

sans la présence du monde dans notre ville. » Dans le même temps, d'immenses travaux de rénovation urbaine sont lancés, notamment dans le ***quartier Isola*** et autour de la ***Porta Nuova.*** Milan change à une vitesse folle, s'inventant une nouvelle skyline futuriste et sexy, à l'image de son Bosco verticale, véritables tours-jardins.
Après le traumatisme de la pandémie de Covid-19, qui a durement touché la ville et sa région, Milan repart de plus belle. L'obtention des ***J.O. d'hiver de 2026*** (en partenariat avec Cortina d'Ampezzo) lui donne l'occasion de lancer de nouveaux chantiers comme celui du futur village des athlètes, élevé sous les fenêtres de la Fondazione Prada, du côté de la Porta Romana. Plus que jamais, Milan se rêve en cœur créatif du pays.

LITTÉRATURE

Milan et, à plus grande échelle, l'Italie du Nord sont riches en écrivains. ***Alessandro Manzoni,*** petit-fils de Cesare Beccaria (lui aussi milanais), est considéré comme l'un des auteurs majeurs de la littérature italienne grâce à son roman historique *Les Fiancés (I promessi sposi),* publié au XIXe s. Côté théâtre, ***Dario Fo*** n'est pas en reste. Ses textes politiques et provocateurs lui valurent les foudres du pape, des États-Unis et de la télévision... Il obtint le prix Nobel de littérature en 1997 pour avoir « fustigé les pouvoirs et restauré la dignité des humiliés ». Très engagé politiquement, il fut conseiller municipal de la ville. Découvert par Italo Calvino, ***Andrea De Carlo*** se fait connaître en 1981 avec *Treno di Panna,* l'histoire d'un Milanais partant vivre à Los Angeles. Quant à ***Vincenzo Consolo,*** sicilien de naissance mais milanais d'adoption, c'est *Le Sourire du marin inconnu,* une réflexion allégorique sur le rôle des intellectuels face aux événements historiques qui lui valut une reconnaissance mondiale.
Pour les fanas de romans policiers enfin, ne passez pas à côté de ***Giorgio Scerbanenco,*** grand auteur de polars considéré par certains comme le père du *giallo* (le roman noir italien). Il obtint le Grand Prix du roman policier pour *À tous les râteliers.* Un petit coup de jeunesse pour l'Italie quand on pense qu'en 1937 le ministère de la Culture populaire avait décrété que, dans un roman, l'assassin ne pouvait pas être italien et ne devait pas échapper à la justice... Dans cette brèche ouverte, les auteurs modernes italiens ont tenté d'inventer un roman noir qui ne doive rien à Agatha Christie ni aux Américains. ***Laura Grimaldi,*** éditrice et journaliste à Milan, écrivait des polars crus et dérangeants. Elle a obtenu en 2003 le Prix du roman policier européen avec *La Faute.* ***Sandrone Dazieri*** a carrément créé un personnage qui porte son propre prénom et qui souffre d'un dédoublement de personnalité... ***Piero Colaprico,*** journaliste à *La Repubblica,* s'inspire de sa 1re vocation pour écrire des polars sur la collusion entre politique et criminalité à Milan, restituant l'ambiance qui y règne de manière très réaliste. Bref, le polar italien a encore de beaux jours devant lui.

MÉDIAS

Votre TV en français : TV5MONDE, la 1re chaîne culturelle francophone mondiale

Avec ses 8 chaînes généralistes, ses 2 chaînes thématiques et sa plateforme numérique TV5MONDEplus, TV5MONDE est disponible dans 211 États et offre le meilleur de la production francophone, sous-titré en 13 langues : information internationale, cinéma et séries, sport, documentaires et magazines découverte, programmes jeunesse...

Préparez votre séjour et trouvez l'inspiration grâce à son site Voyage ● *voyage.tv5monde.com* ● et restez connecté avec ses applications et le site ● *tv5monde.com* ●

Presse et radio

Presse

– ***Corriere della sera :*** il s'agit du 1er quotidien national, politiquement au centre droit. ● *corriere.it* ●
– ***La Repubblica :*** le 2e quotidien national, plutôt de centre gauche. ● *repubblica.it* ●
– ***La Gazzetta dello sport*** est le 1er quotidien sportif italien. Il appartient au groupe Rizzoli-Corriere della Sera. ● *gazzetta.it* ●
– Parmi la presse locale d'Italie du Nord, plutôt variée, on remarque ***Il Gazzettino,*** principal quotidien en Vénétie, ou encore ***La Provincia,*** un quotidien lombard avec des éditions spéciales pour Côme et Crémone.

Radio

– La ***Rai*** reste le principal groupe audiovisuel public, regroupant plusieurs chaînes de style différent. ● *raiplayradio.it* ●
– ***Radio Italia*** est une chaîne de radio nationale privée. C'est la 3e plus écoutée en Italie, spécialisée dans la musique italienne (*solamusicaitaliana* est son slogan) dans la diffusion de concerts et autres festivals musicaux. ● *radioitalia.it* ●

Télévision

On aurait pu quasiment glisser ce chapitre dans la rubrique « pollution visuelle », vu le peu d'intérêt que présente la télévision italienne, qui regorge d'émissions kitsch à souhait, complètement décalées de la réalité.
Difficile de parler de la télévision italienne sans évoquer le groupe Fininvest de « Monsieur Télévision », Silvio Berlusconi. Fondée en 1975, la holding est aujourd'hui détenue à 96 % par la famille Berlusconi. Le monopole de l'État ayant été levé en 1976, les chaînes privées ont envahi le petit écran. Le groupe de la ***Rai*** pour la télévision et la radio d'État est tout-puissant, mais connaît une sérieuse compétition de la part des chaînes privées, comme le ***Groupe Mediaset.*** Notez que *Mediaset* est un groupe associé à la Fininvest, l'empire actionnaire de Silvio Berlusconi...
La ***Sky Italia*** est une plateforme télévisuelle privée, un peu comme Canal+ en France, à laquelle on paie un abonnement mensuel contre un large choix de séries, films, chaînes sportives, culinaires, etc.

DES RONDEURS ET DES JEUX

Les veline *sont ces potiches pulpeuses qui ont envahi les plateaux de la télévision italienne grâce à Berlusconi. Avec leur forte poitrine, leur décolleté ouvert jusqu'au nombril et leur jupe courte, elles n'ont généralement pas droit à la parole. Ce sont les reines des jeux débiles. L'une d'entre elles est quand même devenue ministre (de l'Égalité des chances !).*

PATRIMOINE CULTUREL

Sur la piste de Léonard de Vinci

En 1483, Léonard de Vinci (1452-1519) quitte Florence pour Milan et offre au duc Ludovic Sforza (dit le More) ses compétences d'ingénieur militaire, d'architecte, de peintre, de sculpteur et d'organisateur de fêtes. Pendant 18 ans, ce citoyen milanais peu ordinaire marque la ville de son génie ; nous vous proposons de partir à sa découverte, à l'occasion d'une balade « léonardesque » : compter une bonne journée !

➢ Départ ***piazza della Scala*** *(zoom détachable, D-E4)*, où la statue de Leonardo tient tête au fameux opéra, pour mieux rappeler qu'il était aussi un musicien d'exception. Laissons ici le *Maestro* perdu dans ses pensées pour gagner la ***pinacoteca Ambrosiana*** *(zoom détachable, D4)* qui renferme son *Portrait d'un musicien,* tableau fascinant, tout comme ses carnets de notes réunis dans le *Codex Atlantico* conservé dans la bibliothèque in situ. Ensuite, au pas de charge, on gagne le ***castello Sforzesco*** *(zoom détachable, D4)* qui fut le laboratoire d'idées et d'expériences de Léonard de Vinci durant sa période milanaise. Les fresques de la *sala delle Asse* lui sont attribuées, de même que, paraît-il, le système de plomberie ! On jette un œil sur les manuscrits (fac-similés) de son *Codex Trivulzio,* jalousement gardé dans la bibliothèque du château, puis on reprend notre chemin en direction de la ***chiesa Santa Maria delle Grazie*** *(zoom détachable, C4)*. C'est dans le réfectoire de l'ancien couvent des moines que Léonard a peint son illustre *Cène...* à admirer en détail ! Puis, dans la bonne humeur, on rejoint le ***museo d'Arte e Scienza*** *(zoom détachable, D4),* où 2 expos permanentes lui sont consacrées : « Léonard citoyen de Milan » et « Traité de la peinture ». Enfin, on termine par le ***museo nazionale Scienza e Tecnica Leonardo Da Vinci*** *(zoom détachable, C4),* où une galerie entière est consacrée à ses inventions, dont certaines donnent des ailes ! Aussi, légers comme l'air, on se rendra enfin sur les quais des ***Navigli*** *(zoom et plan détachables, B-C6),* ultimes survivants du réseau de canaux dessiné par Léonard de Vinci.

Liberty

Le Liberty est l'équivalent italien de l'Art nouveau. Mouvement artistique originaire d'Europe et des États-Unis, l'Art nouveau s'étend de 1890 au début du XXe s. S'inspirant de la mouvance anglo-saxonne *Arts & Crafts* (1860) prônant un retour de l'art aux origines de l'artisanat, avec l'Art nouveau c'est la même recette : des matériaux divers (bois, acier, céramique, verre ou ferronnerie), une esthétique moderne basée sur les minéraux et végétaux, où la courbe revêt une importance fondamentale. En France, l'Art nouveau prend les traits de l'architecte Hector Guimard, qui réalise dès 1900 les célèbres bouches du métro parisien. On le retrouve aussi à l'est de l'Hexagone, avec l'École de Nancy et ses artistes précurseurs (Émile Gallé, Louis Majorelle et les frères Daum). Retour chez nos amis transalpins. Le Liberty, style trop souvent méconnu, connaît un franc succès dans les villes du nord de l'Italie, à commencer par le Piémont et la Lombardie, plus réceptifs à la culture européenne que les autres régions : à Turin d'abord, puis à Milan. Le style Liberty ne manquant pas de chic et de raffinement, guère étonnant de le trouver à Milan, « capitale » italienne de la mode. À l'aube du XXe s, les riches propriétaires milanais se font bâtir sur mesure des *palazzi* élégants et raffinés, dans ce style singulier alors très en vogue. Place à l'inventivité de la Belle Époque, voici l'ère de l'esthétisme moderne. Sur les façades, profusion décorative et abondance du détail ! Le tout au service du monde animal (oiseaux, insectes) et végétal (arbres, fleurs). Pour vous en rendre compte, rien de mieux qu'une petite balade architecturale du côté de la Porta Venezia (voir la balade architecturale dans la rubrique « À voir » de ce chapitre).

PERSONNAGES

Mode

– ***Giorgio Armani :*** né à Piacenza (Émilie-Romagne) en 1934 et issu d'une famille modeste, d'abord étalagiste à *La Rinascente,* Armani l'autodidacte fait ses 1res armes chez son compatriote Nino Cerruti avant de créer sa propre marque à Milan dans les années 1970. Ses costumes pour femmes à la coupe androgyne et ses complets pour hommes sont presque devenus des légendes : à la fois élégants, sobres et sportifs (magnifiquement portés, souvenez-vous, entre autres, par Richard Gere dans le film *American Gigolo*). Il a ouvert à Milan son propre hôtel, l'*Armani Hotel,* où design épuré et élégance sont au rendez-vous. De même, le vaste *Armani / Silos,* proche des Navigli et conçu par Tadao Ando, présente son univers au public...

- ***Dolce & Gabbana :*** société de prêt-à-porter italienne basée à Milan et créée par le couple Domenico Dolce et Stefano Gabbana. Tout a commencé en 1985 avec le lancement de leur collection de luxe pour femmes qui rencontra un succès immédiat. Leur égérie, la chanteuse Madonna, est également celle qui les a fait connaître dans le monde entier en leur commandant 1 500 costumes pour sa tournée « The Girlie Show » en 1993. Ils tirent leur inspiration de la religion, de la peinture et du cinéma.
- ***Mario Prada :*** créée à Milan en 1913, la société commença avec des sacs à main. À sa mort en 1958, sa petite-fille Miuccia Prada prit les rênes de l'entreprise pour en faire un empire mondial et une marque internationalement connue. Parallèlement, elle développa sa marque, *Miu Miu* (son surnom), qui a pour ambition de toucher un public plus jeune. Prada est désormais un groupe extrêmement puissant.

Photo et arts plastiques

- ***Federico Patellani** (1911-1977) :* né à Monza, cet aristocrate enrôlé dans la guerre d'Éthiopie avait glissé un *Leica* dans son sac à dos... Dans sa vie, il shoota quelque 700 000 clichés ! Du noir et blanc bien léché, mais aussi de la couleur, car Patellani fut l'un des tout 1ers photographes à l'adopter dans les années 1940. Bien implanté aussi dans le milieu cinématographique, il fit de célèbres clichés de Sophia Loren ou d'Anna Magnani.
- ***Oliviero Toscani** (1942) :* quasiment inconnu du grand public et pourtant tellement célèbre. Né à Milan, il a traîné ses guêtres aux côtés de son père, reporter photographe au *Corriere della Sera,* puis dans une grande école d'art en Suisse. Il a ensuite fait ses armes pendant une vingtaine d'années pour *Elle.* Le malade du sida à l'article de la mort, le nouveau-né sanguinolent, le prêtre embrassant une nonne aussi sainte que désirable des affiches de *Benetton,* c'est Toscani ! Pas mou du genou pour un sou, il a enfin fait sortir la pub de sa langue de bois dans les années 1990.

Musique et théâtre

- ***Giuseppe Verdi** (1813-1901) :* né à Roncole, dans la région de Parme, le célèbre compositeur de la fameuse *Trilogie populaire* qui regroupe *Rigoletto, Il Trovatore* et *La Traviata* ainsi que de *Nabucco* (présenté pour la 1re fois à la Scala en 1842), a aussi joué, ne l'oublions pas, un rôle de « héraut de l'aspiration du peuple italien à la liberté ». En 1848, il crée en effet *La Bataille de Legnano,* un opéra qui se veut un véritable hymne à la liberté. Sa musique, chantée à chaque coin de rue, devient le symbole de la révolte et de la lutte contre la domination autrichienne, et son nom se trouve associé au nouvel esprit révolutionnaire. D'ailleurs, il fait l'objet d'un célèbre jeu de mots qui couvre alors les murs d'Italie : « Viva VERDI », que chacun peut déchiffrer comme l'abréviation de « *Viva Vittorio Emanuele Re D'Italia* » (« Vive Victor-Emmanuel roi d'Italie »).
- ***Arturo Toscanini** (1867-1957) :* tout d'abord violoncelliste, mais surtout chef d'orchestre génial, rigoureux à l'extrême et passionné (qui a dit tyrannique ?), il se fait tout particulièrement remarquer lors d'une tournée en 1892 en dirigeant *Aïda* (de Verdi) de mémoire. Directeur musical de la Scala de Milan à 2 reprises, directeur artistique du Metropolitan Opera de New York, il dirige aussi l'orchestre philharmonique de New York. Républicain convaincu et ouvertement opposé au fascisme, il n'hésitera pas non plus à refuser de diriger au prestigieux Festival de Bayreuth pour protester contre l'antisémitisme

ambiant. Il termina sa carrière aux États-Unis en dirigeant, de 1937 à 1954, un orchestre spécialement recruté pour lui, le *NBC Symphony Orchestra.*

– ***Nino Rota** (1911-1979)* **:** né à Milan dans une famille de musiciens, le jeune Nino se révèle très rapidement un virtuose (1er oratorio composé à 12 ans !). Suivent des études aux conservatoires de Rome, Philadelphie puis Milan, où il devient chef d'orchestre et, surtout, l'un des compositeurs de musique de films les plus prolifiques et talentueux. Alter ego de Fellini, il lui a écrit de magnifiques bandes originales, dont les plus mémorables restent celles de *La Dolce Vita*, *Casanova* et surtout, *Huit et demi.* On lui doit également les partitions du *Guépard* et de *Rocco et ses frères* (Luchino Visconti), ou encore celles des 2 premiers volets de la trilogie de Coppola, *Le Parrain.* Pour *Le Parrain II,* en 1974, il remporte l'oscar de la meilleure musique de film.

– ***Paolo Grassi** (1919-1981)* **et *Giorgio Strehler*** *(1921-1997)* **:** en 1947, ces 2 metteurs en scène fondent le *Piccolo Teatro* de Milan, afin de doter une Italie tout juste sortie du fascisme d'un nouveau théâtre et d'une compagnie stable. Ils le dirigent conjointement pendant plus de 20 ans, puis, à partir de 1969, Grassi est seul à sa tête. En 1972, il passe à la direction d'une autre institution milanaise, la Scala, et Strehler revient donc au *Piccolo Teatro* jusqu'à sa mort, en 1997. Entre-temps, ce dernier est également nommé directeur du théâtre de l'Odéon à Paris par Jack Lang. Un véritable jeu de chaises musicales ! Si Strehler compte parmi les plus grands metteurs en scène de théâtre européens, Grassi est, certes, moins réputé, mais également plus polyvalent : critique dramatique, éditeur de pièces, directeur de collection... Une chose est sûre, les 2 grands hommes consacrèrent leur vie entière au théâtre.

Quelques noms de la peinture et de l'architecture

Donato di Pascuccio d'Antonio, dit Bramante (1444-1514)

Né à Monte Asdruvaldo, dans le duché d'Urbino. Son amitié avec les seigneurs d'Urbino, les Montefeltro, l'amène à Milan où il exerce son métier de peintre *(Le Christ à la colonne).* Il profite du mécénat de Ludovic Sforza, dit le More, qui lance une grande transformation artistique de sa ville, pour devenir l'architecte de la cour de 1480 à 1499. En 1482, il fait la connaissance de Léonard de Vinci ; les 2 hommes se lient d'amitié et travaillent ensemble sur les chantiers du château Sforzesco, de Sainte-Marie-des-Grâces et à Vigevano. Sans relâche, au service de Ludovic le More, il projette de construire la tribune de l'église Sainte-Marie-des-Grâces (1492 environ) et de son cloître à proximité, et s'inquiète du problème du *tiburio* du Duomo de Milan. Au sommet de sa gloire, il part pour Rome, où il décède.

Léonard de Vinci (1452-1519)

En 1482, Léonard de Vinci envoya une lettre à Ludovic le More en écrivant qu'il était « maître et compositeur d'instruments belliqueux ». Il fut alors appelé à Milan, d'où il ne partit qu'en 1499 lorsque la ville fut envahie par les Français. Il fut chargé de la décoration du château Sforzesco, avec Bramante. De la période milanaise, il reste les peintures de *La Dame à l'hermine,* représentant Cecilia Gallerani, maîtresse du duc, *La Vierge aux rochers* (aujourd'hui au

ICI VINCI

La biblioteca de la pinacoteca Ambrosiana à Milan conserve les 402 volumes du célèbre Codex Atlantico, *précieux manuscrits de Léonard de Vinci. Lors de très rares expositions publiques, on admire les tracés précis de la main du Maestro en pleine inspiration créatrice : très émouvant ! Rien d'étonnant si vous peinez à déchiffrer l'écriture de Léonard... il avait l'habitude d'écrire tout à l'envers !*

musée du Louvre) et la composition de *La Cène* destinée au mur du réfectoire de l'église Sainte-Marie-des-Grâces. Il revint dans la ville en 1506, jouissant de la protection de Charles d'Amboise et de Louis XII, puis partit pour la France en 1513.

Giuseppe Arcimboldo (1527-1593)

Né à Milan, il débute en 1549 avec son père, par le dessin des vitraux au Duomo de Milan. Son nom est encore un mystère car il signe de plusieurs variantes ses tableaux : Arcimboldo, Arcimboldi, Josepho... En 1562, Ferdinand Ier l'invite à la cour de Bohême à Prague, en tant que portraitiste de cour. De son séjour, il produira *Les Quatre Saisons,* ses 1res œuvres originales. Peintre de scènes allégoriques, il construit le visage humain avec toutes sortes de fruits et de légumes, selon les saisons. Son jeu du dessin donne à ses œuvres une dimension irréelle où le spectateur est forcé de reconnaître le caractère humain du portrait. En 1587, il peut rentrer à Milan, tout en continuant à travailler pour Rodolphe II. Il l'imagine dans le Vertumne et lui prête une ressemblance avec le dieu de l'Abondance : son visage est composé de fruits, de fleurs et de légumes, disposés en respectant le cycle naturel. En effet, Rodolphe aimait beaucoup le jardinage. L'œuvre d'Arcimboldo est un mélange de jeu, de symboles et d'ironie. Oublié par ses successeurs, il fut repris par les surréalistes qui virent en lui un lointain précurseur de leur mouvement.

Michelangelo Merisi, dit le Caravage (1571-1610)

Né à Milan, il est formé à l'atelier du peintre maniériste Simone Peterzano, où il découvre le réalisme lombard et le style renaissant vénitien. À l'âge de 20 ans, il part pour Rome. Après des débuts difficiles et une vie dissolue, il trouve en la personne du cardinal Francesco Maria del Monte, un mécène et collectionneur d'art italien influent, la clé de son succès naissant. Très réaliste et cru – voire érotique, ce qui lui vaut de nombreuses critiques –, il traite aussi bien les thèmes profanes que religieux. De 1599 à 1602, il réalise sa 1re grande œuvre et commande papale, les toiles de la chapelle Contarelli de l'église Saint-Louis-des-Français de Rome. C'est alors qu'il se tourne vers un esthétisme bien à lui : une utilisation de la lumière et du clair-obscur unique, un réalisme extrême proche du naturalisme et un érotisme subversif. C'est en cela qu'il révolutionna le monde artistique de son temps.

Francesco Hayez (1791-1882)

Né à Venise, ce peintre italien est l'un des acolytes du romantisme milanais. Arrivé à Milan en 1820, il se fait d'abord connaître avec *Pietro Rossi,* puis *Roméo et Juliette,* des œuvres d'inspiration médiévale et troubadour. Très populaire en Italie, il devient en 1850 professeur puis directeur de l'Académie artistique de Brera. Peintre historique, dans un contexte d'indépendance italienne, il devient celui de l'Italie réunie. Son plus célèbre tableau, *Le Baiser* (1859), doit son succès à l'allégorie politique qu'il propose : le baiser qu'échangent ces 2 amants évoque en réalité la séparation connue par les volontaires pour l'armée de Garibaldi.

Carlo Carrà (1881-1966)

Né à Quargnento (Piémont), ce peintre commence sa carrière à Milan en tant que décorateur mural, avant de se diriger vers Paris (où il décore les pavillons de l'Exposition universelle de 1900) et Londres. En 1906, à son retour en Italie, il intègre l'Académie de Brera à Milan, où il suit les cours de Cesare Tallone. En 1910, il signe avec Balla, Boccioni et Russolo le *Manifeste de la peinture futuriste.* Après une phase divisionniste, Carrà se met au cubisme (*Galerie de Milan,* 1912), puis au collage et la décomposition des formes. Il fut d'ailleurs assez proche d'Apollinaire et de Picasso. En 1917, il crée le mouvement de la peinture métaphysique qui cherche à représenter ce qui se trouve au-delà de l'apparence – le physique – et au-delà de l'expérience des sens – le sensible –, mais tout cela en restant figuratif. Comme beaucoup de futuristes, il se fascina pour Mussolini... Cherchez l'erreur !

Sports

– ***Paolo Maldini :*** né en 1968 et considéré comme l'un des meilleurs défenseurs de tous les temps, ce joueur de football a passé ses 25 ans de carrière au sein d'un seul club, celui de sa ville natale, le *Milan AC.* Lors de son dernier match (en 2009), les supporters de l'*Inter de Milan* ont brandi une bannière avec écrit « Maldini, pendant 20 ans notre rival, mais dans la vie toujours loyal ».

SITES INSCRITS AU PATRIMOINE MONDIAL DE L'UNESCO

En coopération avec le

Organisation des Nations Unies pour l'éducation, la science et la culture

Centre du patrimoine mondial

L'ITALIE, CHAMPIONNE DU MONDE

Sur près de 1 000 sites répertoriés par l'Unesco au Patrimoine mondial de l'humanité, l'Italie remporte la 1re place avec 58 monuments ou lieux. La France n'est pas si mal placée, avec 49 sites au compteur.

Pour figurer sur la liste du Patrimoine mondial, les sites doivent avoir une valeur universelle exceptionnelle et satisfaire à au moins un des 10 critères de sélection. La protection, la gestion, l'authenticité et l'intégrité des biens sont également des considérations importantes.
Le patrimoine est l'héritage du passé dont nous profitons aujourd'hui et que nous transmettons aux générations à venir. Nos patrimoines culturel et naturel sont 2 sources irremplaçables de vie et d'inspiration. Ces sites appartiennent à tous les peuples du monde, sans tenir compte du territoire sur lequel ils sont situés. Infos : ● *whc.unesco.org* ●

– ***Chiesa e convento domenicano Santa Maria delle Grazie*** avec **La Cène** de Léonard de Vinci à Milan : classées en 1980. Magnifique église-couvent du XVe s avec le chef-d'œuvre de Léonard de Vinci mondialement connu, *La Cène,* peinte sur un mur du réfectoire de 1495 à 1497.

– ***Crespi d'Adda :*** village ouvrier du XIXe s, construit comme une ville idéale par des industriels soucieux du bien-être de leurs employés, et inscrit en 1995.

les ROUTARDS sur la FRANCE 2023-2024

(dates de parution sur • *routard.com* •)

Découpage de la FRANCE par le ROUTARD

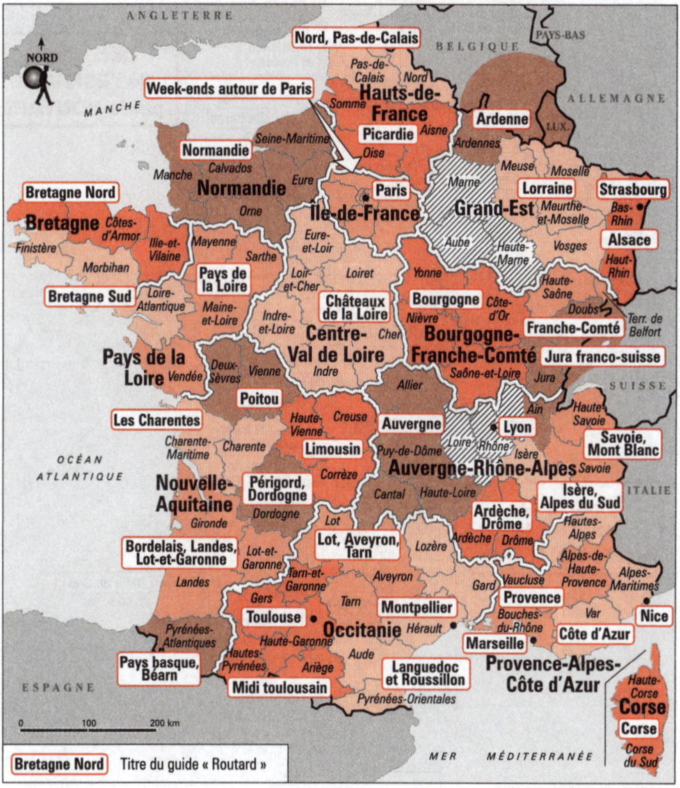

Autres guides sur la France

- Nos meilleurs campings en France
- Nos meilleures chambres d'hôtes en France

Autres guides sur Paris

- Paris
- Paris balades
- Restos et bistrots de Paris
- Le Routard des amoureux à Paris
- Week-ends autour de Paris

Le Routard à vélo

- EuroVelo6
- La Bourgogne du Sud à vélo
- La Flow Vélo
- La Loire à Vélo
- La Vélo Francette
- La Vélodyssée (Roscoff-Hendaye)
- Le Canal des 2 mers à vélo
- Paris Île-de-France à vélo
- ViaRhôna
- Les plus belles escapades à vélo en France

les ROUTARDS sur l'ÉTRANGER 2023-2024

(dates de parution sur • ***routard.com*** •)

Découpage de l'ESPAGNE par le ROUTARD

Découpage de l'ITALIE par le ROUTARD

Autres pays européens

- Allemagne
- Angleterre, Pays de Galles
- Autriche
- Belgique
- Bulgarie
- Crète
- Croatie
- Danemark, Suède
- Écosse
- Finlande
- Grèce continentale
- Hongrie
- Îles grecques et Athènes
- Irlande
- Islande
- Madère
- Malte
- Norvège
- Pays baltes : Tallinn, Riga, Vilnius
- Pologne
- Portugal
- République tchèque, Slovaquie
- Roumanie
- Suisse

Villes européennes

- Amsterdam
- Berlin
- Bruxelles
- Budapest
- Copenhague
- Dublin
- Lisbonne
- Londres
- Moscou
- Naples
- Porto
- Prague
- Saint-Pétersbourg
- Stockholm
- Vienne

les ROUTARDS sur l'ÉTRANGER 2023-2024

(dates de parution sur • **routard.com** •)

Découpage des ÉTATS-UNIS par le ROUTARD

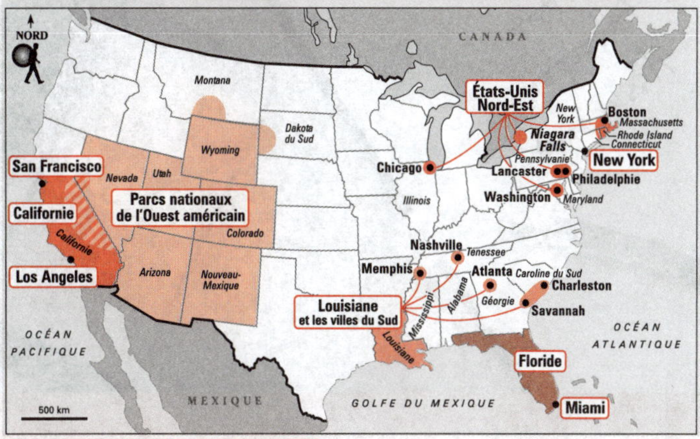

Autres pays d'Amérique

- Argentine
- Brésil
- Canada Ouest
- Chili et île de Pâques
- Colombie
- Costa Rica
- Équateur et les îles Galápagos
- Guatemala, Belize
- Mexique
- Montréal
- Pérou, Bolivie
- Québec et Ontario

Asie et Océanie

- Australie côtes est et nord + Red Centre
- Bali, Lombok
- Bangkok
- Birmanie (Myanmar)
- Cambodge, Laos
- Chine
- Hong Kong, Macao, Canton
- Inde du Nord
- Inde du Sud
- Israël et Palestine
- Istanbul
- Jordanie
- Malaisie, Singapour
- Népal
- Shanghai
- Sri Lanka (Ceylan)
- Thaïlande
- Tokyo, Kyoto et environs
- Turquie
- Vietnam

Afrique

- Afrique du Sud
- Égypte
- Kenya, Tanzanie et Zanzibar
- Maroc
- Marrakech
- Sénégal
- Tunisie

Îles Caraïbes et océan Indien

- Cuba
- Guadeloupe, Saint-Martin, Saint-Barth
- Île Maurice, Rodrigues
- Madagascar
- Martinique
- République dominicaine (Saint-Domingue)
- Réunion

Guides de conversation

- Allemand
- Anglais
- Arabe du Maghreb
- Arabe du Proche-Orient
- Chinois
- Croate
- Espagnol
- Grec
- Italien
- Japonais
- Portugais
- Russe
- G'palémo (conversation par l'image)

Livres-photos/Livres-cadeaux

- 50 voyages à faire dans sa vie (**nouveauté**)
- 52 escapades nature en France
- 52 villes coups de cœur en Europe (city trips)
- 52 week-ends coups de cœur en France
- 120 coins secrets en Europe
- 1 200 coups de cœur en France
- 1 200 coups de cœur dans le monde
- Cahier de vacances du Routard
- Expériences et micro-aventures en France (**nouveauté**)
- La France de Stéphane Bern
- La France à vélo (**nouveauté**)
- Nos plus belles balades et randos en France
- Road Trips Monde
- Road Trips en France
- Sacré : les 100 plus beaux sites de la planète
- Voyages
- Voyages : États-Unis
- Voyages : France
- Voyages : Italie

INDEX GÉNÉRAL

LISTE DES CARTES ET PLANS

Remarque importante aux hôteliers et restaurateurs

Les enquêteurs du *Routard* travaillent dans le plus strict anonymat. Aucune réduction, aucun avantage quelconque, aucune rétribution n'est jamais demandé en contrepartie. Face aux aigrefins, la loi autorise les hôteliers et restaurateurs à porter plainte.

Avis aux lecteurs

Le Routard, ce n'est pas comme le bon vin, il vieillit mal. On ne veut pas pousser à la consommation, mais évitez de partir avec une édition ancienne. Les modifications sont souvent importantes.

Les réductions accordées à nos lecteurs ne sont jamais demandées par nos rédacteurs afin de préserver leur indépendance. Les hôteliers et restaurateurs sont sollicités par une société de mailing, totalement indépendante de la rédaction, qui reste donc libre de ses choix. De même pour les autocollants et plaques émaillées.

Avec routard.com, choisissez, organisez, réservez et partagez vos voyages !

✓ Rejoignez la plus grande communauté francophone de voyageurs : **plusieurs millions d'internautes.**

✓ Échangez avec les routarnautes : forums, photos, avis d'hôtels.

✓ Retrouvez aussi toutes les informations actualisées pour choisir et préparer vos voyages : près de 300 guides destinations, une centaine de dossiers pratiques et un magazine en ligne pour découvrir tous les secrets de votre destination.

✓ Enfin, comparez les offres pour organiser et réserver votre voyage au meilleur prix.

Les **Routards** *parlent aux* **Routards**

Faites-nous part de vos expériences, de vos découvertes, de vos tuyaux et de vos coups de cœur. Aidez-nous à remettre l'ouvrage à jour. Indiquez-nous les renseignements périmés. Faites profiter les autres de vos adresses nouvelles, combines géniales... On adresse un exemplaire gratuit de la prochaine édition à ceux qui nous envoient les meilleurs courriers, pour la qualité et la pertinence des informations.

Quelques conseils cependant :

– Envoyez-nous votre courrier le plus tôt possible afin que l'on puisse insérer vos tuyaux sur la prochaine édition.

– N'oubliez pas de préciser l'ouvrage que vous désirez recevoir, ainsi que votre adresse postale.

– Vérifiez que vos remarques concernent l'édition en cours et notez les pages du guide concernées par vos observations.

– Quand vous indiquez des hôtels ou des restaurants, pensez à signaler leur adresse précise et, pour les grandes villes, les moyens de transport pour y aller. Si vous le pouvez, joignez la carte de visite de l'hôtel ou du resto décrit.

En tout état de cause, merci pour vos nombreux mails.

122, rue du Moulin-des-Prés, 75013 Paris

● *guide@routard.com* ● *routard.com* ●

Routard Assurance *2023*

Enrichie au fil des années par les retours des lecteurs, *Routard Assurance* reste l'assurance voyage référence des globe-trotters. Tout y est inclus, même la **Covid** : frais médicaux, assistance rapatriement, bagages, responsabilité civile... Avant votre départ, contactez *AVI* pour un conseil personnalisé. À la recherche d'une attestation Covid ? Vous la recevrez automatiquement après chaque souscription. Besoin d'un avis médical, d'une prise en charge dans un hôpital ? Le plateau d'Assistance *AVI* dispose d'un vaste réseau médical à travers le monde disponible 24h/24 pour une réponse en temps réel. De simples frais de santé en voyage ? Téléchargez vos factures depuis l'espace assuré *AVI*, ils vous remboursent sous une semaine. *Le Colisée Gardens, 10, av. de l'Arche, CS 70126, 92419 Courbevoie Cedex. ☎ 01-44-63-51-00.* ● *avi-international.com* ● Ⓜ *La Défense.*

Édité par Hachette Livre (58, rue Jean-Bleuzen, CS 70007, 92178 Vanves Cedex, France)
Photocomposé par Luminess SAS (561, rue Saint-Léonard – CS 40003 – 53101 Mayenne Cedex, France)
Imprimé par Lego SPA Plant (via Galileo Galilei, 11, 38015 Lavis, Italie)
Achevé d'imprimer : janvier 2023
Collection n° 13 - Édition n° 01
79/2132/6
I.S.B.N. 978-2-01-721815-9
Dépôt légal : février 2023

PAPIER À BASE DE FIBRES CERTIFIÉES